命理生活新智慧・叢書 20

如何選取喜用神

《下》

http://www.venusco555.com
http://www.fayin777.com
E-mail: venusco@pchome.com.tw

法雲居士⊙著

金星出版

國家圖書館出版品預行編目資料

如何選取喜用神《下冊》／法雲居士著，--
第1版.--臺北市：金星出版：紅螞蟻總經
銷，1998[民87]
冊；　　公分--（命理生活新智慧叢
書；20）

ISBN 957-8270-08-9（中冊：平裝）

1.命書

293.1　　　　89016195

如何選取喜用神《下冊》

作　　者：法雲居士
發 行 人：袁光明
社　　長：袁靜石
編　　輯：王璟琪
總 經 理：袁玉成
出 版 者：金星出版社
地址：台北市南京東路3段201號3樓
電話：886-2--25630620●886-2-2362-6655
FAX：886-2365-2425
郵政劃撥：18912942金星出版社帳戶
總 經 銷：紅螞蟻圖書有限公司
地　　址：台北市內湖區舊宗路二段121巷28・32號4樓
電　　話：(02)27953656(代表號)
網　　址：http://www.venusco555.com
E-mail　：venusco@pchome.com.tw

版　　次：1999年7月第1版　2005年3月再版
登 記 證：行政院新聞局局版北市業字第653號
法律顧問：郭啟疆律師
定　　價：400 元

行政院新聞局局版北字業字第 653 號
(本書遇有缺頁、破損倒裝請寄回更換)

ISBN：957-8270-08-9(平裝)

序

在命理上，『喜用神』是我們必須用到方法之一，它是以五行生剋的方式，探究對於人在宇宙間生存最有利的條件為主要的重點目標。『喜用神』原出自『八字』中之『六神』，然而各種命理如七政四餘、五星命理以及奇門遁甲等佈局成格的方式，都是利用生剋的原理來應用發展的。但是在五行生剋的原理中，木旺於春，火旺於夏，金旺於秋，水旺於冬，這種旺相休囚的觀念，仍是出自命理上的基本觀念。

『喜用神』既然是我們在宇宙生存空間最有利的環境。相對的，不好環境方位就是『忌神』之方位了。在奇門遁甲中，稱喜用神、用神之位為『生門』、『景門』之位。而『忌神』之位為『死門』之位，這種生、死的對比，真是非常的傳神！因此也可證明『喜用神』之用法是在各種命理學說中皆為通行可用之法了。

一九九八年七月份，發生了高雄市議員林滴娟在大陸遇害的事件。我很訝異的是：喜愛算命的台灣同胞，竟然對自己的喜用神、忌神方位，如此的矇懂無知，以至於一腳踏入『死門』的位置而萬劫不復。

雖然我們無法得知林小姐確切的生辰八字，但是從報紙上得知，她是年34歲，應是甲辰年生人。其人又在高雄發跡，當選高雄市議員，登上主貴的位置。可見其人命中喜木火助旺（高雄在南方），林小姐本身瘦瘦的屬木型人，此更為驗證。因此林小姐的喜用神應為木火通明之格。

申、子、辰年生之人，最忌見水，因此水為『忌神』。而北方對其最為不利。北方亦可稱為其『死門』的位置。

從『用神』的角度來看不利於林小姐的問題如下：

一、本名中林滴娟的『滴』字帶水，本命中犯水的人，不適合再有水多的名字，否則會有一生運蹇，辛苦勞碌的狀況。

二、一九九八年為戊寅年，屬土，土剋水，此年容易犯水，凡命中水多之人，皆不宜北方行走。尤其不可前往屬水的城市，就像『海城』等地。

三、其男友的姓名中多帶『金』，金生水，故使其人更不利，會有拖累趨災之嫌。不但婚姻如此，交友狀況中之『金型人』，命中屬金之人，皆對用神為木火之人，造成刑剋，無利反受其害。其男友又開設『青海貿易公司』，由此可見此人為忌神當道，理當避之唯恐不及。但是人在弱運的時候，常在思想上產生混沌，無法明辨災禍，以至於踏入陷井，落入『死門』之位。

近來有許多台商在大陸從商遇害，有些人當然是年運逢殺忌之星、而遭外來的奪財、劫財。但喜用神、忌神的根本問題，卻是不容忽視的，也許自以為是財方方位的地方，根本就是忌神之位，無喜反有禍。因此是不是應該到該地投資，這完全該取決於『喜用神』方位。

『喜用神』的用途非常廣，不但可找出求財、求富貴的方位。在姻緣、婚姻上，男女『喜用神』相生旺的人，也會一生幸福美滿。相剋忌的人，感情不順，相互拖累招災。在年運上，喜用神也幫助我們升官順利，發財致富。利用喜用神的優點，增進有利於自己的優勢條件。躲避『忌神』方位帶給我們的災禍和不順。

因此『喜用神』簡直可以說，是我們一生中『幸運的指標』。而『忌神』就是在我們一生中『惡運的坑陷、黑洞』。要怎樣尋找認定這個『幸運的指標』——喜用神，就是在這本書中我所要談到的問題。

此外我所要聲明的是：這本書只談『喜用神』的部份，而不涉及八字命理的問題，以免過於繁雜，危害到我們專論的主題。

最後祝各位讀友，順利找出自己的幸運指標——喜用神，從此一帆風順，幸福圓滿。

法雲居士　山居謹識

如何選取喜用神(上冊)目錄

如何選取喜用神(中冊)目錄

如何選取喜用神(下冊)

下冊前言

在這本下冊的『如何選取喜用神』的書中，我將正式的向讀者介紹有關於日主己土、庚金、辛金、壬水、癸水的人，選取喜用神的方法。

雖然在上冊中，我已經將所有的、有關於選取喜用神的方法步驟、名詞、五行生剋等的關係都一一的說明過。但是內容繁瑣，必須長時間的練習才能上手。因此我在中冊及下冊的舉例說明中，又再次的依據十二個月份的特性，針對每一種日主的人，在選取喜用神時，做關鍵性緊要的說明。中冊是日主甲木、乙木、丙火、丁火、戊土的喜用神選法。再次的提醒讀者，在選取喜用神時，最重要的取向、宜忌。

選取喜用神和日主的旺弱定奪是從月令所出的。月令就是人出生時的當月之氣，也是當旺之氣。春、夏、秋、冬的月份，月月不一樣，因此也就造就了所有命格強弱之分。日主和月令（月份）配合得好，就是身強。日主和月令配合得不好，就是身弱。命局中身強的人，喜歡有壓抑，不喜歡再有生扶的狀況，否則身太強，也不是好命格。命格貴在五行氣之中和。身弱則喜歡有生扶，而忌壓抑。不論是生扶或壓抑，則完全要看命局中年柱和時柱上再出現什麼字了。年柱、時柱上的共四個字也就是能中和、平衡整個命局五行的關鍵字眼。故而日主和月令之間的關係固然是整個命局的身體，而年柱、時柱就是整個命局的四肢。而喜用神則是整個命局的靈魂。這幾樣元素就是形成一個人，能生能活，有思想有能力的全部人生的過程。

現今的科學家發現，生命的起源就是『碳』。碳分子在水中與水分子相結合，而形成單細胞。單細胞再逐漸發展成各類的生物。早在五十億年前，地球上包覆著濃濃的氣體，接受著太陽的光與熱。地球上的氣體漸漸冷卻後形成了水。這就是中國人思想中『陽』與『陰』的觀念。太陽是陽，水是陰，陰極而生水，陽極而生火。而人的身體整個說起來，就是一種碳水化合物。可見中國的先祖們早就已經瞭解到生命的起源了，現在的科學家只不過再做一次認證的工作罷了。

現在我們探就喜用神，就是在探就生命起源中人類精神與肉體最佳的安住環境。而金、木、水、火、土五行之氣循環的快慢、多寡就直接影響到人類命運的好壞。命局身強的人，五行之氣中就有一、兩種氣（月令中所含之氣）循環得太快了，所以必須抑制，使其不快不慢。

而命局身弱的人，所具有的五行之氣，就有一些循環得太慢了，因此需要扶助生旺，使其循環得快一點，跟上整個命局的腳步。如此人的運氣才會好。喜用神就是鞭策管制這些五行之氣，使之循環快的，速度放慢。使循環慢的，則推動它快一點。並且把五行之氣中每一種氣的速度控制的剛剛好。如此，人就會過得很舒服，人命就會好，人運也就好了。這也就是『命格貴在中和』的道理了。

另外，朋友們會在書中看到命格解釋時發現：此命主貴，此命主富之說。也許朋友們會奇怪，現在的人都喜歡富有，為什麼你卻選那麼多的主貴格局的命格？錢多就好了，主貴有什麼用呢？

現在我在這裡解釋一下：

在命理學中，富貴都是具有能力的人，才有可為之的。而主貴命格的人的能力是更高於主富的人。主富的人，是一人之幸，或是一家之幸。而主貴的人，會具有學識，可管理眾人的事，是億萬人之幸！兼而可能是天下人之幸！其格局之大，能力之強，是數萬倍於主富的人，因此主貴的人命格是高於主富的人的。

現今的人固然愛錢比愛名的人多，有些人也可以因富而取得政府的職位，這些都算是異途顯達，並不是命格中真正主貴的條件。又有些人雖然愛名，但是命格中主貴的條件不足，一生沈浮，這也是命格早就呈現的事實了。命格主貴，貴有多少？富有多少？不但命格本身的條件必須具備，喜用神和大運方向也必須配合。配合得好的，更增其貴和富有。配合稍差的，富貴也有差別，因此要經營一個完美的人生格局是多麼的不容易啊！必須小心翼翼，步步為營，不能稍有差池才行。

現在要對初學的讀者做一些題示。很多人在看到每個月份，以日主類別分類的舉例說明時，可能會產生的一些問題。有人可能會奇怪，為什麼每個月份，舉例說明中的日主就只有這六種？例如日主甲日生於各月份的，就只有『甲子日』、『甲寅日』、『甲辰日』、『甲午日』、『甲申日』、『甲戌日』。而日主乙木生於各月份的就只有『乙丑日』、『乙卯日』、『乙巳日』、『乙未日』、『乙酉日』、『乙亥日』？

日子的干支完全是根據『六十花甲子』所排定的。由十天干與十二地支，相互依次聯貫排列下來，如：

甲子、乙丑、丙寅、丁卯、戊辰、己巳、庚午、辛未、壬申、癸酉、
甲戌、乙亥、丙子、丁丑、戊寅、己卯、庚辰、辛巳、壬午、癸未、

甲申、乙酉、丙戌、丁亥、戊子、己丑、庚寅、辛卯、壬辰、癸巳、甲午、乙未、丙申、丁酉、戊戌、己亥、庚子、辛丑、壬寅、癸卯、甲辰、乙巳、丙午、丁未、戊申、己酉、庚戌、辛亥、壬子、癸丑、甲寅、乙卯、丙辰、丁巳、戊午、己未、庚申、辛酉、壬戌、癸亥。

倘若讀者能翻一翻萬年曆，就會發現：甲日就一定是和子、寅、辰、午、申、戌形成干支相連。並且，甲、丙、戊、庚、壬日都是和子、寅、辰、午、申、戌、干支相連。而乙日和丁、己、辛、癸都是和丑、卯、巳、未、酉、亥干支相連。這也是因為天干有十支，而地支有十二支，都是偶數的關係而形成的。若知道這個道理，干支就絕對不會弄錯了。陽干配陽支，陰干配陰支。是固定的。

再則讀者翻萬年曆時也會發現：相同天干的日子，在同一個月份中，只會出現三個日子。例如西元一九九九西曆四月五日（農曆是二月十九日）是清明。由這一天開始算命理學上的三月，支辰。（命理學以『節』為月份的交脫之期）。一直到西曆五月六日（農曆三月二十一日立夏）之前都是三月。而三月中日干有甲的甲日，就只有『甲午日』、『甲辰日』、『甲寅日』。而其他的甲日分別會處於三月之前的二月或之後的四月之中，不在三月裡了。

並且，你還會發現：相同年干的年份都會有相同的月干支。例如西元一九九九年是己卯年，和己丑年、己酉年、己未年、己巳年、己亥年，正月都是丙寅月，二月都是丁卯月，三月都是戊辰月……等等。這就是『五虎遁年起月訣』中由年干起月干的方法所顯示的陰曆曆法。（讀者可查《三分鐘算出紫微斗數》一書中，『月干求法簡易表』即可知。

第十七章

日主己土喜用神選用法

己土卑濕，中正蓄藏，是一種退氣衰竭之土。適合植花蒔木，不怕木盛水強，能潤金不會埋金，火多會洩火之氣，能混壬水而培木，但不能止水。水多會沙水同流。己土利用其消極性而在天地中產生大作用。

紫微賺錢術

從前有諸葛孔明教你『借東風』
今日有法雲居士教你『紫微賺錢術』

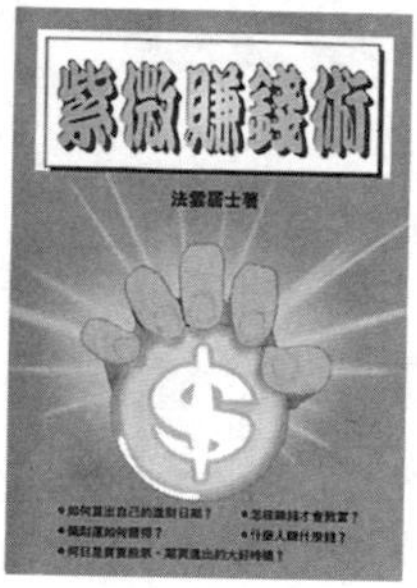

這是一本囊括易術精華的致富法典
法雲居士繼「如何算出你的偏財運』一書後
再次把賺錢密法以紫微斗數向你解盤，
如何算出自己的進財日期？
何日是買賣股票、期貨進出的大好時機？
怎樣賺錢才會致富？
什麼人賺什麼錢？
偏財運如何獲得？
賺錢風水如何獲得？
一切有關賺錢的玄機技巧，盡在『紫微賺錢術』當中，
讓你輕鬆的獲得令人豔羨的成功與財富。
你希望增加財運嗎？
你正為錢所苦嗎？
這本『紫微賺錢術』能幫助你再創美麗的人生！

第十七章　日主己土喜用神選用法

己土性質

己土是一種潮溼帶有水性的土，但是水的含量並不多，是一種恰到好處，適合種植農作物及花草。鬆軟適中，營養豐盛的培養土，所以說：『己土卑溼，中正蓄藏。』己土不怕木多強盛，也不怕水多來淹，因為己土能混壬，成為稀泥，也一樣能植花草。己土因為含有水份很濕溼，火少的時候也會晦滅火光。金多的時候，己土能使金更增光澤。因為己土能生金。因此己土實在是對其他的五行不論間接、直接都是會有幫助的。

凡是土都是屬於至中至正的。（因土居中央，而寄四隅）戊土是生旺進氣之土。而己土是衰竭退氣之土，具有消極的作用，因此而能培木之根，而不怕木剋，也能混濁壬水，但不能止水。火多時，己土可洩水之氣。火少，則會晦滅火。能潤金、生金，而不會埋金（因己土鬆軟之故）。因此己土的妙用無窮。倘若要真正的滋生萬物，成為有用之材，必須先用丙火除去其溼氣，再用戊土助長其生長力（固根），才能把己土的消極性轉為積極有用之物。

辰戌丑未四土宮皆是土之元神所在之地。只有未宮是土極旺之地。其中，辰土帶水氣。戌丑之土帶金氣，是土旺而不旺之地（因金、水皆會洩土氣），故辰、戌、丑月生之日主屬土之人，命格中再有金多的格局，可做『稼穡格』，以為中和之命。

未月之土帶火氣，因火生土，故為極旺之地。若是未月生，日主為土之人，四柱又多見土重之命格，是火炎土燥的命格，無法做『稼穡格』。

但日主屬土又生於未月之人，命局中見金局，則不貴即富。有道是：『土逢季月見金多，終為貴論。』

春土

春土氣勢虛浮，忌剋洩，喜火生扶，喜劫比助，有金制木爲祥。

春土若能秉令得火，則可化剋為生。為『煞印相生格』。若無火生扶衰土，再遇到旺木，一定會遇到傾陷災禍。

水是土之財。有比劫（戊己土）助，可制水成功。水太旺會泛濫，土成流失無用。土旺需有金來洩其氣。其實並不是取金洩土氣。春土虛浮是以旺木會剋土，以金制木之法，來對命局產生調理中和的作用，但金制木也不可太過，否則土氣被盜洩太多，暗自受損。

夏土

夏土，土與火勢並行。夏土燥烈，木助火炎，金生水泛，有益妻財，比肩太多，又宜木剋。

夏土喜水以成土之用。木能生火，更增火之燄。若四柱有水，則不足為害。夏土不能生金，故不能言『洩』。但水在絕地有金相生，則源源不斷了。金生水，而水為土之財，故稱之有妻財。若土太旺，需以木疏通，以損為益。但必需有水配合，才能疏土，否則木不剋土，反助火旺為害了。

未月為南方火旺之地，土得火氣以生之。未月土為極旺。陽干才有刃，而陰干本無刃，但日主為己土之人，生於未月，則有『刃』之義。未月在大暑之後，有金水進氣，己土本性卑溼，故在火旺之月，仍可生金。形成『稼穡格』而主貴。

秋土

秋土，子旺母衰，金氣秉令，土氣虛弱。有金多時，須有木來制伏。火多不怕。水太旺而不祥，需有比肩相助才可。

立秋之後到霜降之前，秋土虛弱，需比肩（己土）輔助增加其力量。霜降以後是九月了，土旺，戌宮又有墓庫之火來生土，因此不必有比肩相助，自己就很旺盛。若又有比肩，則又太超過了。

冬土

冬季寒凍，定要有火濕暖，土脈溫暖，才會使萬物有生機。故冬土有火，就有榮景，身主康強，有壽之徵兆。冬土溫暖，再見命局中水旺，則主財多。再見命局中金多，則主子孫俊秀。命局中若多木，只要有火的引化也不足為害了。

但冬土無火，則為凍土，水太旺則潰濫成災。金太多，洩氣更虛弱。木太多則土崩塌。就算有再多的比肩（同類的土）來相救，仍不能使萬物有生機。

辰戌丑未四季月之土，見金多爲貴論，未月尤甚

辰戌丑未（三月、六月、九月、十二月）這四個月為土的專旺之地。辰月代表木氣主旺之月，以『財滋弱煞』形成貴格。戌月為金氣主旺之月，以『土金傷官佩印』形成貴格。丑月為北方水氣主旺之月，以『食傷生財』形成貴格，必須要以火來配合。未月為火氣主旺之月，以『煞印相生』形成貴格，但定要有水的配合。這四個月同樣是因月令之神，同宮聚貴，而形成貴格，具有大富貴。

日主己火，所臨支位不同，而有旺衰，其用神宜忌如下：

日主『己丑』：己丑為含水量豐富，多膏脂的腴田之土。所能收穫的稻麥農作物也最多。日主己丑的人，最喜歡在命局中有雨露的滋潤，還要有太陽的卹照薰陶，其稻穗秀麗而多果實。若有子丑相冲，丑未相冲，武庫冲開之人，印煞相互得用，可輕易而得文武貴職建立功業。

日主『己卯』：己卯為休囚、並已失氣的土。這種土很貧瘠多石，沒有養分，無法生長植物。因此日主己卯的人，常有尚未到中年的時刻，便已心灰意懶。日主己卯的人，最好是命局中有丙、丁出干，或丙、丁藏於丑戌之中，才會對命局有救。最忌有酉、子來刑冲卯。

日主『己巳』：己巳為種在山上嶺頭的稼穡植物所用的土。黍稷（玉蜀黍、高粱等）類的植物喜歡高而乾燥之地。己土也要有陽光收乾其溼氣才行。日主己巳的人最怕在命局中年、月、日、時上水多，而有滂傷。也不宜有偏向晴天火炎，或是偏向雨天多水的命局。

日主『己未』：己未為種在土中的植物稼穡上覆蓋的土。像是芋頭苗、甘藷之類。必須有土來深深覆蓋，才會長得好。這些植物喜歡乾燥，怕潮溼。日主己未的人，喜歡有火土來培植，怕命局受到沖害。更喜歡有會合化土（如甲己相合化土），忌有刑穿剝削，使命局受損。

日主『己酉』：己酉是為了要種植稼穡植物，所堆積而成有營養的土。雖坐於長生之位，但是果實尚未豐腴成熟。因此日主己酉的人，在命局中最希望干支有丙寅，來培植生土，則其人會富貴無涯。若命局遇剝削，土則會變得貧瘠而無法使植物有好的收成了。

日主『己亥』：己亥是在水澤之地種稼穡的土，而此土是淤泥潮溼之土。平常很少能見到陽光，為陰溼之土。故喜歡有陽光的照射。日主己亥的人，命局中丙火多，則易果實秀麗，人生有成就。若命局多遇陰雨，再有陰木高張，會損其人之福壽。

正月生，日主己土用神取法

正月為寅月，寒氣未退，田園寒凍，故正月生己土之人選取用神，必先以丙火為第一要用。有丙火照暖，萬物才會滋生。

正月生，日主己土之人，忌見壬水在命局中。壬水如江河泛濫。田園會被浸沒，必須修堤築防。故以戊土做堤防，才能保住田園。因此日主己土之人，八字中有壬多，再有戊的人，主清雅富貴，無戊為常人命格。

◎正月生己土之人，命局中甲木多，有庚金出干，再加以癸丙皆出干，配合中和，可有名利雙收的富貴。生於丙寅月，有庚出干，也有小貴。命局中甲木多而無庚金的人，是好吃懶做，亦可能為殘疾之廢人。必須有丁來洩木，才能有小救，但仍不吉。

※正月己土並不需要甲木，若甲木多，官多化為煞，必須有庚金來制煞，但仍要以丙癸來配合才可做用神。正月寅宮自有丙火，有庚出干制甲，丙火藏於寅中可暖土，故有小貴。倘若甲木多而無庚制，日主己土被木所傷，故為殘疾之人。用丁火洩甲木，以官印相生之法可補救。

◎正月生己土之人，若命局中丙丁多，四柱無水。火盛反主厚祿。若又有一癸透出干，為極品富貴之人。有戊透出干制住了水，便是常人之命格。

◎正月建寅，寅中有甲丙戊，寅中戊土為甲木所剋制，因此不會滯礙。但命局中有戊土多，戊土出干，必須有甲木出干制土，此命格主有榮顯。命局中雖有乙木出干或乙多之格局，乙木不能疏土，故為奸詐小人之命格。

◎正月生己土之人，以丙火為第一要用，以癸水輔助。戊、庚、丁、甲等字為去除命理之病的藥。

舉例說明：

1. 日主『己丑』類

例(一)

乙未
戊寅
日主 己丑
戊辰

日主己丑生於寅月，有雙戊出干，支上未寅丑辰中皆有土，四柱土重。正月為寒土，用丙火暖土，乙木偏官見丙火而向榮，以軍警武職取貴。用神以寅中『丙火』為用神。

用神：丙火。
吉方：南方。
財方：南方。
忌方：北方。

例(二)

甲子
丙寅
日主 己丑
甲子

此為清代宰相劉鏞之命格。己丑生於寅月，有甲丙出干，寅宮亦藏甲丙。癸水藏於子中，暖土、潤土、疏土之用俱備，專用丙火為用神。地支子丑寅支類東北方，精神團結。故為太平宰相。

用神：丙火。
吉方：南方。
財方：南方。
忌方：西北方。

2. 日主『己卯』類

例(一)

	戊戌
	甲寅
日主	己卯
	庚午

日主己卯生於寅月，干上有戊土出干，支上寅午戌會火局。四柱無水，用庚金制甲，以寅中丙火為用神。有富貴。

用神：丙火。
吉方：南方。
財方：南方。
忌方：北方。

例(二)

	丁卯
	壬寅
日主	己卯
	戊辰

日主己卯生於寅月，干上有壬水出干，丁壬相合化木。支上寅卯辰支類東方，一派木多，無庚金出干剋制，用丁火洩木以生己土。用官印相生以為用神。用丁火做用神。

用神：丁火。
吉方：南方。
財方：南方。
忌方：北方。

3. 日主『己巳』類

例(一)

	己亥
	丙寅
日主	己巳
	己巳

日主己巳生於寅月，四柱己土多，己土溼寒，亥中又有甲木、壬水，故專用丙火為用神，丙火在寅中為長生之地。火多反主厚祿。故主富貴。

用神：丙火。
吉方：南方。
財方：南方。
忌方：北方。

例(二)

	丁未
	壬寅
日主	己巳
	戊辰

日主己巳生於寅月，有戊土出干，丁壬相合化木，四支皆有土。土重應以甲木疏之。但干上無甲，壬水合而不化，以戊土制水，用寅中丙火為用神。

用神：丙火。
吉方：南方。
財方：南方。
忌方：北方。

例(三)

甲子
丙寅
己巳（日主）
辛未

日主己巳生於寅月，此命局天干上有甲木生丙火，丙火生己土，己土生辛金。地支上有子水生寅木，木生巳火，火生未土。再由未土生時干之辛金。天干地支相互循環相生，為天地同流。有始有終，故一生富貴極品，妻和子肖且有壽。為五福三多之命。

用神：丙火。火土運。

吉方：南方。

財方：南方。

忌方：北方。

4. 日主『己未』類

例(一)

壬戌
壬寅
己未（日主）
丙寅

日主己未生於寅月，有雙壬出干，無戊土來制，支上寅戌會火局，丙火出干，可助己土之身旺。丙火在寅中長生，專以寅中戊土為用神。

用神：戊土。

吉方：南方。

財方：南方。

忌方：北方。

例(二)

丙子
庚寅
己未（日主）
癸酉

此為黃大洲先生之命格。日主己未生於寅月，有庚丙癸出干，甲木藏於寅中，癸祿在子，丙火長生於寅，己土通根坐下未宮，庚金通根酉宮。丙暖癸潤，相輔而行。命格主貴。

用神：丙火。

吉方：南方。

財方：南方。

忌方：北方。

例(三)

壬辰
壬寅
己未（日主）
戊辰

日主己未生於寅月，官星當令。天干有雙壬財星，生官有情。己土溼寒，壬水又通根辰庫，幸有寅中丙火司令為用，元機暗存。丙運、戊辰年，劫去壬水而大貴。

用神：丙火。

吉方：南方。

財方：南方。

忌方：北方。

5. 日主『己酉』類

例(一)

丙申
庚寅
日主 己酉
甲子

日主己酉生於寅月，有甲己相合化土，庚金出干制甲，支上申子會水局，甲己合而不化，無法制水，以寅中戊土為用神。

用神：戊土。
吉方：南方。
財方：南方。
忌方：北方。

例(二)

丙寅
庚寅
日主 己酉
癸酉

日主己酉生於寅月，有丙、庚、癸出干，甲木藏於寅中，寅中又有丙火。用丙火制庚生土為用神。主富貴。

用神：丙火。
吉方：南方。
財方：南方。
忌方：北方。

6. 日主『己亥』類

例(一)

丙子
庚寅
日主 己亥
丙寅

日主己亥生於寅月，有丙庚出干，癸藏子中，甲木藏於己土座下亥中與寅中，用庚制甲木，再用丙火煞印相生。以丙火做用神可生身。主富貴。

用神：丙火。
吉方：南方。
財方：南方。
忌方：北方。

例(二)

甲子
丙寅
日主 己亥
辛未

日主己亥生於寅月，日主己亥為春土，亥中有壬申，財官太旺。幸有丙火印綬出干，寅為丙火長生之地，子中又有癸水財星，可生甲木官星，使印星丙火更旺，並連貫生時之未土。日主身旺。地支亥子寅夾丑連珠。且行運得地。故主大富貴。

用神：丙火。行火土運。
吉方：南方。
財方：南方。
忌方：北方。

二月生，日主己土用神取法

二月為卯月，陽氣漸升，漸暖，萬物開始繁衍生長，但是此時稻禾黍稷卻尚未有果實，田園中也只是剛開始種植而未繁茂的樣子。在這個時候若己土旺的話，如日主為己巳、己未的人，必須先用甲木疏土，再用癸水滋潤，與丙火溫暖土性為輔助，自然會是一個好命格。但是以甲木為用神，卻忌甲己相合化土。木旺之時，是不能從化的，反而失去疏土的功能。這種現象稱為『合官忘貴』，是一種下等格局。二月生己土之人，是偏官格，以財官為正用。

◎二月生，己土之人，命格局中有甲癸出干（在干上），再加丙火也出干，是官居極品，權傾當朝的大富貴之人。例如己土支臨巳、午、未（己巳、己未或時上有午）。再見甲癸出干，專用財官為用神即是。

倘若命局中有壬水出干，可潤土生木，但不如癸水對己土有情，故富貴較小一點。

倘若命局中有庚來制住甲木，再有多重壬水、戊土，便是平庸者之命格。有丙透干的人有小富格局。丙火藏在命局支中的人，有衣食無缺的生活，四柱沒有丙火的人是貧寒命格的人。

◎二月生己土之人，若命局中支成木局，又有乙木出干，倘若有庚透干，並且不與乙木發生乙庚相合的人，有富貴。最好是日主己土之人，支成木局，為『官煞會黨』，有庚出干，即有富貴。為上格。無庚用丙也能化敵為友，成為大富貴之命。

倘若命局中四柱多乙木，又有乙木出干，就很容易乙庚相合，庚金不能剋乙，不能掃邪歸正，則此命格之人會成為陰險狡詐的人。行運再走東南運，有災禍發生，或成為危害別人的盜匪。此命格必須用丁火來洩木氣以生己土，而不用庚金。有丁火在干上的人，只會是一個小人，還不致於變成盜匪之徒。

◎二月為卯月，卯為乙木，木旺秉令，若命格中支成亥卯未會木局，或是支類寅卯辰東方的人，而四柱無比印（己土、丙火）則一定會做為『從煞』論。有甲木出干的人，為『妻從夫化』，因此為『從木』格，亦做『從煞』論。

（甲木是己土的官煞）

◎二月生己土之人，四柱中若甲、癸、丙全都沒有的人，為下等格局。是故二月生己土之人，命局中不能沒有甲、癸、丙。

舉例說明：

1. 日主『己丑』類

例(一)

	癸酉
	乙卯
日主	己丑
	丙寅

日主己丑生於卯月，乙木正坐卯祿，官星強，支上丑酉會金局，可制官。干上有丙癸，甲木藏於寅中，富多貴少，有小富貴。以酉中辛金為用神。行金運剋去木而發達。此命格亦可用丙火做用神。洩木生身，亦有富貴。

用神：辛金和丙火皆可。
吉方：西方、西南方、南方。
財方：西南方。
忌方：北方、東方。

例(二)

	庚辰
	己卯
日主	己丑
	乙亥

日主己丑生於二月，支上卯亥會木局，又有乙木出干，庚在年干隔己不合。支上丑卯辰夾寅，亥中又有壬甲，一片水多木多之局。幸日主己土有比肩出干，並坐於丑上，身旺。用庚金傷官制煞。主富貴。

用神：庚金。
吉方：西方。
財方：西方。
忌方：東方。

2. 日主『己卯』類

例(一)

	戊辰
	乙卯
日主	己卯
	丙辰

己土生於卯月，煞旺提綱。乙木元神透出，支上卯辰支類東方。時干丙火獨透，命局中不雜金水，格局極清，為『清得盡』者。用神以丙火為用神，主富貴。

用神：丙火。木火運。
吉方：南方。東方。
財方：南方。
忌方：西方。北方。金水運。

※『清得盡者』：在命格中，雖五行之氣都有，但清氣獨逢生旺，（如例(三)中木氣獨得生旺），或真神得用，亦或是清氣深藏於命局之中，都稱做『清得盡者』。清氣當權，只要閑神、忌神不司令（在月令中），不深藏（在支中）。有歲運制化，亦可由考試晉升有富貴之途。
（本書中忌方，即為忌神所在之位）

例(二)

	戊午
	乙卯
日主	己卯
	乙丑

日主己卯生於卯月，月令七殺聚權秉令。兩乙出干無制，木旺土虛，又不能從，以胎元丙午，用印化煞為用神。用丙火做用神。主貴。

用神：丙火。
吉方：南方。
財方：南方。
忌方：北方。

3. 日主『己巳』類

例(一)

癸酉
乙卯
己巳（日主）
己巳

日主己巳生於卯月，癸水透干，丙火藏於巳中，有乙木出干，支上巳酉會金局，得以制乙木，此命格主貴。專以巳中丙火為用神。

用神：丙火。
吉方：南方。
財方：南方。
忌方：北方。

例(二)

癸巳
乙卯
己巳（日主）
庚午

日主己巳生於卯月，干上乙庚隔位不合，月令有七殺當旺秉令，有庚制己，群邪自伏，相制成格。支聚卯巳午三台，時逢午祿，身強煞旺，化煞為權，故為武貴，掌兵權之人。

用神：庚金。
吉方：西方。
財方：西方。
忌方：東方。

4. 日主『己未』類

例(一)

癸亥
乙卯
己未（日主）
丁卯

日主己未生於卯月，春木當令，支上卯亥未會木局。時干上之丁火被年干癸水剋去，未土又會成木局，因此不能不『從煞』了。故而『從木』。以『乙木』為用神。此為『從煞格』，主富貴。

用神：乙木。
吉方：東方。
財方：東方。
忌方：東方。

例(二)

庚寅
己卯
己未（日主）
庚午

日主己未生於卯月，支上卯未會木局，又是春木當令，又有寅午會火局。幸有庚金出干制木洩火，己土生旺。為富貴之命。

用神：庚金。
吉方：西方。
財方：西方。
忌方：東方。

5. 日主『己酉』類

例㈠

甲戌
丁卯
日主 己酉
己巳

日主己酉生於卯月，月令七殺秉令當權，又有甲木出干，甲己隔位不合，支上己酉會金局以制木，無庚金尤嫌力量不足。用巳中丙火做用神，洩木氣幫身。

用神：丙火。
吉方：南方。
財方：南方。
忌方：北方。

例㈡

辛未
辛卯
日主 己酉
庚午

日主己酉生於卯月，春木秉令，支上又逢卯未會木局，幸有庚金出干，又加雙辛，制煞有餘。取午中丁火生身為用神。

用神：丁火。走火土運。
吉方：南方。
財方：南方。
忌方：北方。

6. 日主『己亥』類

例㈠

癸巳
乙卯
日主 己亥
癸酉

日主己亥生於卯月，春土虛浮，殺勢當權，支上巳亥逢沖，可成『從殺格』。又有卯酉相沖，沖去卯官煞星，支上巳酉會金局，故不做『真從』論。卯酉相沖，亥水隔於中間，稱為『源濁流清』。故幼年出身寒微，而後主貴。行北方水運主貴。土金運有波折。

用神：癸水。
吉方：北方。
財方：北方。
忌方：東方、南方。

例㈡

庚戌
己卯
日主 己亥
乙丑

日主己亥生於卯月，干上乙庚隔己不合，支上卯亥會木局。用庚金制木，己土通根至丑，身旺。用傷官制煞為用神。以庚金為用神。行金運主大富貴。

用神：庚金。
吉方：西方。
財方：西方。
忌方：東方。

三月生，日主己土用神取法

三月為辰月，是土旺秉令的時候。己土是潮溼的土，辰宮又是水墓之地，辰中具有墓氣返映之癸水。而土在三、四月，有陽氣上升鼓盪，萬物滋長茂盛，故選取用神以丙火為第一要用。再取癸水滋潤。最後土太多、太重，才用甲木疏土。總之，三月生己土之人選用神，就是要以暖潤疏闢為要件。

三月生己土之人，命局中支聚四庫（辰戌丑未），干透比劫（戊己），才可做旺論，否則春土氣勢虛弱是不可做旺論的。

◎三月生己土之人，在命局中若有丙戊並透干上，又生於土旺之月，甚選用神的方法是和戊土一樣，必須用甲木疏土，其用意在暖潤土質之後而施之法。沒有甲木疏土，則土冥頑不靈，無可用。

◎三月生己土之人，有丙癸甲三者都在干上的人，是官居極品的富貴之人。倘若丙癸甲三者之一透出干上，也都有富貴。但是必須注意的是：以丙做用神時，不可有壬水透干來剋丙。有癸水做用神時，不可有戊己透干來制癸。用甲木做用神時不可有庚金透干來剋甲。

※有丙癸甲在命局中透干的人，其實就是『財官印』俱全的人，當然會有極品

的富貴。假如丙藏於支上『寅巳』之中，癸藏於支上『子』中，甲藏於支上『寅亥』之中，都是得其所，因此不可有剋制。

◎三月生己土之人，命局中有丙甲，而無癸水的人，主富但不貴。因月令辰宮為財庫，自有癸水之故。

命局中有丙癸無甲出干的人，為有才能之人。

命局中有癸無甲丙的人，為平常之人。命局中丙癸全沒有的人，為一般俗人，或無用之人。

◎三月生己土之人，命局中有乙癸或癸甲出干的人，為『雜氣財官格』。主大富貴。辰宮所藏支用為乙癸戊，三神俱見出干，有大富貴。但用神須看格局中需要以財星或印星做用神，以當時情況而定。

◎三月生己土之人，若命局中乙木多，無金來制伏，稱做『七煞無制』。（乙木為己土之偏官、七殺）。此為身弱夭折貧賤之命格。倘若是身強煞旺無制的人，為盜賊之命。

◎三月生己土之人，倘若命局中，干上有甲己相合化土，會形成『化土格』。則以丙火做用神。專旺不純的時候，必須用印星（丙火）做用神。『化氣格』最怕洩氣、耗氣。有金在干上洩氣，格局雖不算破格，但其人也為無用之人。

舉例說明：

1. 日主「己丑」類

例(一)

甲戌
戊辰
日主 己丑
辛未

日主己丑生於辰月，支聚四庫辰戌丑未。己土身旺，干上有甲木疏土，甲己隔戊，且有辛金出干洩土之氣，故『化氣』不成。專以辰中癸水做用神。以財滋煞為用。

用神：癸水。
吉方：北方。
財方：北方。
忌方：南方。

例(二)

丁丑
甲辰
日主 己丑
癸酉

日主己丑生於辰月，干上有甲癸出干，甲己欲相合化土，用丁洩甲使之不化，專以丁火為用神。為『雜氣財官格』。行而運有小富格局。

用神：丁火。丙運。
吉方：南方。
財方：南方。
忌方：北方。

2. 日主「己卯」類

例(一)

壬子
甲辰
日主 己卯
丙寅

日主己卯生於辰月，干上有甲丙，癸藏年支子中，支上寅卯辰支類東方。本旺為殺旺身強，用丙印化煞為權，煞印兩旺。故主大富貴。以丙火做用神。

用神：丙火。
吉方：南方。
財方：南方。
忌方：北方。

例(二)

壬子
甲辰
日主 己卯
壬申

日主己卯生於辰月，于上有兩壬一甲，支上申子辰會水局。己土溼寒，四柱水多生木，以財旺生煞為用，此為『雜氣財官格』。主清貴。

用神：壬水。
吉方：北方。
財方：北方。
忌方：南方。

3. 日主「己巳」類

例(一)

戊戌
丙辰
己巳（日主）
己巳

日主己巳生於辰月，四柱火土旺，丙火得祿於巳。土旺至極，全無剋洩，故以丙火為用神。行南方運主富。金運耗敗，壬運不吉。

用神：丙火。
吉方：南方。
財方：南方。
忌方：北方。

例(二)

癸丑
丙辰
己巳（日主）
乙亥

日主己巳生於辰月，有丙癸出干，甲木暗藏亥中，巳亥相沖，巳中庚金受制於巳中之丙，故不能剋木，乙木為七殺雖透干，有丙印化煞為權，故主武貴，為元帥命。

用神：丙火。
吉方：南方。
財方：南方。
忌方：北方。

4. 日主「己未」類

例(一)

己未
戊辰
己未（日主）
甲子

日主己未生於辰月，甲己相合化土，又生於辰月土重之日，為『化土格』。以未中丁火為用神。行丙運主富。

用神：丁火。
吉方：南方。
財方：南方。
忌方：北方。

例(二)

庚辰
庚辰
己未（日主）
乙亥

日主己未生於辰月，有辰中含用乙木出干，亥中又有壬甲，支上亥未會木局，有雙庚出干而剋制之。乙庚隔己不能合化。故以傷官制煞為用，以庚金為用神。辰中自有癸水，又是財庫，故有一定的富貴格局。

用神：庚金。
吉方：西方。
財方：西方。
忌方：東方。

5. 日主「己酉」類

例(一)

甲戌
戊辰
日主 己酉
丁卯

此為北洋軍閥吳佩孚之命格。此命局中，支上卯辰酉戌為東西兩方，為大格局。以財官做用神，可惜癸水財星藏於辰中為入墓。要行運到壬申、癸酉金水運時，財旺生官，而貴為元帥。日時卯酉相沖，卯上又有丁火梟印蓋頭，老而無子之命。

用神：癸水。
吉方：北方。
財方：北方。
忌方：南方。

例(二)

乙丑
庚辰
日主 己酉
丙寅

日主己酉生於辰月，干上乙庚相合，但在春季化金不成，有丙透干，甲藏於寅，癸藏於丑辰之中，以印星丙火為用神。

用神：丙火。
吉方：南方。
財方：南方。
忌方：北方。

6. 日主「己亥」類

例(一)

辛巳
壬辰
日主 己亥
戊辰

日主己亥生於辰月，命局中甲藏於亥中，丙藏於巳中，土潤而強。辰月為暮春，火氣漸升，丙藏無礙，火氣足夠。甲藏於支，則嫌力有不足，故只能以壬水財星做用神。以財滋煞。主富貴。

用神：壬水。
吉方：北方。
財方：北方。
忌方：南方。

例(二)

壬申
甲辰
日主 己亥
庚午

日主己亥生於辰月，甲己相合化土，但庚金剋甲而破，支上申辰會水局，又有壬水出干，亥中又有甲木，財煞會黨。己土在午中得祿，以午中印劫為用神，行午運大吉。

用神：丁火。
吉方：南方。
財方：南方。
忌方：北方。

四月生，日主己土用神取法

四月為巳月，已進入三夏火旺之時，正值稻禾類稼物在田裡，急需雨露的滋潤，需水恐急。故四月生己土之人取用神以癸水為第一要用。並且要用丙火配合，植物才會生長得好。因此四月生己土之人，在命格中無癸的，稱做『旱田』。無丙火的，稱做『孤陰』。己土為衰竭之土，生於夏季，需調節氣候與生助幫扶，因此癸丙不可少。

◎四月生己土之人，命局中有丙癸兩透干，再有辛金發癸水之源的命局，為富貴極品的命格。

倘若命局中有丙火透干，癸藏於支中，有辛金相生，為『水火既濟』格，也會有大富貴。

倘若命局中只要有癸水透出干，並有庚辛金相生，縱使無丙也沒關係，因為三夏火旺，己土乾燥，需水恐急之故，也可為富貴之格。但是唯獨不能有戊土出干，制癸晦丙，即為下格。

倘若命局中有丙無癸，有壬水亦可。無辛用庚，格局會有高低不同。

◎四月生己土之人，若命局中多是丙丁出干，或支見火局，或是有癸無根，或是有丁制金，就有如旱田中枯槁的禾苗，此人命格會成為貧寒鰥寡孤獨的人，縱有子息也難成有用之人，有食祿也不長久。

命局中若無滴水解炎，再加甲木生助，偏枯已極，孤貧到老。即使有壬癸水來解救（行壬癸運），無庚辛金相生，水被煞乾，不為鰥寡之人，也一定會有目疾與心腎的疾病。只需有庚辛金生水，富貴大發。

倘若命局中有壬癸而無金，卻通根亥子，雖不會水被熬乾，也是無源，此命格為虛名虛利之人。有辛亥相生水，則有大富貴了。

◎四月生己土之人，命局中有壬水透干，並有源，是富而不貴的人，並且須要好運才能發富。若命局中有壬癸兩透干，破去丁火局，即可滋潤己土成為溼泥。有此命格的人，是靈敏機巧之人，善於謀略，富中取貴，富貴從巧中得來。

◎四月生己土之人，不離癸丙為用神。用癸做用神的人，必須要有金的配合。用丙火做用神的人，必須要有木的配合。

舉例說明：

1. 日主「己丑」類

例㈠

丙午
癸巳
日主 己丑
戊辰

日主己丑生於巳月，支上巳丑會金局，可生癸水。己土在午中得祿，丙戊祿在巳，辰中又有癸水，為戊土劫奪，有富貴但無子。以丙火做用神。

用神：丙火。
吉方：南方。
財方：南方。
忌方：北方。

例㈡

戊申
丁巳
日主 己丑
庚午

日主己丑生於巳月，干上己丁在午中得祿，日祿歸時，庚祿在申，戊祿在巳。日主己土身旺。己丑會金局。丙癸皆藏，丙藏於巳中，癸藏於丑中，又有丁火出干，故以財星癸水做用神。主富。

用神：癸水。
吉方：北方。
財方：北方。
忌方：南方。

2. 日主「己卯」類

例㈠

癸酉
丁巳
日主 己卯
甲戌

日主己卯生於巳月，干上有甲丁，幸有癸水透干解炎，丙藏於巳中，支上巳酉會金局，以生癸水，故有富貴。有丁火在干上會制酉中辛金，是忌神。

用神：癸水。
吉方：北方。
財方：北方。
忌方：南方。

例㈡

丁巳
乙巳
日主 己卯
庚午

日主己卯生於巳月，印星當令，火旺土重，又能焚木，到金水年庚子、辛丑可制火潤土，有貴顯。但一生波折，皆為命局中無水之故。以胎元丙申，申中之壬水為用神。

用神：壬水。
吉方：北方。
財方：北方。
忌方：南方。

3. 日主『己巳』類

例(一)

乙丑
辛巳
己巳（日主）
庚午

日主己巳生於巳月，此命格中己土生於火土旺之時，干上有庚辛金，可生丑中癸水，支上巳丑會金局，因此不為旱田。日主己土得祿於午，日祿歸時，主大富貴。專用胎元壬申之壬水。

用神：壬水。
吉方：北方。
財方：北方。
忌方：南方。

例(二)

壬戌
乙巳
己巳（日主）
丙寅

日主己巳生於巳月，干上壬丙兩透，四月火土旺，需水若渴，以壬水為用神。喜胎元為丙申，壬水可通根至申，主武貴。

用神：壬水。
吉方：北方。
財方：北方。
忌方：南方。

4. 日主『己未』類

例(一)

丙子
癸巳
己未（日主）
辛未

日主己未生於巳月，有丙癸出干，又有辛金生癸水，但辛金無根，用胎元申中之庚金助之。專以癸水做用神。

用神：癸水。
吉方：北方。
財方：北方。
忌方：南方。

例(二)

戊子
丁巳
己未（日主）
甲戌

日主己未生於巳月，有戊土出干，支上巳未戌皆有火土。土重，用甲木疏土，用子中癸水做用神。

用神：癸水。
吉方：北方。
財方：北方。
忌方：南方。

5. 日主『己酉』類

例(一)

己丑
己巳
日主 己酉
戊辰

日主己酉生於巳月，支上巳丑酉會金局，以生辰中癸水。干上三己一戊，四柱土多，更喜胎元為庚申，有庚祿生壬水，為土潤金生之格局，為富貴之命。

用神：壬水。金水運。
吉方：北方。
財方：北方。
忌方：南方。

例(二)

丁卯
乙巳
日主 己酉
壬申

此為林洋港先生命格。日主己酉生於巳月，四月火旺土燥，命局中有壬水出干，支上巳酉會金局可生水。壬水又在申中長生，乙木在卯中得祿，財官兩旺。仍用壬水做用神，行金水運，富取貴命。

用神：壬水。金水運。
吉方：北方。西北方。西方。
財方：北方。
忌方：南方。東方。

6. 日主『己亥』類

例(一)

丙申
癸巳
日主 己亥
乙亥

日主己亥生於巳月，有丙癸兩透干，此為女命，以乙木官星為夫星，亥中有壬祿，申為壬水長生之地，水為財，財旺生官，故為一品夫人之命格。

用神：癸水。
吉方：北方。
財方：北方。
忌方：南方。

例(二)

庚子
辛巳
日主 己亥
癸酉

日主己亥生於巳月，有癸水出干，並在年支子中得祿，干上有庚辛金以生之。支上巳酉會金局，更能生水。此格局主富。

用神：癸水。
吉方：癸水。
財方：北方。
忌方：南方。東方。

五月生，日主己土用神取法

五月為午月，夏季火旺土燥，此時田中的禾稻已長出稻穗，必須有水滋潤，果實才會豐美。己土為衰竭之土，以調節氣候為最急切的條件，故以癸水為主要用神。但水至午為絕地，滴水就會熬乾，對火炎土燥之局無補於事。故必要以辛金生水，才能涓涓不絕，也才能產生潤澤的功用。午月，月垣中自有丁火，因此有癸無丙的命格，亦能主貴。命格中無癸水的人，就用壬水做用神。無辛用庚來生水。命格格局會有高低之分，但是用神取用之法是道理相同的。

◎五月生，己土之人，若命局中有戊出干，會傷癸水，且要小心戊癸相合化火，更增火炎之勢，格局又常會因此轉變，其禍福要依格局而定。

◎五月生己土之人，若命局中支成火局，或丙丁多，無水，為僧道孤貧之輩。倘若能在胎元（受胎月之干支）中找到水（例如壬申、癸酉之類），命格也可主大富貴。申宮為壬水長生之地，酉中辛金能生癸水，再行運至西北金水之地，可發橫財無數。

※癸水為天然之雨澤。癸透有源，主富而有貴。若以壬水為用神，壬水為人工

灌溉之潤澤。壬透有源，富而不貴。且需好運（行西北運程）相助，才可主富。故而用壬的人，常主有暴發運，並暴發在金水年中。而用癸的人，天生富貴，循序增多。

◎五月生，己土之人若命局中有壬癸兩透干，為正偏財並見於格局之中，也就是用財破印、用水破火局的命局，可潤己土為溼泥。此時火是當旺之神，因此水不能剋火，只能做潤土解炎的功用。此命格的人是一個聰明練達的人，有謀略，能在富中取貴。

◎五月生己土之人，命局中支見火局，或者是有癸無根，稱之為『旱田』，若更有甲木在干上，會生助火旺之勢，再無滴水解炎，為偏枯已極的命格，是孤貧到老的人。有壬癸水可解孤貧（無論在胎元中或行運皆可）。但無庚辛金相生仍會被熬乾。此人必犯目疾或心腎之病。

※命局中有壬癸水，通根亥子的人，若沒有金來相助相生，仍算是無源，只有虛名虛利。有辛、亥相生的人，才有大富貴。

舉例說明：

1. 日主『己丑』類

例(一)

丙辰
甲午
日主 己丑
丁卯

日主己丑生於午月，干上甲己不合，以『財官格』論之。己祿在午，干上甲丙丁，火旺至極，因此身旺。幸己土坐丑上，專用丑中癸水為用神。運行西北，主大富貴。

用神：癸水。
吉方：北方。西北方。
財方：北方。
忌方：南方。東方。

例(二)

己卯
庚午
日主 己丑
丙寅

此為吳伯雄先生之命格。日主己丑生於午月，己祿在午，支上丑寅卯為東北方，又有寅午會火局。干上庚金能生丑中之癸水。故富而且貴。

用神：癸水。金水運。
吉方：北方。西北方。
財方：北方。
忌方：南方。

2. 日主『己卯』類

例(一)

庚申
壬午
日主 己卯
丙寅

日主己卯生於午月，有壬水出干，使庚而生之，庚祿又在申，壬水在申中長生，支上寅卯成東方，寅午會火局，又有丙火出干，丙火又在寅中長生，日主己土得祿於午，命局中形成水火各半對峙之勢，仍用財星制煞為用。以壬水為用神。

用神：壬水。金水運。
吉方：北方。
財方：北方。
忌方：南方。東方。

例(二)

丁丑
丙午
己卯
日主 壬申

日主己卯生於午月，日主己土坐於卯上，日主坐煞，丙刃在午，煞刃相停，丁己祿在午，有壬水出干，並在申中長生，此命格主大富貴。以壬水做用神。

用神：壬水。金水運。
吉方：北方。
財方：北方。
忌方：南方。東南運。

3. 日主「己巳」類

例(一)

己丑
庚午
日主 己巳
乙亥

日主己巳生於午月，有庚金透干，癸藏於丑中，壬水藏於亥中，支上巳丑會金局，可做庚之根，故富貴俱全。專以壬水為用神。因行運逆行，無法至大貴。

用神：壬水。金水運。
吉方：北方。
財方：北方。
忌方：南方。

例(二)

癸丑
戊午
日主 己巳
丁卯

日主己巳生於午月，干上有戊癸相合化火，丁己得祿於午，為『從旺格』。『從火』。支上卯巳午三台聚貴。運行東南主貴。用神用印星丁火為用神。

用神：丁火。東南運。
吉方：南方。東南方。
財方：東南方。
忌方：西北方。

4. 日主「己未」類

例(一)

乙亥
壬午
日主 己未
己巳

日主己未生於午月，有壬水出干，壬祿在亥，支上巳午未支類南方，火炎土旺，用己土混壬，但無金可生壬，水無源，故為虛名虛利。仍以壬水做用神。此命格金水運大好，木火運不吉。

用神：壬水。
吉方：北方。
財方：北方。
忌方：南方。

例(二)

戊申
戊午
日主 己未
己巳

日主己未生於午月，四柱皆土，土旺至極，申中壬水為戊土蓋頭，支上巳午未又支類南方。己祿在午，戊祿在巳，為『從旺』格，以印星丁火為用神，運行東南主貴。

用神：丁火。
吉方：南方。東南方。
財方：南方。
忌方：北方。

5. 日主『己酉』類

例(一)

庚寅
壬午
日主 己酉
辛未

此為馬英九先生之命格。為建祿格。日主己土坐於酉金之上，被金洩氣，又有壬水緊貼，為身弱。四柱食傷多，支上寅午會火局，生助日主。專取寅中丙火為用神。行東南運主貴。

用神：丙火。木火運。
吉方：南方。
財方：南方。
忌方：北方。

例(二)

丁丑
丙午
日主 己酉
辛未

日主己酉生於午月，夏令火旺，又有丙丁出干，四柱水木全無，辛金透干通根至酉。支上丑酉會金局。可惜運行東方運，生火而剋金，不吉。至辛丑運之戊辰年，晦火生金，食神喜劫地，而發富貴。走老運。

用神：辛金。
吉方：西方。
財方：西方。
忌方：東方。

6. 日主『己亥』類

例(一)

己巳
庚午
日主 己亥
丙寅

日主己亥生於午月，己土本是溼土，又坐於亥水之上。時干上之丙火，在寅中逢長生，丙火得祿於巳，己土得祿於午，年月逢祿旺，寅亥化木生火，夏日太炎，走東南運程，身多疾病，行北方運運程轉好，發財遇吉。

用神：以亥中壬水火用神。
吉方：北方。
財方：北方。
忌方：南方。

例(二)

丁丑
丙午
日主 己亥
己巳

日主己亥生於午月，干上有丙丁，丙火在時支巳中得祿，丁己在午中得祿，以支上巳丑會金局，以生亥中壬水，為富貴俱全之命格。

用神：壬水。
吉方：北方。
財方：北方。
忌方：南方。

六月生，日主己土用神取法

六月為未月，未月值土專旺之時，己土至未月極旺。陰干本無刃，陰干有刃，只有己土生於未月而已。

◎六月生，己土之人，命局四柱中支聚辰戌丑未，四柱土重，又見結金局者，不貴即富。書云：『土逢季月見金多，總為貴論。』此命格為『稼穡格』。以金做用神。

土在辰戌丑未四季月，以未月為最極旺，四柱土重，為火炎土燥，支上未形成辰戌丑未支聚四庫者，不作『稼穡格』論，但未月之土，有結金局者，仍是不貴即富之命格。

◎六月生，己土之人，若命局中有甲己相合化土，若無水滋助，會太燥熱。有水則會生助甲木，形成『財官格』。因此不能合化成格。

◎六月生己土之人，因火炎土燥，專以癸水做用神。大暑之後，金水進氣，故專用丙火做用神。

舉例說明：

1. 日主『己丑』類

例㈠

辛卯
乙未
日主 己丑
乙丑

此為清朝咸豐皇帝命格。日主己丑生於未月土旺之時，有雙乙出干，支上卯未會木局，專用年上辛金洩土氣，並制乙木。因金在年上，故可享祖蔭之福。

用神：辛金。
吉方：西方。
財方：西方。
忌方：東方。

例㈡

壬申
丁未
己丑
日主 庚午

日主己丑生於未月，干上有壬水在申中長生，庚祿在申。丁己祿在午，日祿歸時，己土通根至未。支上午未申聯珠，四柱皆有土，午、丑、未中是己土，申中有戊土，見庚金出干，為富格。

用神：庚金。
吉方：西方。
財方：西方。
忌方：東方。

2. 日主『己卯』類

例㈠

壬寅
丁未
日主 己卯
乙亥

日主己卯生於未月，支上未卯亥會木局，干上丁壬相合化木，又有乙木透干，甲木藏於寅、亥之中。為『從煞格』。運行東方，主貴命。

用神：甲木。
吉方：東方。
財方：東方。
忌方：西方。

例㈡

庚辰
癸未
日主 己卯
丙寅

日主己卯生於未月，支上寅卯辰支類東方，卯未又會木局。用庚制木生水，此時已近大暑，有金水進氣，專用丙火做用神。丙火在寅中長生。此命格主富貴。

用神：丙火。
吉方：南方。
財方：南方。
忌方：北方。

3. 日主「己巳」類

例(一)

己巳
辛未
日主 己巳
己巳

日主己巳生於未月土旺之時，己土生於大暑之前，四柱土多、丙多（己中有丙戊祿，巳中也是庚金長生之地）辛金亦有根，加之胎元為壬戌，故不為旱田，用胎元壬水做用神。行西北運，可發橫財。

用神：壬水。
吉方：北方。
財方：北方。
忌方：南方。

例(二)

丙寅
乙未
日主 己巳
丁卯

日主己巳生於未月，有丙丁出干，支上卯未會木局，乙在卯中得祿，丙祿在巳，己土通根至未，年上丙火又長生於寅，一片木旺火炎，四柱無水，支上寅、未、巳中皆有火，只得從其旺神則為『從火格』。專以丙火為用神。

用神：丙火。
吉方：南方。
財方：南方。
忌方：北方。

4. 日主「己未」類

例(一)

丁丑
丁未
日主 己未
辛未

日主己未生於未月，土重。支上丑未相刑，己土通根至未，支上有三未，故身強，辛金能洩土氣，生丑中癸水做用神。

用神：癸水。
吉方：北方。
財方：北方。
忌方：南方。

例(二)

戊戌
己未
日主 己未
戊辰

日主己未生於未月，四柱皆土，無木，為『稼穡格』。專用戊土做用神。行火土運或土金運皆吉，忌逢木運，大凶。

用神：戊土。
吉方：南方。西方。
財方：南方。
忌方：東方。木運。

5. 日主『己酉』類

例㈠

庚午
癸未
己酉（日主）
丙寅

日主己酉生於未月，此命局在大暑之後，已有金水進氣。干上有庚滋癸，支上午未酉夾申為聯珠。日主己土在午中得祿，丙在寅中長生，支上又有寅午會火局，己酉為衰竭之土，不喜庚金洩土氣，喜丙寅生扶。故用丙火做用神。

用神：丙火。
吉方：南方。
財方：南方。
忌方：北方。

例㈡

癸酉
己未
己酉（日主）
辛未

日主己酉生於未月，干上癸辛兩透干，四柱無丙，己土虛寒，酉與酉刑，未與未刑。用未中丁火做用神，行火土運幫身生財。

用神：丁火。
吉方：南方。
財方：南方。
忌方：北方。

6. 日主『己亥』類

例㈠

乙亥
癸未
己亥（日主）
辛未

日主己亥生於未月，干上癸辛兩透干，支上亥未會木局，煞重身輕，辛金不足以制煞，四柱又無丙火，己土之氣虛寒，專用未中丁火為用神。

用神：丁火。
吉方：南方。
財方：南方。
忌方：北方。

例㈡

辛巳
乙未
己亥（日主）
丁卯

日主己亥生於未月，支上未亥卯會木局，巳未夾午貴，卯巳午又為三奇，己亥為溼泥，專用巳中丙火為用神以洩木氣生身。此命格主貴，但四柱陰木旺，短壽。

用神：丙火。
吉方：南方。
財方：南方。
忌方：北方。

七月生，日主己土用神取法

七月已至三秋，為金神秉令之時，子旺母衰，土氣洩弱。秋季為萬物收藏的時候，是內實外虛的境況。有寒氣上升，必須在命局中有丙火溫暖且能制金，或是用癸水潤土，又能洩金，讓己土得到生扶補足精神。則在秋天，一樣會挽回造化太過嚴剋的力量，而形成好命格，造就偉大的人物的。

◎七月生己土之人，因申宮金水長生（壬庚兩旺），故以丙火為第一要用取用神之法。有丙輔助己土，再有癸透為上等格局，壬水透干為次等格局。水火缺其一，便難有顯達的人生。

命局中先透癸，再透丙，可留名青史，權重一時。

命局中有壬丙兩透干的人，無癸水，是異途顯達為高職的人，或是在武職中具有權位的人。

命局中有丙火，但無壬癸，是不誠實，而且是假道學、假斯文之人。

命局中無丙火，但有壬癸的人，是一個有小富格局的能者之人。

◎七月生己土之人，若命局支上成金局，再有癸透有根，必是大富之人，且可富中取貴。

※七月和八月所生己土之人取用神之理相同。命局中金水重的人，就用丙火做用神。命局中火重的人，就用金水做用神，但己土一定要生旺才可以。

※土得金火，才能成大器，秋季金旺乘權，強金遇火，可以冶煉成器，因此命局中有丙、丁，更能補土之氣、土之元神。因此『土金傷官佩印』，必定大貴，且多為武貴。（在傷官格中，木火為文，土金為武。）

舉例說明：

1. 日主『己丑』類

例(一)

庚子
甲申
日主 己丑
癸酉

日主己丑生於申月，支上丑酉會金局，申子會水局，癸透干，且通根在子，主大富貴。用胎元甲戌中之丁火為用神。

用神：丁火。
吉方：南方。
財方：南方。
忌方：北方。

例(二)

癸亥
庚申
己丑
日主 己巳

日主己土生於申月，有癸水出干，支上巳丑會金局。庚祿在申，亥中又有壬甲，為金水多之局，專用時支巳中丙火為用神。此命格主富中取貴。

用神：丙火。
吉方：南方。
財方：南方。
忌方：北方。

2. 日主『己卯』類

例(一)

甲子
壬申
日主 己卯
己巳

日主己卯生於申月，有壬水出干，支上申子會水局，水旺木旺，專用巳中丙火為用神，行火金運主貴。

用神：丙火。

吉方：南方。

財方：南方。

忌方：北方。東方。

例(二)

辛卯
丙申
日主 己卯
戊辰

日主己卯生於申月，申辰會水局，又有戊土出干制水局，專用丙水做用神。

用神：丙火。

吉方：南方。

財方：南方。

忌方：北方。

3. 日主『己巳』類

例(一)

己未
壬申
日主 己巳
癸酉

日主己巳生於申月，有壬癸出干，支上巳酉會金局。一片金水格局。專以巳宮丙火為用神。

用神：丙火。

吉方：南方。

財方：南方。

忌方：北方。

例(二)

癸丑
庚申
日主 己巳
乙丑

日主己巳生於申月，有癸水出干，通根至丑。支上巳丑會金局。己土生申月為寒溼之土，專以巳宮丙火為用神。

用神：丙火。

吉方：南方。

財方：南方。

忌方：北方。

4. 日主『己未』類

例(一)

戊辰
庚申
日主　己未
丁卯

日主己未生於申月，有庚金、丁火出干，四柱無丙，支上辰申會水局，未卯會木局。癸藏辰中，壬藏申中。專以丁火為用神。暖土為要。

用神：丁火。
吉方：南方。
財方：南方。
忌方：北方。

例(二)

己卯
壬申
日主　己未
己巳

日主己未生於申月，有壬水出干，支上卯未會木局，專用巳宮丙火，洩木暖土。

用神：丙火。
吉方：南方。
財方：南方。
忌方：北方。

5. 日主『己酉』類

例(一)

己巳
壬申
日主　己酉
戊辰

日主己酉生於申月，有壬水出干，支上巳酉會金局，申辰會水局，一片金旺水多之勢，專用巳宮丙火為用神。主富貴。

用神：丙火。
吉方：南方。
財方：南方。
忌方：北方。

例(二)

壬午
戊申
日主　己酉
丙寅

日主己酉生於申月，干上壬丙兩透干，四柱無癸，支上寅午會火局。為異途顯達之人。寅申相冲，冲去壬水之根，故仍以壬水做用神。

用神：壬水。
吉方：北方。
財方：北方。
忌方：南方。

6. 日主「己亥」類

例(一)

己卯
壬申
己亥（日主）
己巳

日主己亥生於申月，有壬水出干，丙藏於巳中，支上卯亥會木局。亥中又有壬甲，專用印星丙火為用神。主異途顯達。

用神：丙火。
吉方：南方。
財方：南方。
忌方：北方。

例(二)

庚辰
甲申
己亥（日主）
己巳

日主己亥生於申月，有甲庚出干，支上申辰會水局，亥中又有壬甲，專用巳宮丙火為用神。壬癸丙皆藏支，有衣食之祿。

用神：丙火。
吉方：南方。
財方：南方。
忌方：北方。

八月生，日主己土用神取法

八月為酉月，金神秉令之時，子旺母衰，土氣洩弱，仍以丙癸為重要選用神的方法。不僅能溫潤土，如果支成金局，或支類西方成方局者，有庚金出干，再得癸水，能洩金氣為用神。有丙丁出干，則能成大格。八月建酉，酉中自有辛金，且很容易成為金局。

◎八月生己土之人，命局中支上成金局者，有癸出干，癸透有根，必主大富貴，並且是富中取貴的格局。此為『食神生財格』。必須命局中有丙戊暗藏於支中，使日主己土有生氣，才能富中取貴，且為大富的象徵。

※因旺金會洩弱己土，無丙丁不能成格，必須金強身旺，才能以丙丁補土之元神，形成『土金傷官佩印格』，主大貴，為武貴。此格局忌見水，水會洩金，且使土蕩，成為破局。

◎八月生己土之人，因秋季氣寒而洩，以丙癸為正用，用財（癸水）不能缺印（需丙火），用印（丙火）不能無潤（需癸）。並取辛金補助癸水，這是必要的選用之法。

命局中要支成金局，而無丙丁來救，為孤單寒苦之人。有丙丁，可生己土元神，為五福俱全之人。富貴皆有，亦可為人中豪傑。

舉例說明：

1. 日主『己丑』類

例(一)

己卯
癸酉
日主 己丑
己巳

日主己丑生於酉月，有癸水出干，支上巳丑酉會金局，可生癸水，癸透有根，主大富貴，且富大於貴。專用巳宮丙火為用神。

用神：丙火。
吉方：南方。
財方：南方。
忌方：北方。

例(二)

己巳
癸酉
日主 己丑
戊辰

日主己丑生於酉月，有癸水出干，支上巳酉丑會金局，可生癸，辰中又有癸水，此命格主大富。專用巳中丙火為用神。

用神：丙火。
吉方：南方。
財方：南方。
忌方：北方。

2. 日主『己卯』類

例(一)

乙亥
乙酉
日主 己卯
庚午

日主己卯生於酉月，有兩乙出干，支上卯亥會木局，眾煞猖狂，庚金隔位和乙不合，用庚制煞成功，主武貴。專用午中丁火做用神。因四柱多乙木，有庚故貴，用丁火洩木，性多狡詐。金運不吉。

用神：丁火。東南運。
吉方：南方。
財方：南方。
忌方：北方。西方。金水運。

例(二)

庚辰
乙酉
日主 己卯
丙寅

日主己卯生於酉月，有庚金出干，乙庚相合化金。支上寅卯辰支類東方。用金制木，以丙火做用神。癸藏辰中，故有富貴。

用神：丙火。
吉方：南方。
財方：南方。
忌方：北方。

3. 日主『己巳』類

例(一)

乙亥
乙酉
己巳（日主）
乙丑

日主己巳生於酉月，有三乙出干，支上巳酉丑會金局，子旺母虛，專用巳宮丙火為用神，此命格中幸喜胎元丙子，再引丙火，而大貴。

用神：丙火。
吉方：南方。
財方：南方。
忌方：北方。

例(二)

丙辰
丁酉
己巳（日主）
癸酉

日主己巳生於酉月，一癸高透，通根至辰。支上巳酉會金局，又可生癸。主大富貴。專用丙火做用神。

用神：丙火。
吉方：南方。
財方：南方。
忌方：北方。

4. 日主『己未』類

例(一)

癸未
辛酉
己未（日主）
己巳

日主己未生於酉月，有癸辛出干，支上巳酉會金局，專用巳中丙火為用神。

用神：丙火。
吉方：南方。
財方：南方。
忌方：北方。

例(二)

甲子
癸酉
己未（日主）
乙丑

日主己未生於酉月，有癸水出干，支上丑酉會金局，四柱無火，專以未中丁火為用神。此命格富而不貴。

用神：丁火。
吉方：南方。
財方：南方。
忌方：北方。

5. 日主「己酉」類

例(一)

己未
癸酉
己酉（日主）
己巳

日主己酉生於酉月，有癸水出干，支上巳酉會金局，可生癸水。專用巳中丙火為用神。此命局主大富貴。

用神：丙火。
吉方：南方。
財方：南方。
忌方：北方。

例(二)

己未
癸酉
己酉（日主）
戊辰

日主己酉生於酉月，有癸水出干，但有戊土制癸，酉中辛金可生癸。四柱無火，專用未中丁火為用神，有衣食之祿。

用神：丁火。
吉方：南方。
財方：南方。
忌方：北方。

6. 日主「己亥」類

例(一)

庚午
乙酉
己亥（日主）
乙丑

日主己亥生於酉月，干上有雙乙一庚，乙庚相合化金，支上丑酉會金局，專用午中丁火為用神。亥中有壬水。故此命格主富貴，但人多狡詐。

用神：丁火。
吉方：南方。
財方：南方。
忌方：北方。

例(二)

癸亥
辛酉
己亥（日主）
乙丑

日主己亥生於酉月，有癸水出干，支上丑酉會金局，以生癸。亥中有壬水，四柱無丙，己亥為溼土，故有衣食而不貴。行火土運稍富。支上亥酉夾戌，用虛神戌中丁火為用神。

用神：丁火。
吉方：南方。
財方：南方。
忌方：北方。

九月生，日主己土用神取法

九月為戌月，為季土土重之月。秋天仍是金旺乘權之時，九月生己土之人苦命局中支全四庫（辰戌丑未全），土太重，必須用甲木疏土。有甲木透干，不要和己相合化土，再有癸水為輔助，以財官為用神，則可主貴。

倘若命局中，有癸水藏於辰庫，又有甲木制劫（戊土）護財（壬癸水），此命格主富。有甲的人主富，無甲的人貧賤。土不重則不用甲，專取丙癸。

倘若命局中有甲木透干，與己土相合化土，則為『化土格』。則以火為用神。用火者主貴命。此格局為變格，因秋土容易洩氣而寒冷，有丙丁可以暖土，以補足己土的土氣元神。因此一定會貴顯。

倘若命局中無甲木，而多戊己，全辰戌丑未四季之土的，為『稼穡格』。以火為用神。秋土以有『火』為貴命。

◎九月生己土之人，若命局中支成火局，又無水來救的命局，為奸詐凶險之徒。

倘若有癸水藏支，再遇金生，有小貴。倘若命局中有一個壬水輔助而藏支的癸水，則是有才智英豪的富貴之人。有戊土來制癸，便會遭到凶厄，且為貧賤之命格了。九月生己土之人，見戊為病，更須甲木為藥，木得水潤才能破土。有戊土傷壬水的格局是凶厄貧賤的命格。

※戊宮有戊、丁、辛藏用，為土金火用事。倘若命格中是金重、金多的格局，便以丙火做用神。為『土金傷官佩印格』。這是合於秋季己土之需要，屬於『體用同宮』的取用神之法。

倘若金重或支成金局，又無丙、丁火來救，則為孤單貧寒之人。

◎九月生己土之人，因生戌月，己土氣寒而遭洩（戌中有辛金洩土之氣），故以丙癸為正用。若用財星（壬癸）為用神，則不能缺印（丙火）。若用丙火做用神，則不能少潤（缺水）。九月為土旺之月，用甲木官星做用神的人，更要有癸丙來輔助不可。這是一般的用法。

舉例說明：

1. 日主『己丑』類

例(一)

癸未
壬戌
己丑（日主）
庚午

此為何應欽將軍之命格。日主己丑生於戌月，金水進氣，秋土氣寒，有壬癸出干，庚金生之，支上午戌會火局，丑戌未三刑幫身得用，再加上己祿在午，日祿歸時，沒有官星破格，故為貴命。專以午中丁火為用神。為『土金傷官佩印格』。

用神：丁火。
吉方：南方。
財方：南方。
忌方：北方。

例(二)

丙子
戊戌
己丑（日主）
癸酉

日主己丑生於戌月，有丙火出干，子中癸水為丙所制，幸支上丑酉會金局，又有癸水出干，酉金可生癸水，專用丙火為用神。此命格有大富貴。

用神：丙火。
吉方：南方。
財方：南方。
忌方：北方。

2. 日主『己卯』類

例(一)

庚寅
丙戌
己卯（日主）
己巳

日主己卯生於戌月，干上有火土金（丙庚己），為戌宮火土金之用。此為『土金傷官佩印格』。專取丙火為用神。主武貴。

用神：丙火。
吉方：南方。
財方：南方。
忌方：北方。

例(二)

戊申
壬戌
己卯（日主）
甲子

日主己卯生於戌月，有壬水出干，但被戊緊臨而剋，申中有壬水長生，又被戊土蓋頭。生於戌月甲己相合化土，甲不能疏土，支上申子又會水局，故專以戌中丁火為用神，暖土為要。

用神：丁火。
吉方：南方。
財方：南方。
忌方：北方。

3. 日主『己巳』類

例(一)

丁亥
庚戌
己巳（日主）
辛未

此為蔣中正總統之命格。日主己巳生於戌月，己巳身臨旺地，干上有庚辛金透干，兩金並透，秋天旺金會洩土之氣，必須有丙丁來救，以補足土之元神。此命格中丁火透干，丙藏於巳宮，金神入火鄉，支上巳未夾午祿，故為大貴。壬藏於亥中，富不及貴，普通衣祿而已。

用神：丁火。
吉方：南方。
財方：南方。
忌方：北方。

例(二)

乙亥
丙戌
己巳（日主）
乙亥

日主己巳生於戌月，有丙火透干，壬水藏於亥中，亥中又有甲木，有雙乙出干，日主己巳身臨旺地，又生戌月，己土臨旺，可用甲木疏土，可惜甲木不出干，故用乙木，乙木疏土之力不足，故貴不足。為武貴。

用神：乙木。
吉方：東方。
財方：東方。
忌方：西方。

4. 日主『己未』類

例(一)

乙酉
丙戌
己未（日主）
丁卯

日主己未，生於戌月，有丙丁透干，而四柱無癸，支上卯未會木局，土燥木枯，九月己土，無甲木不足以取貴，此命格貴多就武。

用神：乙木。
吉方：東方。
財方：東方。
忌方：西方。

例(二)

丙戌
戊戌
己未（日主）
壬申

日主己未生於戌月，有壬水出干，通根至申，又有丙火出干，支上未申戌夾酉，聯珠夾貴，用申中庚金生財為用神，為『傷官生財格』。

用神：庚金。金水運。
吉方：西方。
財方：西方。
忌方：東方。木運。

5. 日主『己酉』類

例㈠

壬午
庚戌
日主 己酉
庚午

此為民國二、三十年左右副委員長馮玉祥之命格。日主己酉生於戌月，有兩庚並透干，酉戌為西方，午為南方。支上午戌會火局，己土得祿於午，己土臨酉，旺氣雖仍不足，但已富貴至高。專用午中丁火為用神。壬水為忌神為病。

用神：丁火。
吉方：南方。
財方：南方。
忌方：北方。

例㈡

丙午
戊戌
日主 己酉
己巳

日主己酉生於戌月，有丙戊出干，支上午戌會火局，巳酉會金局，四柱無水，無甲，得胎元己丑，丑中一點癸水做用神，得靠金水運才能發得小富。

用神：癸水。
吉方：北方。
財方：北方。
忌方：南方。

6. 日主『己亥』類

例㈠

壬子
庚戌
日主 己亥
庚午

日主己亥生於戌月，有壬水出干，並有兩庚並透，支上午戌會火局。戌亥子支類北方。己亥為溼泥之地，喜丙火常照，壬水為病，故以午中丁火為用神。己祿在午，日祿歸時。

用神：丁火。
吉方：南方。
財方：南方。
忌方：北方。

例㈡

丙寅
戊戌
日主 己亥
戊辰

日主己亥生於戌月，有雙戊一丙出干，土重，支上寅戌會火局，更加土實，用亥中壬水生甲木以疏土。勾陳得位，用辰中癸水做用神。

用神：癸水。
吉方：北方。
財方：北方。
忌方：南方。

※勾陳得位：即指戊己土得位。解釋在《十一月生日主己土》中。

十月生，日主己土用神取法

十月為亥月，已進入三冬的時刻，己土為田園中潮溼的土，又生於冬季，天已入寒，溼泥也就更為寒凍。必須要有丙火來溫暖土質，才能衍生萬物。因此以調節氣候上的問題，用甲木來疏土，或是命局中水很旺，用戊土來制水，但都離不開丙火。甲木與戊土都是治命局中所不吉的病之藥。故可參用之。

◎十月生己土之人，在命局中土旺可用甲木來疏土，必須有丙配合，火藉土生，故可參用。但是不可用癸水做用神。因冬季的雨露（癸水為雨露之水）會化為霜雪。在命局中有癸水出干的人，會使己土更加寒凍不吉，因此不可用。

※十月為亥月，亥中有壬水，十月又是初冬，命局中壬水旺時，可用戊土制壬，仍是以丙火為用神。此因財能破印，取劫制財來護印的緣故。

◎十月生己土之人，有丙火透干，支中又藏火的人，例如支上是寅、巳，是一定有富貴的人。還必須有甲木來輔助丙火生旺才行。並且要沒有壬水來剋制丙火，如此才是上等格局的命格。即使是丙藏於支中，而不受到剋制都會有富貴。

倘若命局中四柱無丙，便用丁火，但是丁火不足以解凍驅寒，因此又要用甲木來輔助丁火。如此的命格，會有平常小康局面的衣食之祿。倘若是丁在干上，而支上有寅、巳，支上暗藏丙火，其作用是和有丙火在命格中有相同份量的，不受到剋制，也是同樣主富貴的。

※倘若在命局中，丙藏於支中，並無壬來相剋制，支上有寅，而沒有申來相沖害（寅申相沖），或是支上有巳，而沒有亥來相沖害（巳亥相沖），再逢木火運引出吉運，也是取貴的格局。倘若支上有沖害（巳亥相沖），便無法取貴了。

◎十月生己土之人，若命局四柱有多個壬水，有戊土透干來破壬，是『財破身榮』的格局，己土是溼土不能制水，必須有戊土幫忙。財旺用劫，分散財星，再有丙火來暖土，主富中取貴。

倘若命局中，有壬水出干，不見戊土來制，為『從財格』。便是財多身弱，富屋窮人，身弱不能任財。三冬的己土，有壬水出干，有如田被水浸泡，是非常孤苦之人的命格。但只要命局中有火，則土暖不會孤獨，有土來制，就不會貧窮了。因此命局中水多的人，要火土並用，才有富貴。

◎十月生己土之人，若命局干上都是戊己土，四柱又土重，日主己土轉強，要以甲木疏土，月令財旺坐官，是富貴的命格，但四柱一定要有丙來配合。有甲透者富貴。

◎十月生己土之人，若命局中一片庚金（有兩個以上的庚金出干），雖以丙火為用神，最好還要有丁火來輔助。若是丁透干，丙藏支的命格，是奇特的命格，也是特有的富貴格局。此因丁火最宜制庚，金溫土暖，為『土金傷官佩印』，為富貴命格。這和七、八、九月中日主己土取命格法之一的『土得金火，方成大器』是相同的格局。

舉例說明：

1. 日主『己丑』類

例(一)

癸卯
癸亥
日主 己丑
癸酉

日主己丑生於亥月，有三癸出干，支上丑酉會金局，卯未會木局，亥中又多壬甲，以從財論。但四柱無丙火，故為平庸孤貧之命格。支上丑卯夾寅，酉亥夾戌，專用虛神寅中丙火為用神，胎元為甲寅。行火土，有衣食之祿，主貴。

用神：丙火。
吉方：南方。
財方：南方。
忌方：北方。

例(二)

戊午
癸亥
日主 己丑
丙寅

日主己丑生於亥月，癸水出干，有戊土制之，丙火出干，長生在寅，支上又有寅午會火局。寅、亥中又有甲木輔丙，時辰生得好。專以丙火為用神。主富貴。

用神：丙火。
吉方：南方。
財方：南方。
忌方：北方。

2. 日主「己卯」類

例(一)

戊辰
癸亥
己卯（日主）
甲子

日主己卯生於亥月，為『財官格』。戊土出干，己土轉生旺，土重取甲木疏土，以財生官為用。以胎元甲寅，寅中之丙火為用神。主貴。

用神：丙火。
吉方：南方。
財方：南方。
忌方：北方。

例(二)

甲午
乙亥
己卯（日主）
戊辰

日主己卯生於亥月，有戊土出干，己土生旺，用甲木疏土，以亥中壬水，生官為用。丁火藏午，支上亥卯會木局，胎元為丙寅，專用胎元丙火為用神，主富貴。

用神：丙火。
吉方：南方。
財方：南方。
忌方：北方。

3. 日主「己巳」類

例(一)

壬申
辛亥
己巳（日主）
丙寅

此為宋代韓佗胄將軍命格。日主己巳生於亥月，有丙火出干，支上寅申巳亥俱全，四生逢冲。壬申為劍鋒金，遇洪爐之火（丙火高透），逢生得祿，故有極品之貴。但四生逢冲，終命亦禍。

用神：丙火。
吉方：南方。
財方：南方。
忌方：北方。

例(二)

甲子
乙亥
己巳（日主）
己巳

日主己巳生於亥月，有己土出干，丙火藏於兩巳之中，巳中又有戊祿，土重由甲木疏之。專用丙火為用神。行南方運，主富貴。

用神：丙火。
吉方：南方。
財方：南方。
忌方：北方。

4. 日主「己未」類

例(一)

丁亥
辛亥
己未（日主）
丙寅

日主己未生於亥月，干上有丙丁出干，支上亥未會木局，寅中又藏有丙火。用寅亥中甲木輔丙。為大富貴之命。

用神：丙火。
吉方：南方。
財方：南方。
忌方：北方。

例(二)

庚寅
丁亥
己未（日主）
丙寅

日主己未生於亥月，干上有丁制庚，有丙火透干，丙丁皆透。支上亥未會木局，寅亥中又藏甲，庚金又制甲，丙火亦藏於寅中，此命格主大富貴。火土金俱全。

用神：丙火。
吉方：南方。
財方：南方。
忌方：北方。

5. 日主「己酉」類

例(一)

壬子
辛亥
己酉（日主）
戊辰

日主己酉生於亥月，有壬水出干，支上子辰會水局，幸有時上戊土出干為救，支上酉亥子，一片西北方、北方格局，太寒，胎元壬寅。用寅中丙火為用神。

用神：丙火。
吉方：南方。
財方：南方。
忌方：北方。

例(二)

己未
乙亥
己酉（日主）
己巳

日主己酉生於亥月，干上有三己，支上亥未會木局，巳酉會金局，丙火藏於巳中，用木疏土，用火暖土，此命格火土金皆具備，故有一定的富貴。

用神：丙火。
吉方：南方。
財方：南方。
忌方：北方。

6. 日主『己亥』類

例(一)

時	日主	月	年
癸酉	己亥	癸亥	癸亥

日主己亥生於亥月，有三癸出干，四柱不見比印（戊己土與丙火），為『從財格』。主富貴。以財星癸水做用神。

用神：癸水。
吉方：北方。
財方：北方。
忌方：南方。

例(二)

時	日主	月	年
戊辰	己亥	辛亥	丁卯

日主己亥生於亥月，有戊土出干，己土生旺，干上有丁，支上卯亥會木局。局中無丙，故用丁火做用神，有亥中甲木為輔。命局小康。

用神：丁火。
吉方：南方。
財方：南方。
忌方：北方。

十一月生，日主己土用神取法

十一月為子月，為癸水秉令之時，己土為卑溼之土，生於冬季，濕泥寒凍，沒有丙火，即毫無生意，故以調節氣候為最急切的事情，因以丙火為最重要的用神。即使命局中土旺用甲，或是水旺用戊土來制衡，在治病用藥之時都不可少了丙火。

◎十一月生己土之人，若命局中有癸水出干，因癸水是子月當旺之神，故為忌神，會使己土更為寒凍，必須用丙做用神。丁火較弱，無法解凍，即使命局中多見丁火，也不過有衣食之祿而已。若支上藏有寅、巳，則和有丙火是同樣的道理了。

◎十一月生己土之人，倘若命局中干透一丙，支藏一丙，加以甲木透干，四柱無壬水，是富貴致仕之人。冬季生己土之人，若命局中單見一個丙出干，仍是不足，必須有干透支藏，再有甲木相助，官印相生，無壬水破印，力量才足夠。

倘若命格中丙火藏於支上，而不被壬水制住的，例如支上有寅，沒有申來相沖（寅申相沖），以及支上有巳，而無亥來相沖。這種命格再有運程相輔，就會取貴，有一定的富貴了。

◎十一月生己土之人，若命局中癸水多，沒有比印（戊己土或丙丁火），則以『從財格』論之。有極大的富貴。倘若有比劫爭財（有戊己土出干來制癸水），這種命格的人，就是平庸之命。怕妻，由妻子主事，子女較多的命格。

◎十一月生己土之人，命局中多見壬水，必須有戊出干破壬水，為『財破身榮』，富中取貴的命格。沒有戊土制住壬水，為財多身弱，不能任財，為孤苦貧賤之人。冬日生己土之人，有火暖土而不孤，有土制水則能任財而不貧。故要以火土並用，才能有富貴。

◎十一月生己土之人，命局四柱庚金多的人，雖以丙火為主要用神，但仍須丁火輔助。若有丁火在干上，丙火藏於支中，是奇特富貴之命。

◎十一月生己土之人，很容易碰到一種特殊的命格。即是『勾陳全備潤下』。勾陳，指的是戊己土。潤下指的是支上有申子辰會水局，或是支上水多的格局。土雖然能剋水，但是水多仍是土蕩。水多土蕩之命局的人，是勞碌奔波之人，飄流他鄉，並非只是貧苦奔波，還主有眼疾和惡瘡膿血之症，這些狀況都會發生在辰戌丑未屬土運的運程和年運之中。

倘若命局中天干上有戊己土，而支聚四庫（辰戌丑未），只有一、二點壬癸水是不足以潤土的，此命格的人，也是離鄉背井的人，這是土旺水竭（少）的結果。上述這兩種命局，不論是屬於水旺土虛的『勾陳全備潤下』或者是『土旺水渴』的命格，都是不好的、貧困奔波的命格。只有『勾陳得位』才是好的格局，是真正具有富貴的格局。

『勾陳得位』：指戊己土臨於四庫為得位。土旺宜用甲木疏土，土燥宜用癸水潤土，用財生官是一定的用法。格局中必須沒有相沖、相破的刑局，才是必貴之格局，例如支上有亥子北方及寅卯木，是一定有富貴的。己土喜有亥卯未木局為官煞，以申子辰為財，忌有己、酉、丑或寅、午、戌在支上來相冲害，有冲害都不吉。有了貴格，更要行運行北方財運，或是東方官運，就會有五福三多，位高名顯之際遇，一生富貴多福。『勾陳得位』較容易出現在丑月生己土之人的命格中。

舉例說明：

1. 日主「己丑」類

例(一)

甲戌
丙子
日主 己丑
甲子

日主己丑生於子月，支上子丑相合化土，有雙甲出干疏土，子月寒凍，專以丙火為用神。主貴。

用神：丙火。
吉方：南方。
財方：南方。
忌方：北方。

例(二)

庚辰
戊子
日主 己丑
丙寅

日主己丑生於子月，支上子辰會水局，子丑相合化土，戊土可制水，戊子又上下相合。冬日己土寒凍潮溼，幸有丙火出干，寅中又有丙火長生，專以丙火為用神。主富貴。

用神：丙火。
吉方：南方。
財方：南方。
忌方：北方。

2. 日主「己卯」類

例(一)

壬寅
壬子
日主 己卯
丙寅

日主己卯生於子月，有雙壬出干，支上寅卯皆為木，以木洩水。丙火透干通根至雙寅中，寅中亦有戊土長生及甲木、火土並存，故有科甲之貴。

用神：丙火。
吉方：南方。
財方：南方。
忌方：北方。

例(二)

丁巳
壬子
日主 己卯
癸酉

此為明代建文帝之命格。日主己卯生於子月，干上丁壬相合，壬水合去丁火，又有癸水出干，支上巳酉會金局，更增水旺，冬日凍土，只靠年支巳中一點丙火暖土，因此為依祖蔭過活，無事可做之人。

用神：丙火。
吉方：南方。
財方：南方。
忌方：北方。

3. 日主『己巳』類

例(一)

		日主	
丙辰	庚子	己巳	丙寅

日主己巳生於子月，有雙丙出干，支上子辰會水局，寅巳中都有火土。寅為火土長生之地，巳為丙戊之祿地，故有大富貴。

用神：丙火。
吉方：南方。
財方：南方。
忌方：北方。

例(二)

		日主	
丁卯	壬子	己巳	乙亥

日主己巳生於子月，干上丁壬相合化木，支上亥卯會木局，財旺生官，幸巳中有丙戊祿，以巳中丙火為用神。

用神：丙火。
吉方：丙火。
財方：丙火。
忌方：北方。

4. 日主『己未』類

例(一)

		日主	
甲子	丙子	己未	戊辰

日主己未為生於子月，支上子辰會水局，有戊土出干制水，干上甲丙戊俱全，故主貴。專以丙火為用神。

用神：丙火。
吉方：南方。
財方：南方。
忌方：北方。

例(二)

		日主	
庚申	戊子	己未	丁卯

日主己未生於子月，支上子申會水局，卯未會木局。干上戊土可制水，庚可制木，丁可制庚，專以丁火為用神。

用神：丁火。
吉方：南方。
財方：南方。
忌方：北方。

5. 日主「己酉」類

例(一)

	甲寅
	丙子
日主	己酉
	己巳

日主己酉生於子月，年上甲寅官星坐祿，子水財星當令，財旺而生官。時上巳中有丙火印綬，又有丙火出干，寒土向陽，日主生旺。支上又有巳酉會金局，日主之力量生旺，足以任財，專用丙火為用神。

用神：丙火。
吉方：南方。
財方：南方。
忌方：北方。

例(二)

	丙午
	庚子
日主	己酉
	戊辰

日主己酉生於子月，有丙、庚、戊出干，支上子辰會水局，子午相冲，日主己祿在午，又有戊土出干，日主轉強，財旺用比劫制財，仍以丙火做用神。

用神：丙火。
吉方：南方。
財方：南方。
忌方：北方。

6. 日主「己亥」類

例(一)

	丙寅
	庚子
日主	己亥
	甲戌

日主己亥生於子月，己土溼寒，又有庚金剋甲木生水，幸有丙火出干，一陽解凍，支上又有寅戌會火局。使日主己土溫暖。戊中燥土亦可制水培木，使日主根基穩固。故此命格之人為處世端方，謙恭溫厚的君子之人。以丙火做用神。

用神：丙火。
吉方：南方。
財方：南方。
忌方：北方。

例(二)

	甲寅
	丙子
日主	己亥
	丙寅

日主己亥生於子月，有雙丙出干，官印並透，化木暖土。子月生己土，非丙不暖。而寒木向陽，無丙便無生意，因此丙火即為用神。甲祿在寅，丙火在寅中長生。故有大富貴。

用神：丙火。
吉方：南方。
財方：南方。
忌方：北方。

十二月生，日主己土用神取法

十二月為丑月，雖然有二陽進氣，但仍是冬令，溼泥寒凍，要以丙火為首要選取用神之條件。丑月是季月，土旺，參用甲木疏土。

◎十二月生，己土之人，若命局中多戊己土，日主轉弱為強，月令財旺生官，用甲木疏土，是富貴的跡象，但四柱中不可少了丙火。

◎十二月生，己土之人，若命局中有庚金出干，支上又遇金局，雖然仍是以丙火為用神，但還要有丁火來輔助才好，有丁火透干，支藏丙火，是奇特的富貴之命，此為『土金傷官佩印』格，十二月丑中有己癸辛，若三者之一出現在干上，為『體用同宮』，仍不能缺少丙、丁火來做用神。

◎十二月生，己土之人，若有戊土出干，支聚四庫，為『勾陳得位』。土旺用甲土疏之，土燥用癸水潤之，用財生官來取用神。切忌刑冲破害。就會是富貴命格。且行北方運和東方運會主富貴。

◎十二月生，己土之人，若命局中干透一丙，又支藏有丙，再有甲木透干，無壬水出干，是富貴之人。若只是丙火藏於支中，無壬水來剋制，也會有小貴格局。

◎十二月生，己土之人，若有壬水出干，己土為濕土，不能制壬水，就必須有戊土來幫身（使日主生旺），壬水是財，財旺用劫（戊土），再有丙火暖土，為『財破身榮』，是富中取貴的格局。無戊土相助則為身弱，不能任財，為財多身弱，富屋貧人。命局中無火主孤，無土主貧，故有壬水出干，必須火土並用，才是好格局，也才有富貴可言。

◎十二月生，己土之人，四柱中多癸水，不見戊己土和印綬（丙火）在命局中的人，是為『從財格』。主富貴。若有戊己土制癸水比劫爭財，就是平常人之命格，有妻子主事，怕妻。『從財格』是以水（所從之神）做用神，以金來配合，故多子。

舉例說明：

1. 日主『己丑』類

例㈠

戊寅
乙丑
己丑（日主）
乙亥

日主己丑生於丑月，有雙乙出干，緊臨己土剋日主，有戊土出干，但隔位，護身力弱，戊土可制亥中壬水及辰中癸水，寅中有丙戊長生，專用寅中丙火為用神。丙火藏支，故只有小貴而已。

用神：丙火。
吉方：南方。
財方：南方。
忌方：北方。

例㈡

癸卯
乙丑
己丑（日主）
乙亥

日主己丑生於丑月，己土坐丑，身強，乙木為枯草無用。亥宮之甲木為寒木，無丙不足以取貴。幸丑宮癸水出干在年干上，財祿尚稱豐足。身強足以敵煞。胎元為丙辰。此命格生於南方主富貴。生於北方較差。

用神：丙火。
吉方：南方。
財方：南方。
忌方：北方。

2. 日主『己卯』類

例㈠

辛巳
辛丑
己卯（日主）
乙亥

日主己卯生於丑月，丑宮支神己辛並透干，同宮聚氣。巳中又有丙火。支上亥卯會木局，巳丑會金局。甲木藏於亥中，四柱無一閒神。年月有辛金者為『土金傷官生財格』，此命格有異路功名。主貴。以丑中癸水做用神，以辛金生水來配合。

用神：癸水。
吉方：北方。
財方：北方。
忌方：南方。

例㈡

壬辰
癸丑
己卯（日主）
己巳

日主己卯生於丑月，丑中支神己癸出干，支上巳丑會金局，卯辰為東方屬木。巳中有丙火，專用時上巳中丙火為用神。主富貴。

用神：丙火。
吉方：南方。
財方：南方。
忌方：北方。

3. 日主『己巳』類

例(一)

己丑
丁丑
己巳（日主）
丁卯

日主己巳生於丑月，有雙丁出干，丙火藏於巳中，支上巳丑會金局。專用巳宮丙火為用神。主大貴。

用神：丙火。
吉方：南方。
財方：南方。
忌方：北方。

例(二)

丙寅
辛丑
己巳（日主）
癸酉

日主己巳生於丑月，丑宮支神辛己癸俱出干，體用同宮。丙火在寅中長生，專用丙火為用神。

用神：丙火。
吉方：南方。
財方：南方。
忌方：北方。

4. 日主『己未』類

例(一)

丁亥
癸丑
己未（日主）
己巳

日主己未生於丑月，丑中支神己癸並透干，又有丁火出干。時上亥未會木局。巳丑會金局。時上巳中有丙火。丙火得位，故大貴。

用神：丙火。
吉方：南方。
財方：南方。
忌方：北方。

例(二)

甲午
丁丑
己未（日主）
癸酉

日主己未生於丑月，丑中支神己癸出干，丁己祿在午，用甲木疏土，用丁火暖土，喜丁火通根至午，暖而疏闢，故為武貴。

用神：丁火。
吉方：南方。
財方：南方。
忌方：北方。

5. 日主『己酉』類

例(一)

		日主	
丁	癸	己	戊
丑	丑	酉	辰

日主己酉生於丑月，丑宮支神己癸並透干，支上丑酉會金局，洩己土之氣，幸有丁火出干，制金而暖土。金旺用丁，主貴。

用神：丁火。
吉方：南方。
財方：南方。
忌方：北方。

例(二)

		日主	
甲	丁	己	辛
戌	丑	酉	未

日主己酉生於丑月，丑中支神己辛並透干，用甲木疏土，丁火暖土，丁火通根至戌未，支上丑酉會金局。火土金並具，故主富貴。

用神：丁火。
吉方：南方。
財方：南方。
忌方：北方。

6. 日主『己亥』類

例(一)

		日主	
丁	癸	己	戊
亥	丑	亥	辰

此為中國早期外交官顧維鈞之命格。日主己亥生於丑月，丑宮支神癸己透干，亥宮藏甲木，胎元又是甲辰，用甲木疏土引丁，有戊土出干，身旺任財，亥中有壬甲，日主坐財官，故為大富之人，並有妻財。此為勾陳得位會財官，宜行北方財運或東方官運，有五福三多之命。

用神：癸水。
吉方：北方。東方。
財方：北方。
忌方：南方。

例(二)

		日主	
庚	己	己	壬
申	丑	亥	申

日主己亥生於丑月，丑中有己辛，蓄水藏金。庚壬透干且通根至申，全局一片虛溼之氣，只能順其勢，以水做用神。為『從財格』，四柱無火，反主富貴，以壬水為用神。

用神：壬水。行水木運。
吉方：北方。
財方：北方。
忌方：南方。火土運。

第十八章

日主庚金用神之選法及舉例

庚金是具有陽剛且帶有殺氣、性質堅硬的金屬，必須用火來煉金，才能成為有用之器具，供人使用。能成為『鑄印』、『乘軒』、『金白水清』都是最佳的命格。

第十八章　日主庚金用神之選法及舉例

庚金性質

庚金是具有陽剛帶有殺氣、性質堅硬的金屬。和一般的物體不一樣。它是一種外表陰冷，而內含陽氣的堅強剛硬之物。

在秋天的時候是金氣最旺的時候。秋天有肅殺之氣，無物不摧，因此一定要具備剛健之性能，才能摧殘抑制萬物。它和辛金不一樣的地方，就是辛金是陰金，體質較軟弱，遇火則消損。而庚金是剛硬的金屬，必須用火來煉金，才能成為有用之器具，供人使用。

庚金喜歡有丁火（洪爐之火）來鍛煉金，才能成大器，故在人的命格中，日主是庚金的人，火為最重要的用神之一。在命局中金重火輕的人，是無力鍛金，而命局中火重金輕的人，金又被銷鎔，都無法成器。因此火金二種東西，都必須相均等，才會成為貴命。金火相均等的命格，稱為『鑄印』。

倘若命局中有金火，而支上有『丑』字為犯丑，丑為金墓，因此火金的勢力不平均，就稱為『損模』。這是原本要鑄印的模具受損了。

倘若命局中金火兩旺，這種命格稱為『乘軒』。行運必須行旺運，不可行運火金的死絕之地，否則會不利有禍。

庚金有壬水，會洩其氣，稱為『金白水清』。是以水挫強金之鋒利。庚不離丁，庚金得丁而銳利，是用了火昭融的特性，而助庚金成為有用之物。庚金喜土生扶，遇丑辰溼土能生金，遇戊未燥土會脆裂。甲木可以剋制庚金。乙木會和庚金相合，反而使庚金失去銳利的作用。

春金

春金性質柔弱，以火氣爲榮，有厚土生扶爲輔爲佳。

金是秋天肅殺之氣。庚金處於春月，為從絕地至胎養醞釀之時。春金體質柔弱，藉火氣使金溫暖潤澤，才會成為有用之金，因此命局是春金的人，必須火土並用。沒有火，土則有寒氣，不能養金。無土則火趨烈，會剋金。在陽氣稍強的

二、三月時，有溼土生金，再有一點火溫暖，則為好的命格。春天為木旺之時，土氣虛浮，須土厚才能生金、輔助金，以產生有用之金。

春金喜比肩生助，忌水木旺。無火頑鈍不靈

春金衰弱，在命局中喜歡有相同的庚金在干上來扶助日主庚金。以求命局五行的配和達到中和的境界。水多會盜洩金氣。木是金之財，春天木旺乘權，春金無法剋木，反被木困。命局中沒有火，便無法鍛煉金，故為無用之人。

夏金

夏金不畏火多，喜水盛，再有金生扶精壯。土薄有用，土厚被埋沒無光。遇木會助鬼傷身。

夏金是生於巳、午、未月日主庚金之人。巳、午、未月支用中皆藏土，火土不能生金，但可熔金。有水則可制火存金。有木來破土，會助火旺來剋金。火是金的官煞，會剋『身』（日主）為鬼，木助火旺來剋制金，故稱助鬼傷身。

金為土生，但厚土會埋金，故夏金喜土少，再有水潤土，則會生金。夏金喜水潤澤，火土乾燥，必須再有金來生水，因此喜比肩幫扶有益。

秋金

秋金喜火鍛煉成鐘鼎之材，有水則秀發。逢木則砍削施威。土多有頑濁之氣。

金重過剛易折

秋金是金神秉令之金，不須印綬相生（土生金），土多反而混濁金氣。故秋金用官煞喜財相生，以損為益。強金有水來洩旺氣，可成金清水秀。木為金之財，以水來養木，而為金來剋制，為『食神生財格』。這些都是上等格局。秋金極旺，必須有火剋金，或有水洩金之氣才行。否則有滿招損、遇剛而折斷的危險。

冬金

冬金喜火助土，土再生金，並且最好有庚金比肩相扶。以火土溫養為有利。

忌木多、水多

冬金處於水旺秉令之時，金氣暗洩。衰金無法剋木，因此無法砍削雕琢木。金能生水，冬季水旺金沈，衰金遇旺水會沈潛。土能制水，但又有金藏於土中，土質性寒，必須有火土相生，金才能溫養而生。

冬金選取用神不離官印，官是火，印是土。命局為『金水傷官格』，無法不用官（丙火）。『土金傷官格』也不能缺少火，因此無火便不成格局。

日主庚金，所臨支位不同，而有旺衰，其用神宜忌如下：

日主『庚子』：庚子為倒掛懸吊在空中的鐘罄。鐘裡面是空的，敲起來聲音才會響亮。適合坐於死絕之地上，支有子未，子未相穿。支上有午、子午相冲的命格，遇到受衝擊的運程，則會有名聞四海的聲譽。如果支上有丑戌，為火土填實鐘罄，則默默無聞，發不出聲響了。

日主『庚寅』：庚寅為放入爐火中冶煉的金錘。這是一種剛熔化之金。若有木火交加，則可消除陰氣，鍛煉成優良的品質。就怕命格中有壬癸水，恐難煉成好的物件。至於命局中有特別中和命局之法，有時加入辰水、己土，會有其他的作用。

日主『庚辰』：庚辰為水師將軍，命局中必須有酉刃，或再有庚金多的命局，才能有果毅的個性指揮兵將。倘若有戊寅來生扶日主，也能辛苦經營事業，否則就成為膽小怯懦，一事無成之人。庚辰既是水師將軍，就不宜在陸地行走。因此行水運吉。木火運、土運皆不吉。支上有戌未與辰相刑冲的更不吉。

日主『庚午』：庚午是已煉好成物品之金。因剛煉好，故急須要水來淬礪剛硬。因此命局四柱中干支要有水才好。若命局中又有木火重逢，火太旺，過於激烈，一定會夭折而亡的。

日主『庚申』：庚申為已做成的戟劍之物。害怕再有火多，又燒壞了。如果命局中有子辰會水局，或是有辛金、壬癸，則劍氣發亮，命格主貴。

日主『庚戌』：庚戌為陸路將軍。命局中最好有陽刃來相助。不喜命局中有申子辰會水局或壬癸水多，也不能走北方水運。否則身心俱疲，無法施展。更忌諱支上有辰，辰戌會相冲。會受到外來的侵犯。

正月生，日主庚金用神取法

正月為寅月，是金之絕地。寅月木旺秉令，寅宮是火土長生之地，但燥土不能生金。春金柔弱，喜比劫（庚辛金）來扶助，不喜印（戊己土）生之。

如果要用土來生金，只適合用己土，不能用戊土。（戊土較厚實，會有埋金之慮）寅宮中有甲、丙、戊，取甲木疏土，用財生煞，兼有扶身的意思。故正月生庚金之人，命局有丙甲兩透干的人，主大富貴。

倘若命局中丙甲只有其一透出干上的人，有小貴。丙火藏於支中的人，是異途顯達的人。

◎正月生庚金之人，若命局中四柱多土，有甲木透干的人主富貴。若甲木藏於支中的人主富，但若有庚金破甲，則無富貴可言。

此因用甲木破土，是用財破印。春天庚金衰弱，四柱多戊土。戊土為偏印，命局就成為『死金有蓋頭之泥』，因此非要有甲木出干不可。若再見一、兩個庚金，比肩奪財，則無富貴了。

倘若命局中干透庚辛，支臨申酉，庚金就反弱為強，金來此助，以扶持最妙。如果要用土來生金，也必須是己土，己土為溼土，可相生不絕。戊土為燥土，會埋金。

◎正月生庚金之人，如果命局中四柱有丁出干，亦有富貴。因寅宮有甲木可引丁，官星有氣，財旺生扶日主，再得戊己引化，不傷庚金，為『財官格』。

以土為用神。有火在命局中就用土做用神。

◎正月生庚金之人，倘若命局中支成火局，火旺會熔金，必須用壬水出干來救。命局中再有庚金的人，主有大富貴。無另一個庚金的人主小富貴。命局中無壬癸水的人，為殘疾之人。此命格為『食神制煞』，有官煞會局，必須有壬癸水來救。但寅宮水為病地，又無金相生，水為無源頭，並且庚金在寅臨絕地，因此一定要再有庚金比肩相助不可。『食神制煞』亦是剋洩交加的格局。因此命局中再多有一個庚金出干的人，有大富貴。支成火局而無壬癸出干來救的人，金被火傷，為殘疾夭折之命了。

◎正月生，庚金之人，若命局中甲木被金所傷（剋），命局中又無丙無丁，是一般平庸人之命格。或者丙火為癸水所困，又無戊土制癸，也是平庸之命格。

◎正月生，庚金之人，以用甲木為用神為上等格局之正用，以丁火為用神為次之格局，為次用，春金若火多，不夭則貧。庚金是陽金，喜有火煅煉，但煅煉太超過時，反而主其人為奔波勞碌之人。

舉例說明：

1. 日主『庚子』類

例(一)

丁丑
壬寅
庚子（日主）
乙酉

日主庚子生於寅月，時上有酉，而日元不弱，用寅中丙火暖身，而壬水出干，子中又有癸水，困住丙丁。干上丁壬相合化木、乙庚相合化金。只能用財化食傷生官煞，以甲乙木洩水生火為用神。以丙火為用神。只富不貴。合多不貴。

用神：丙火。
吉方：南方。
財方：南方。
忌方：北方。

例(二)

丙午
庚寅
庚子（日主）
壬午

日主庚子生於寅月，支上寅午會火局，子午相冲。干上有庚金比肩出干，又有壬水為救，以壬水食神制煞(火局)，故有大富貴。

用神：壬水。
吉方：北方。
財方：北方。
忌方：南方。

2. 日主『庚寅』類

例(一)

壬寅
壬寅
庚寅（日主）
戊寅

日主庚寅生於正月，柱上四支皆是寅，寅中有甲木會剋土，戊土雖生猶死。喜年月干上有壬水透干，引通庚金，生扶春木，故為『從財格』。亦屬秀氣，運行東南運，故主富貴，會唸書致仕。

用神：甲木。行東南運。
吉方：東方。
財方：東方。
忌方：西方。

例(二)

丙午
庚寅
庚寅（日主）
戊寅

日主庚寅生於正月，支上寅午會火局，有丙戊庚出干，四柱無水，故為孤貧之人。行水運有衣食、火運大凶。

用神：壬水。
吉方：北方。
財方：北方。
忌方：南方。

3. 日主『庚辰』類

例㈠

庚戌
戊寅
日主 庚辰
癸未

日主庚辰生於寅月，支上寅戌會火局。干上有癸水出干，通根至辰，但辰為水墓，雖有庚金生之，水亦弱，故為衣食充足小富之人。

用神：癸水。
吉方：北方。
財方：北方。
忌方：南方。

例㈡

壬子
壬寅
日主 庚辰
丙戌

日主庚辰生於寅月，有雙壬出干，支上寅戌會火局，子辰會水局，食傷、官煞多，宜用印，故以寅中戊土為用神，生扶日主。

用神：戊土。
吉方：南方。
財方：南方。
忌方：北方。

4. 日主『庚午』類

例㈠

辛卯
庚寅
日主 庚午
己卯

北洋軍閥時代，山東省主席大帥韓復渠之命格。日主庚午生於寅月，支上有兩卯為飛刃，兩卯酉宮，得酉刃為虛神，支上寅午會火局，用寅中丙火、午中丁火制刃為用，行丙丁運程主貴，位至山東省主席。酉運遭刑。

用神：丙火。
吉方：南方。
財方：南方。
忌方：西方。

例㈡

癸卯
甲寅
日主 庚午
丙戌

日主庚午生於寅月，支上寅午戌會火局，有癸水出干，但無根，癸坐卯上氣洩於木。為火旺金鎔之命格，為殘疾孤貧之人。用戌中辛金做用神，行金水運有衣食。

用神：辛金。金水運。
吉方：西方、北方、西北方。
財方：西方。
忌方：南方。

5. 日主『庚申』類

例(一)

庚辰
戊寅
日主 庚申
壬午

日主庚申生於寅月，干上有戊土制壬，壬水又有庚金生之。支上寅午會火局，申辰會水局，庚金坐於申上，日主坐祿，轉強，壬水長生在申，又有庚金相助，用食神制煞為用。用神為壬水，行金水運大富貴。

用神：壬水。
吉方：北方。
財方：北方。
忌方：南方。

例(二)

丙申
庚寅
日主 庚申
辛巳

日主庚申生於寅月，天干三透庚辛，地支申中有庚祿，丙火亦在巳中得祿。巳宮又是金長生之地。用財滋煞為用，以寅中甲木為用神，行東南運，主富貴。

用神：甲木。東南運。
吉方：東方。南方。
財方：東南方。
忌方：西方。北方。西北方。

6. 日主『庚戌』類

例(一)

丙寅
庚寅
日主 庚戌
丙戌

日主庚戌生於寅月 干上有雙丙出干，支上雙寅雙戌，形成寅戌雙會火局，為丙火煆制金太過。四柱無滴水可潤金。貧困殘疾之人。午運眼瞎。以戊中辛金為用神，行金水運較好過一點。

用神：辛金。金水運。
吉方：西方。北方。
財方：西方。
忌方：南方。午運。

例(二)

丙寅
庚寅
日主 庚戌
乙酉

日主庚戌生於寅月，有丙庚乙出干，支上寅戌會火局。生於酉時，庚刃在酉，日主不弱，但寅月寒氣未除，專用丙火為用神。酉戌為西方，寅為東方，東西對立，故主貴。

用神：丙火。
吉方：南方。
財方：南方。
忌方：北方。

二月生，日主庚金用神取法

二月為卯月，是乙木秉令當權的月份。二月生、日主庚金的人選取用神之方法和正月生庚金之人取用神之法略同。春金是衰絕之金，一定要有比印（庚金、戊己土）來生扶日主才行。倘若日主為庚申、庚辰，由弱中轉旺，體性會和秋金相似，以財官（木火）為喜用神。

二月卯中乙木當旺，會自生丁火，為財旺生官。再生於庚辰時，干上再有乙木，乙庚相合，金有暗強之勢。有『貪合忘官』之弊病。故應以甲木引丁，命局中有丁甲都透干的人，必有富貴。若是有丁出干，甲藏於支中，也有貴顯的人生。

◎二月生庚金之人，命局中有丁火出干，再有甲木出干引丁，支中又藏有一庚，庚金可制甲劈甲，使命局配合中和而主貴。如果命局中沒有庚金藏支，或者是支會金局的人，雖有丁甲兩透干，只不過是一個稍具能幹的人，命局中丁火甲庚都俱全，而不在干上，卻藏於支中的人，都會有小貴格局。命局中有丁甲無庚金比肩的人，是普通常人而已。有多一個庚金在干上，再得丁火透干，才能取貴命。命局中若只有丙火而無丁火，是主富之人，會有異途顯達，富中取貴的人生。

命局中無甲木而有乙木，乙木再多也無益處。乙木為濕木，不能引丁，會與庚金、乙庚相合，更失去引丁的作用。是故二月生庚金之人，命局中必以丁甲為用，不能以丙乙來代替，否則不能主貴。

◎二月生庚金之人，若命局中有多個甲木出干，支上成木局者，忌有庚金幫身破財星。倘若命局中多甲，而不見比肩庚金的命局，以『從財格』論。有大富大貴之命。以木為用神，用水來配合。

倘若此命局有庚金出干，則為富屋窮人，只能為他人管理財物。

◎二月生庚金之人選取用神，以丁火為正用。有庚金劈甲引丁的人，是主富貴的人。倘若命局中甲木被庚金剋制，甲木是財星，財星遭劫，雖主貴，但妻室難保，不能共守，因用丁火做用神的人，是以木為妻，火為子，木被金剋，自然剋妻。

◎二月生庚金之人，若命局中有戊己土出干『死金嫌有蓋頂之泥』，須有甲木透干才行。庚金生在春季體弱，有一點己土，或是辰丑的溼土較佳，戊土為重土，會埋金，一定要用甲木疏土，才能使金顯露出來而有用。

舉例說明：

1. 日主『庚子』類

例(一)

甲寅
丁卯
日主 庚子
丁亥

日主庚子生於卯月，有雙丁一甲出干，支上卯亥會木局，寅宮又是甲之祿地。一片木火旺之格，故為『從財格』。以財星甲木為用神。行木運為佳。主富。

用神：甲木。
吉方：東方。
財方：東方。
忌方：北方。

例(二)

庚戌
己卯
日主 庚子
甲申

日主庚子生於卯月，干上有己庚並透干，庚金略強，支上子申會水局。干上甲庚俱全，為異途顯達之人，武職貴顯。專用戊中丁火為用神。

用神：丁火。
吉方：南方。
財方：南方。
忌方：北方。

2. 日主『庚寅』類

例(一)

辛亥
辛卯
日主 庚寅
庚辰

日主庚寅生於卯月，支全寅卯辰支類東方，亥中又有甲木。干上雙庚雙辛，比劫露頭而無丁火，為兩干不雜，氣勢自清之格局，富重貴輕。丁運可取小貴。卯中自有丁火，故以丁火虛神為用神。

用神：丁火。
吉方：南方。
財方：南方。
忌方：北方。

例(二)

辛酉
辛卯
日主 庚寅
丁亥

日主庚寅生於卯月，有丁火出干，支上卯亥會木局，寅中有甲木可引丁，以丁火為用神，主富貴。以武職取貴。

用神：丁火。
吉方：南方。
財方：南方。
忌方：北方。

3. 日主『庚辰』類

例(一)

丙申
辛卯
庚辰（日主）
丁亥

日主庚辰生於二月，有丙火官星出干，卯中有乙木，亥中又有甲木，甲木得申中庚金劈之，支上亥卯會木局，申辰會水局。以丁火為用神，主大貴。但申辰水局會剋丁，故子息刑剋。

用神：丁火。
吉方：南方。
財方：南方。
忌方：北方。

例(二)

乙亥
己卯
庚辰（日主）
丁丑

此為東北大帥張作霖之命格。日主庚辰生於卯月，庚金坐辰，又有己土出干，日主暗強，專用丁火為用神。亥宮有甲木可引丁，乙木隔位不與庚合。胎元為庚午，有庚金劈甲，午為丁祿，支上丑卯辰夾寅，有亥暗合，財全成方。此貴皆在虛神之用。故為武職顯達富貴。戊辰年，亥見辰為自縊煞，讓日本人炸死，不善終。

用神：丁火。
吉方：南方。
財方：南方。
忌方：北方。

4. 日主『庚午』類

例(一)

辛丑
辛卯
庚午（日主）
丁亥

日主庚午生於卯月，有丁火出干，得祿於午，支上卯亥會木局。干上有雙辛、日主轉旺，亥中有甲木可引丁，甲藏丁透，可貴顯，有富貴。

用神：丁火。
吉方：南方。
財方：南方。
忌方：北方。

例(二)

乙卯
己卯
庚午（日主）
辛巳

日主庚午生於卯月，有己土、辛金出干，日主暗旺，丁火藏於午中，己祿在午，四柱無甲，溼乙難以引丁。支上有卯巳午三台之貴。巳中又有丙火，故由異途取貴之格。以午中丁火為用神。

用神：丁火。
吉方：南方。
財方：南方。
忌方：北方。

5. 日主『庚申』類

例(一)

己亥
丁卯
日主 庚申
庚辰

日主庚申生於卯月，庚金支坐祿旺，時柱上有比印（庚辰），足以用官。丁火坐於卯上，官坐財鄉，又得亥水生扶，丁火之根基愈為堅固。此命格為天地順遂而精粹之格局，主大富貴。以丁火為用神。

用神：丁火。
吉方：南方。
財方：南方。
忌方：北方。

例(二)

戊寅
乙卯
日主 庚申
丁亥

日主庚申生於卯月，庚金坐於申祿，干上乙庚相合本化金，但春月木旺，無從化之理。日主戀財，有『貪合忘官』之病。幸有丁火出干，亥中藏有甲木，用甲引丁，甲藏丁透，亦有貴顯。用丁火為用神。

用神：丁火。
吉方：南方。
財方：南方。
忌方：北方。

6. 日主『庚戌』類

例(一)

己酉
丁卯
日主 庚戌
己卯

日主庚戌生於卯月，有雙己出干，庚金暗強，支上雙卯，卯中乙木為溼木不能引丁，但四柱無水，亦不會傷丁，用丁火做用神，喜金運主貴。

用神：丁火。火金運。
吉方：南方。西方。
財方：南方。
忌方：北方。東方。

例(二)

壬寅
癸卯
日主 庚戌
丁丑

日主庚戌生於卯月，庚金坐戌，戌為燥土，有壬癸出干洩庚，庚金衰弱，有丁火出干，甲藏於寅中，有甲引丁。故為一平常稍能幹之人的命格。用丁火做用神。但需行庚金生旺之地才能顯達。

用神：丁火。行金運較吉。
吉方：南方。西方。
財方：南方。
忌方：北方。東方。

三月生，日主庚金用神取法

三月為辰月，辰中戊土司令，土多只怕埋金，而不怕生寒，因戊土生金。三月生庚金，是母旺之相，庚金自然生旺，因此不必有比肩（庚辛金）來扶助，只要用丁火來煆煉庚金為主即可。用甲木來疏土，兼而引丁為輔助之用。

◎三月生庚金之人，命局中有丁、甲兩透干，而沒有另一個庚金或辛金、或會金局來破甲的人，是具有富貴之命的人。但需要有好運相助。這是因為甲和丁是財官。在辰月中都不是當旺的，因此需要好運相催才可。倘若命局中有甲木出干，而丁火藏於支中的人，只有小貴可言。

倘若命局中，有丁火透干，甲木藏支的人，是異途顯達之人。

倘若命局中，丁甲都藏於支中，而沒有被庚剋制的命格，是富中取貴、以刑名刀筆（律師、訟師）起家的人。

倘若命局中，有甲無丁，是平庸之人的命格。若命局中有丁無甲，是一個迂儒型的人。而命局中丁甲全沒有的人，是下等命格的人。

◎三月生，日主庚金之人，命局中若有甲無丁，而有一丙火出干，為『財生弱煞』格。只要沒有壬癸水來困住丙火，可從武職，由行伍出身而貴顯。倘若丙火太旺，又最好用壬癸水來制火，這是『食傷制煞格』。是由武職顯達，做領袖的貴格。

※三月生庚金，見命局中有甲丁出干的人，是由文科考試主貴的人，若見命局中有甲丙出干的人，是由武職貴顯的人。不論命局中有丙或有丁，都不可有壬癸水破丙丁，否則就是破格，為無用之常人命格。

◎三月庚金之人，倘若命局中支聚四庫，土太重會埋金，必須用甲木疏土，以甲木為用神，丁火為輔助。三月生庚金之命格，因三月土旺金頑，無甲則不能自主，無火則不能成名。丁甲二者缺一，都屬平庸命格。壬癸是病神，但無丁可用丙。凡支成土局之人，命局中無木來剋土，為貧賤僧道之人，命局中無甲有乙木的人，是奸佞的小人。因乙木無力疏土之故。

◎三月生庚金之人，倘若命局中有甲乙並透干，支上又有會木局，或支類寅卯辰東方的方局，是財多身弱的人。雖有富貴，無法久享。

※三月庚金並非真旺，是失時失令的金，為頑金。辰月土旺須甲木疏之。頑金要用丁火煆煉。有甲木疏土，金才可露出，故主立業。有丁火煆金可成

大器，主成名。因此命局中土重的人，以甲木為用神。命局中土輕的人，以丁火為用神。無丁用丙。庚金無火，必主貧夭。

◎三月生庚金之人，命局中支成火局的人，必須有癸水出干來相制，會有富貴人生。若有丙丁出干，則必須有壬水來剋制才行。命局中若無水來制火，為殘疾之人。

倘若三月生，庚金之人，命局中支成火局，而四柱無庚辛、壬癸，是為『從煞格』，主大富貴。但容易夭折。

◎三月生庚金之人，若命局支成水局，而四柱無丙丁火的人，稱為『井欄叉格』。有極品之貴的貴命。主大富貴，宜行金水運更吉。

◎三月生庚金之人，命局土旺的人，以甲木為用神。命局金旺的人，用丙、丁火做用神。為主要的選用法。特殊的格局除外。

舉例說明：

1. 日主『庚子』類

例(一)

壬子
甲辰
日主 庚子
甲申

日主庚子生於辰月，支上申子辰會水局，四柱無丙丁火，為『井欄叉格』。主大富貴。行金水運，申中有庚祿，日祿歸時，以庚金為用神。

用神：庚金。
吉方：西方。西北方。北方。
財方：西方。
忌方：東方。南方。

例(二)

庚辰
庚辰
日主 庚子
庚辰

日主庚子生於辰月，天干有四庚，支上子辰會水局，支上有三辰，全無丙丁火，為『井欄叉格』。主大富貴。以庚金做用神。行金水運。

用神：庚金。
吉方：西方。
財方：西方。
忌方：東方。

2. 日主『庚寅』類

例(一)

丙辰
壬辰
日主 庚寅
丁丑

日主庚寅生於辰月，干上有壬困丙，幸有丁火出干，寅中又有甲木，支上寅辰夾卯，寅卯辰支類東方。丑寅卯辰為聯珠。故有富貴，用神為丁火。

用神：丁火。
吉方：南方。
財方：南方。
忌方：北方。

例(二)

癸亥
丙辰
日主 庚寅
己卯

日主庚寅生於辰月，有己土出干，庚金暗旺，但有癸水出干，亥中有壬水，辰又為溼土，會困丙。支上寅卯辰支類東方。亥卯會木局，甲藏於寅亥之中，四柱無丁，財多。以寅中丙火為用神。從武職可有小貴。

用神：丙火。
吉方：南方。
財方：南方。
忌方：北方。

3. 日主『庚辰』類

例(一)

甲戌
戊辰
日主 庚辰
丁丑

日主庚辰生於辰月，支上土重，又有戊土出干，土旺用甲木疏土，再有丁火出干，通根至戌。此命格甲丁丙透干，主大富貴。專以甲木為用神。行木火運旺發。

用神：甲木。
吉方：東方。
財方：東方。
忌方：西方。

例(二)

丙辰
壬辰
日主 庚辰
壬午

此為清同治皇帝命造。有雙壬出干制丙，支上有三辰，溼土生金，丁火藏於干中，無戊土出干制水，辰中乙木不能引丁。以庚金為用神，甲木為忌神。

用神：庚金。
吉方：西方。
財方：西方。
忌方：東方。木運。

4. 日主『庚午』類

例(一)

壬申
甲辰
日主 庚午
丁亥

日主庚午生於辰月，有丁甲壬出干，支上申辰會水局。壬祿在亥，長生在申。甲在亥中長生，庚祿在申，丁祿在午，天干皆逢祿生。用甲木洩壬，以辰中戊土為用神。但戊土被甲木制住，丁火也坐於亥水之上，故需行戊運才吉。行火土運吉。

用神：戊土。
吉方：南方。
財方：南方。
忌方：北方。

例(二)

丁巳
甲辰
日主 庚午
己卯

日主庚午生於辰月，干上丁己得祿於午。又有甲木出干，支上卯巳午為三奇之貴。庚金有己土生旺，可劈甲引丁，主大富貴。

用神：丁火。
吉方：南方。
財方：南方。
忌方：北方。

5. 日主『庚申』類

例(一)

庚子
庚辰
日主 庚申
壬午

日主庚申生於辰月，有三庚出干，支上申子辰會水局，干透比劫為『井攔叉格』。以庚金為用神，行金水運旺發。

用神：庚金。
吉方：西方。
財方：西方。
忌方：東方。

※日主為庚金，支上全是水，稱『庚日逢潤下』，忌壬癸巳午之方。壬癸為北方，巳午為南方。此指運程不可行水火之年，並不是指命局用神而言。

例(二)

庚辰
庚辰
日主 庚申
庚辰

日主庚申生於辰月，干上有四庚，得祿於申，支上有三辰，溼土可生金，全成一氣。故以庚金做用神，行金水運，主大富貴。

用神：庚金。金水運。
吉方：西方。
財方：西方。
忌方：東方。木運。

6. 日主『庚戌』類

例(一)

己未
戊辰
日主 庚戌
甲申

日主庚戌生於辰月，有戊己出干，支上未辰戌申，土重。用甲木疏土，丁火藏於戌未之中。支上未申戌夾酉貴。故主富貴。以丁火做用神。

用神：丁火。
吉方：南方。
財方：南方。
忌方：北方。

例(二)

甲午
戊辰
日主 庚戌
丁亥

日主庚戌生於辰月，有戊土出干，三月土重，用甲木疏土。甲木在亥中長生。有丁火出干，得祿於午。支上午戌會火局。四柱無庚辛、壬癸，為『從煞格』。主富貴。但早夭。

用神：丁火。
吉方：南方。
財方：南方。
忌方：北方。

四月生，日主庚金用神取法

四月為巳月，庚金長生在巳，丙戊又在巳中得祿，有土來洩火，因此丙火不會熔金。但有火會燥土，巳中戊土也無法生金。

四月巳入夏月，火炎土燥，必須有壬癸水來救，才能使命局中和。書云：『群金生夏，妙用元武』。『元武』指的就是壬癸水。生於夏天的金，見命局中有水，稱為『反生』。月令中火土過旺，有水來潤澤，庚金才會有生意。除非命局中金水都太旺，才能取別的用神。否則四月生，日主庚金之人取用神，必以壬水為先扶用神。

◎四月生，庚金之人，若命局中多丙火，為『假煞為權』。若再沒有壬水來制火，為假仁義、清高之人，會刑妻剋子。若有壬水出干來救的人為『食神制煞格』，主有大富貴。倘若壬水藏支來制火的，主有小富貴，且是名大無實之人。

四月生庚金之人，若命局中庚金多，又有丙火出干的人，為身旺煞高，假煞為權，要用壬水制煞，為病重得藥，故主富貴。四月為火炎土燥，命局中庚金雖多，但卻不旺，有戊土引化，只是不致被火傷而已。如果是命局中多辛金，又有丙火而無水，則是夭折貧賤之命了。

◎四月生庚金之人，若命局中支成金局，則日主變弱為強，丙火無力，須用丁火煅金為貴命。有丁火透干，而無壬水的命格為富貴之命。命局中無丁火的人，是無用之平庸命格。倘若丁火出干有二、三個，則煅制金太超過，會為終生奔波勞碌之人。

※庚金雖在巳宮長生，但氣勢較弱，不如酉丑會金局，會轉弱為強，丑為北方濕土，恰合『妙用元武』之意。庚金轉強，才可用丁火來取貴。切忌有壬癸傷丁。倘若丁多出干，為官多化煞，又要以水為救神了。

◎四月生，庚金之人，若命局中壬丙戊三者皆出干，或得所，因庚丙戊在巳中是『體用同宮』，而壬水為真神合於需要，故有壬丙戊皆出干的人，是有極品富貴的人。

※四月生庚金為夏金，以壬癸為急須之用神，而以甲木為忌神。命局中有甲木洩水生火，反而更增加火旺之勢，此命格為勞碌奔波之人。

◎四月生庚金之人，若命局中支成火局而四柱無水的人，不得已可用戊己土來晦火存金。但用土會使其人埋沒，無法貴顯，故宜金水運以助之。

※日主屬金的人，在巳、丑、申、酉等月份，得丁火煅煉，為『劍戟成功』（劍戟已造好了），再有火局在命格中為入火鄉，反而會損壞（被火燒壞）。因此運行南方火地（行運巳午未年），會被火傷，因此，行運西北方較吉（申酉戌亥子年）。

※日主庚辛金者，命局中火旺，雖忌南方，但逢辰巳運，不稱『榮斷』。因辰是溼土，巳為庚金長生之地。辰巳在卦象上位於巽位。辰與酉相合，巳酉會金局，全部暗藏金氣。因此倘若命格中有酉，支上再有辰巳，會相會合，這種命局反而以日主生旺而論。此種命局便不怕南方運了。

舉例說明：

1. 日主「庚子」類

例(一)

乙丑
辛巳
日主 庚子
丁丑

日主庚子生於巳月，有辛金出干，支上巳丑會金局，日主轉強，用丁制金，四柱無壬水，時上有丑，溼土生金，妙用元武。

用神：丁火。
吉方：南方。
財方：南方。
忌方：北方。

例(二)

癸丑
丁巳
日主 庚子
丁亥

日主庚子生於巳月，支上巳丑會金局，日主庚金轉旺，可用丁火，但有雙丁出干，重官不貴，又有癸水傷丁，故主大富不貴之命格。

用神：丁火。
吉方：南方。
財方：南方。
忌方：北方。

2. 日主「庚寅」類

例(一)

庚戌
辛巳
日主 庚寅
戊寅

日主庚寅生於巳月，干上有庚辛出干，支上寅戌會火局。四柱無水，用戊土引化，用胎元壬申中之壬水解炎，有大富貴。甲藏於寅，丙藏於巳。金水運可引發。

用神：壬水。金水運。
吉方：北方。
財方：北方。
忌方：南方。火土運。

例(二)

庚辰
辛巳
日主 庚寅
乙酉

日主庚寅生於巳月，有庚辛出干，干上乙庚相合，支上巳酉會金局，辰酉相合化金，化象斯真，全無丙丁午未等字，為『從革格』。逢『辰巳運』為『榮斷』，不畏南方運。

用神：庚金。
吉方：西方。
財方：西方。
忌方：東方。

3. 日主『庚辰』類

例(一)

年	月	日主	時
乙巳	辛巳	庚辰	甲申

日主庚辰生於巳月，此時正是火土司令當權之時，支上申辰會水局。庚金在巳中長生，在申中得祿，又有辰支，生扶日主並旺。為身強殺淺之格。甲木財星透干但無根逢申所劫，故出身貧寒。丁運戊己年財星得地，合於喜用。而主大富貴，以殺化權，定主寒門貴客。

用神：丙火。火土運。
吉方：丙火。
財方：南方。
忌方：北方。

例(二)

年	月	日主	時
庚辰	辛巳	庚辰	丁丑

日主庚辰生於巳月，支上巳丑會金局，有庚辛出干，日主庚金生旺，有丁火透干煆金，主富貴。支上有丑為『妙用元武』。仍以丁火為用神。

用神：丁火。
吉方：南方。
財方：南方。
忌方：北方。

4. 日主『庚午』類

例(一)

年	月	日主	時
甲申	己巳	庚午	戊寅

日主庚午生於巳月，有戊己出干，甲木疏之。支上寅午會火局。專用申宮壬水做用神，運行西北，主富貴。

用神：壬水。
吉方：北方。
財方：北方。
忌方：南方。

例(二)

年	月	日主	時
乙丑	辛巳	庚午	丙戌

日主庚午生於巳月，支上巳丑會金局。午戌會火局。有丙火出干，不是丁火，火重。四柱無水，又有乙辛出干，有奸謀。幸胎元為壬申，用壬水來救做用神。食神制煞，行金水運異途得富貴。

用神：壬水。
吉方：北方。
財方：北方。
忌方：南方。

5. 日主『庚申』類

例(一)

己卯
己巳
日主 庚申
辛巳

日主庚申生於巳月，干上有雙巳生金，日主生旺。支上巳中有丙火，申中有壬水可制火。壬丙皆藏支，支上巳申逢三刑，主掌兵權，但起伏無常。用神以巳中丙火為用。

用神：丙火。
吉方：南方。
財方：南方。
忌方：北方。

例(二)

辛巳
癸巳
日主 庚申
丁丑

日主庚申生於巳月，支上巳丑會金局，日主轉強，巳中有丙戊可制癸水，日主庚金坐於申祿之上，專取丁火為用神，主富貴。

用神：丁火。
吉方：南方。
財方：南方。
忌方：北方。

6. 日主『庚戌』類

例(一)

壬寅
乙巳
日主 庚戌
丙戌

日主庚戌生於巳月，有壬水出干，但支上寅戌會火局，壬水無根，不能制丙，火太旺，為勞碌奔波之人。須行金水運有財利。

用神：壬水。
吉方：北方。西方。
財方：北方。
忌方：南方。

例(二)

丁卯
乙巳
日主 庚戌
丁丑

日主庚戌生於巳月，有雙丁出干，支上巳丑會金局，煆金太過，官多化煞，必須以丑中癸水做用神來救。為勞碌奔波之命格。金水運有財利。

用神：癸水。
吉方：北方。
財方：北方。
忌方：南方。

五月生，日主庚金用神取法

五月為午月，午中丁火旺而炙烈，庚金在午宮為敗地（即沐浴之地）。被煆制太過。因此必須用壬癸水來救才行。命局中縱然四柱無水，仍必須運行北方運，此即為『妙用元武』之意。

◎五月生庚金之人，若命局中有壬水透干，癸水藏於支中，支上又有庚辛金，是具有富貴之人。但有戊己土出干制住水，便是平庸人之命格。

倘若命局中有戊土藏於支中，又有木制土，為文學優秀之人。

倘若命局中有庚辛出干，而壬水藏於支中，支上又有金生助水的命格，主貴。

倘若命局中有戊土出干，壬水藏於支中，有乙木不能制土的命格，為平庸者之命格。

倘若命局中有癸水出干，而且有金相生水的命格，有小富貴，為異途顯達之人。

◎五月生庚金之人，若命局中支成火局，而四柱缺水的命格，是勞碌奔波之人。有壬癸水在干上來制火的命格，主異途顯達。但不能有戊己土出干。有戊己土出干，則為平常人之命格了。

※五月生庚金之人，命局支成火局，四柱無水，便須有戊己土透干，來補足庚金之氣以及洩火氣，才能免去夭折孤貧之命。倘若命局中連土都沒有出干的人，是下賤無用的命格。

※支成火局的人因被火煆制太超過，必須有水相救，忌見戊己土剋水。但四柱無水，則以土來洩火氣，官印相生，使金不被火傷，再運行北方水運。因喜用相違背，故富而不貴。倘若支上有戊未，皆燥土，又沒有己土出干，不能從煞，也無水來救，就會形成殘廢無用之人。

◎五月生庚金之人，若命格四柱無水，而有己土出干的人，以富貴命格論之。但終身勞碌。宜行運金水運為吉。有戊土出干，戊土厚重，雖能晦火存金，但會埋金，故其人不能顯達。

◎五月生庚金之人，若命局中，都是木火，無食傷（壬癸水）、印綬（戊己土）、比劫（庚辛金）。為『從煞格』。

※五月午宮自有己土，月令官印並旺，（丁火為官，己土為印），己土雖不能生庚金，但有相生之意。並且生於午月，其胎元即在申酉，庚金為有根，

就不能言從格。午宮自有己土正印，因此有己土出干的為正印格。有丁火出干的為正官格。

※日主庚午日生於五月者，干透丁己，為官印俱全，名利發達，生於壬午時亦吉。如有丙煞出干則不吉，從煞格不可用水制。

※『三命通會』書云：『庚金坐午又為提，丁己齊明兩可宜，干支無丙來混雜，水絕肩多作富推』。

即日主庚辛日生於午月，有丁己齊透干者，干上無丙，多庚辛金，四柱無水者，為富格。並發在庚子、辛丑運中。

◎五月生庚金之人，必以水為用神。命格中無水者，亦必須運行北地（庚子、辛丑年運），待水而發，為『妙用元武』而主富貴。

舉例說明：

1. 日主「庚子」類

例㈠

辛巳
甲午
庚子（日主）
己卯

日主庚子生於午月，支上子午相沖，沖去子中癸水，己祿在午，午中有丁火，庚金可劈甲引丁，支上卯巳午有三合之貴。胎元甲申，申中亦有壬水，故主富貴。行金水運吉發。

用神：壬水。
吉方：北方。西北方。
財方：北方。
忌方：南方。

例㈡

庚寅
壬午
庚子（日主）
丁亥

日主庚子生於午月，支上寅午會火局，有壬水出干，得祿於亥。子中又有癸水相助，又有丁火出干。此命格主異途顯達，主富貴。

用神：壬水。
吉方：北方。
財方：北方。
忌方：南方。

2. 日主「庚寅」類

例㈠

庚寅
壬午
庚寅（日主）
壬午

日主庚寅生於午月，干上兩庚兩壬，兩干不雜，取格局其清，支上寅午會火局，火勢之烈，故以庚壬為用神。主富貴。以胎元癸酉為壬水之根。

用神：壬水。金水運。
吉方：北方。西北方。
財方：北方。
忌方：南方。

例㈡

丁卯
丙午
庚寅（日主）
己卯

日主庚寅生於午月，支上寅午會火局，有丙丁出干，火旺。四柱無水。專用己土為用神，運行西北吉發。

用神：己土。
吉方：北方。西北方。
財方：西北方。
忌方：南方。

3. 日主『庚辰』類

例(一)

丁卯
丙午
日主 庚辰
辛巳

日主庚辰生於午月，干上有丙丁，丙祿在巳，丁祿在午，丙刃亦在午，支上卯巳午有三台之貴，四柱無水，辰中癸水被火熬乾。胎元是丁酉，又是火。煆制太過，又無戊己土洩火生金，故為奔波平庸之命格。行金水運略吉。

用神：取辰中癸水為用神。西北運。

吉方：北方。西北方。

財方：西北方。

忌方：南方。

例(二)

辛未
甲午
日主 庚辰
己卯

日主庚辰生於午月，支上卯未會木局，又有甲木出干。財重。支上卯辰午未夾巳聯珠取貴。四柱無水，用時上己土做用神。行西北運。吉發。

用神：己土。

吉方：北方。西北方。西方。

財方：西北方。

忌方：南方。

4. 日主『庚午』類

例(一)

壬申
丙午
日主 庚午
甲申

日主庚午生於午月，年時支上有兩申，庚金得祿於申。丙火煞旺，以食神制煞為用神。以壬水為用神。主富貴。午運不吉。

用神：壬水。金水運。

吉方：北方。

財方：北方。

忌方：南方。

例(二)

己丑
庚午
日主 庚午
丁丑

日主庚午生於午月，年與時上有兩丑，暗藏金水（丑中有辛癸）。干上丁己得祿在午，亦不能從煞。此命格早年困苦，逢金水運而吉發，有富貴。以丑中癸水做用神。

用神：癸水。（己土亦可做用神）行金水運。

吉方：北方。西北方。

財方：北方。

忌方：南方。

5. 日主『庚申』類

例(一)

己未
庚午
日主 庚申
庚辰

日主庚申生於午月，日主庚坐申祿，支上申辰會水局，干上多庚，壬水藏於申中，支上辰午未申夾巳為聯珠夾貴。主富貴。以申中壬水為用神。行金水運。

用神：壬水。
吉方：北方。
財方：北方。
忌方：南方。

例(二)

庚申
壬午
日主 庚申
壬午

日主庚申生於午月，兩干不雜，氣勢清純，專用庚壬為用神。主富貴。行金水運大吉。

用神：壬水。
吉方：北方。
財方：北方。
忌方：南方。

6. 日主『庚戌』類

例(一)

己未
庚午
日主 庚戌
壬午

日主庚戌生於午月，支上午戌會火局，己土出干，得祿於午，不能以從煞格論。胎元為辛酉，陽刃暗藏，須帶水之土金運大發。因此在庚子、辛丑運主富貴。此命格早年困苦、妻晚子遲、老年運佳。以壬水為用神。

用神：壬水。
吉方：北方。
財方：北方。
忌方：南方。

例(二)

辛酉
甲午
日主 庚戌
庚辰

日主庚戌生於午月，辰戌為魁罡相逢，逢沖。年為辛酉。為陽刃。支上午戌會水局。午中丁火當旺，故為官刃格。用辰中癸水做用神。胎元乙酉納音井泉水為用神元神根基。行西北運，主富貴。

用神：癸水。
吉方：北方。
財方：北方。
忌方：南方。

六月生，日主庚金用神取法

六月是未月，未中含支用乙丁己。六月有己土秉令，快到秋季了，是金氣將進之時，出生在大暑之前的，選取善用神的方法與五月相同，因大暑之前火旺需水恐急。而出生在大暑之後的人，因金水進氣，已開始有寒氣進入，稱做『三伏生寒』（以三伏天帶有寒氣之意），土在夏天得旺火生土，是故辰戌丑未四個月份之中，以未月土為最旺。未月土旺金頑（土太旺，埋於地下不靈活），必須先用丁火煆煉，再由甲木疏土來做用神，以治土旺金頑之病。命局中日主居旺的人，喜命局中有財官（木火），身旺可以任財。日主身弱的人，喜有印綬（戊己土）來扶助日主。因此用甲木來疏土，使庚金顯露出來才能有用。

◎六月生庚金之人，命局中有丁甲兩透干的人，為清貴之人，有考試讀書而貴顯的運途。但是命局中不可有癸水出干來傷害丁火。

命局中有甲出干，命局中沒有丁火的人，是平庸之人之命格。

命局中有丁火而沒有甲木之人，是有才幹的知識份子。

命局中完全沒有丁甲的人，是下等命格的人。

命局中丁火不透干，只藏於未月支用之中，而不被癸水傷害的人，是做貿易的生意人，有充足的衣食之祿。而此等人，又形成支成水局，則為普通教師的命格。

※未月支用之中的丁火，會被未中己土洩氣，雖似有若無。因此必須用甲木破土引丁，日主庚金生旺的（例如日主庚申），就能任財、任官（任是『剋制』的意思）。故而有富貴。丁火不論在干上，或在支中，皆不能為癸水所傷，丁火是用神。癸水是忌神之故。

◎六月生，日主庚金之人，如果支成土局、支聚四庫（辰戌己未），就必須先用甲木破土，才再用丁火煆庚，如此的命格才會是富貴命格。因此有甲木透干的人，有文章顯達之貴。故此命局的人，以甲木為用神，以丁火為輔佐，有大富貴。

◎六月生庚金之人，若命局中有丙火出干，支會火局，庚金氣弱，則以壬水為用神。這是和五月生庚金之人取用神的方法相同的。

◎六月生庚金之人，若命局中支上有卯亥未會木局，木為庚之財，財旺生官，是大富貴之人的命局。

◎六月生庚金之人，倘若四柱多金，或有另一個庚、辛金在干上，而另有二個丁火出干制金，是具有異途顯達，非常富貴的人。倘若只有一個丁火出干，則為司法官吏之人，此也稱為異途顯達。

◎六月生庚金之人，大致是專以丁火為用神，而以甲木輔佐為要。

舉例說明：

1. 日主『庚子』類

例㈠

辛酉
乙未
日主 庚子
己卯

日主庚子生於未月，支上卯未會木局，有己土出干制子中癸水，四柱無甲木，有丁火藏於未中，商人小富之格局。以丁火為用神。

用神：丁火。
吉方：南方。
財方：南方。
忌方：北方。

例㈡

癸未
己未
日主 庚子
甲申

日主庚子生於未月，支上子申會水局，癸水出干，為『傷官格』。未中丁火被壓伏在下，必須行財運化傷生官破印，才會有生機。因此行甲運化癸水以生丁火，來破己土。以丁火為用神。此丁火被壓制太過。

用神：丁火。木火運。
吉方：南方。東南方。東方。
財方：南方。東南方。
忌方：北方。西北方。

2. 日主『庚寅』類

例(一)

丙午
乙未
庚寅（日主）
壬午

日主庚寅生於未月，支上寅午會火局。有壬水出干來制火，甲木藏寅、丁火藏未，故有小貴。以壬水制煞為用神。為有才幹之小貴之人。金水運吉發，主富貴。

用神：壬水。金水運。
吉方：北方。西北方。
財方：北方。
忌方：南方。

例(二)

庚戌
癸未
庚寅（日主）
丙戌

日主庚寅生於未月，支上寅戌會火局，又有丙火出干，有癸水在干上無根，不足以制火。本應用壬水制火，胎元甲戌中亦為火，無水，故仍以癸水做用神。主異途得富之人，富小。

用神：癸水。西北運。
吉方：北方。西北方。
財方：北方。
忌方：南方。火土運。

3. 日主『庚辰』類

例(一)

辛巳
乙未
庚辰（日主）
丁亥

日主庚辰生於未月，金氣已進，土當權，有丁火出干，元神發露，可制辛金。未為火之餘氣。辰乃木之餘氣，財官皆通根有氣。時上亥水可潤土養金，而滋木。運行東南。一生平順，主富貴。

用神：丁火。木火運。
吉方：南方。
財方：南方。
忌方：北方。

例(二)

辛丑
乙未
庚辰（日主）
丁丑

日主庚火生於未月，乙丁通根至未，財官通根有氣。支上丑辰未皆土，月令未中有己土，故此命局為己土司令。丁坐丑上、丁火被己溼土所滅。年月支上丑未相冲，冲去未中木火微根，財官雖有若無。木火運時有蔭庇。金水運刑剋至凶，最終為貧困僧道之人。

用神：丁火。木火運。
吉方：南方。
財方：南方。
忌方：北方。西方。金水運。

4. 日主『庚午』類

例(一)

戊申
己未
庚午（日主）
丙戌

日主庚午生於未月，地支午未申戌夾酉刃，庚金暗旺，又有丙火出干，支上午戌會火局。火多用壬，以申中壬水為用神，行北方水運主富貴。辛丑運會和陽刃相合，不得善終。

用神：壬水。北方運。

吉方：北方。

財方：北方。

忌方：南方。

例(二)

壬戌
丁未
庚午（日主）
己卯

日主庚午生於未月，干上丁己得祿於午，但丁壬相合化木，支上卯未會木局，午戌會火局。一派木火旺之勢，財官並旺，專用壬水為用神。此命格主富。

用神：壬水。北方運。

吉方：北方。

財方：北方。

忌方：南方。

5. 日主『庚申』類

例(一)

丙辰
乙未
庚申（日主）
丁亥

日主庚申生於未月，庚坐申祿，生於丁亥時，丁火出干，甲木藏於亥中，支上亥未會木局，申辰會水局。食傷生財。故主富貴。為巨富，但無兄弟，辰未相刑、申亥相刑。

用神：丁火。

吉方：南方。

財方：南方。

忌方：北方。

例(二)

丙辰
乙未
庚申（日主）
癸未

日主庚申生於未月，庚金坐祿，但生於癸未時，用未中二丁做用神。早年發達，但為一平常人之命格。

用神：丁火。

吉方：南方。

財方：南方。

忌方：北方。

例(三)

日主

甲子
辛未
庚申
丁亥

日主庚申生於未月，有甲丁出干，支上亥未會木局，申子會水局。財官兩透，但支上子未相穿，沖去未中丁火之根。申亥相刑。因此幼年辛苦，至火運方吉。有富貴。

用神：丁火。
吉方：南方。
財方：南方。
忌方：北方。

例(四)

日主

戊戌
己未
庚申
甲申

日主庚申生於未月，有戊己印綬出干，土重，用甲木疏土，支上未申戌夾酉刃，庚金暗旺，支類西方金氣，三伏生寒。甲木出干，丁火藏於未戌之中，以未中丁火為用神，老年才有財利。行南方運較吉。

用神：丁火。
吉方：南方。
財方：南方。
忌方：北方。

6. 日主『庚戌』類

例(一)

日主

丁卯
丁未
庚戌
庚辰

日主庚戌生於未月，有庚金出干，而有雙丁制金。支上卯未會木局。有異途顯達之貴。主富貴。支上未戌中又有丁火。專用丁火為用神。行木火運主富貴。

用神：丁火。
吉方：南方。
財方：南方。
忌方：北方。

例(二)

日主

乙亥
癸未
庚戌
壬午

日主庚戌生於未月，有壬癸出干，水多需戊土來制。支上午戌會火局，亥未會木局。支上一片木火之勢。丁火藏於未戌午中被癸水所傷，甲木藏於亥中，故為一普通人之命格。以戌中戊土為用神。行火土運較吉。

用神：戊土。火土運。
吉方：南方。
財方：南方。
忌方：北方。

七月生，日主庚金用神取法

七月為申月，申月為庚金司令之時，金氣盛，庚金剛硬銳利，必須用丁火煅煉才能成大器，故以丁火為用神者主貴。丁火要藉甲木為引，才能使爐火紅旺，而可以煉金。故以甲木為輔助。丁火不離甲木，在秋季的時候，尤其重要。

◎七月生庚金之人，命局中若有丁甲兩透干的人，是位高權重的人。主權威。

命局中有丁無甲出干的人，是有學歷的讀書人。

命局中有甲無丁出干的人，是一般平庸之人。類同『食神生財格』。財星不旺，故只有普通衣食之祿。

命局中有甲無丁，稱為『金剛木明』，亦是行商經營的小商賈之類的命格。

命局中，丁甲全無之人，為下等格局之人。

命局中無丁可用丙。為身強煞淺，『假煞為權』的格局。再行運木火運，可掌兵權，為第一等的人物。

※書云：『秋金銳銳最為奇，壬癸相逢總不宜，如逢木火來成局，試看福壽與山齊。』

此言凡是陽干生旺的，喜剋不喜洩，日主庚金即為陽干，故須用丙丁為用神，不宜用壬癸做用神。命局中有亥卯未會木局及寅午戌會火局的人，主富貴福壽。

※書云：『建祿生提月，財官喜透天。不宜身再旺，惟喜茂財源。』

此言若命局日主為陽干生旺（生月為日主之祿地），例如日主庚金的人，再有命局中透出甲丁（甲為庚之財，丁為庚之官），財旺生官，再運行木火之旺地，富貴皆大。並且以官星為用，必須有財星相生才行。

◎七月生庚金之人，倘若命局中支會申子辰水局，而不見丙丁出干，天干上有三庚並透干，稱之為『井欄叉格』。必須行東方木運，以洩水之氣。以與水對沖之『丙丁』虛神為用神。

倘若支成水局，而有丙丁出干的命格，水旺火衰，食傷制官煞太超過，必須用財（甲乙木）來生官（丙丁火）才行了。在此種命局中有甲木出干的人，有小貴。若甲木藏支為無力，故僅為有食祿之能幹之人，難以顯達。若無甲木藏支為根的人，必主愚懦之人。

◎七月生庚金之人，倘若命局中支成土局（支上有辰戌丑未），必須先用甲木疏土，破土而使金顯露出來，再以甲木引丁，使其人位顯職高。用神以財為主。故為大富之人。

◎七月生庚金之人，命局中若有寅午戌會成火局，為『金剛木明』。無須再用甲木為引，因寅中自有甲木。

命局中支會火局，金即具有申酉戌西方之地，金神入火鄉，酉為庚金之陽刃，富貴榮華，富貴極大。

※秋金用火，金剛木明，專用財星，為商人之命格。日主庚金，支上又有申酉戌支類西方，命局中有火的，就用官煞做用神。命局中無火的為『從革格』。這些都是主富貴的命格。

※『從革格』：日主為庚辛金，生於秋月，地支全申酉戌西方，或有巳酉丑會金局，干支上無丙丁午未等字的命格稱之。以金做用神，喜土金運。逢木為財，忌火剋。

舉例說明：

1. 日主『庚子』類

例(一)

壬戌
戊申
日主 庚子
乙酉

日主庚子生於申月，支全申酉戌支類西方。子戌拱亥，四柱無火，為『從革格』。支上申酉戌亥子連珠。以庚金做用神，行土金運大吉。

用神：庚金。土金運。
吉方：西方。
財方：西方。
忌方：南方。

例(二)

辛酉
丙申
日主 庚子
丙戌

此為北洋軍閥首領王士珍之命格。日主庚子生於申月，支上申酉戌支類西方。子戌拱亥。干上丙辛相合，合去一個丙煞。專用時支上之丙火為用神。此命格為金入火鄉，具有富貴榮華之命。

用神：丙火。
吉方：南方。
財方：南方。
忌方：北方。

2. 日主『庚寅』類

例(一)

壬戌
戊申
日主 庚寅
壬午

日主庚寅生於申月，支上寅午戌會火局。金剛木明，申戌夾酉，酉為庚之陽刃，干上有戊制壬，專用午中丁火為用神。寅中有甲木。此為一小商人之命格。

用神：丁火。
吉方：南方。
財方：南方。
忌方：北方。

例(二)

庚辰
甲申
日主 庚寅
庚辰

日主庚寅生於申月，支上申辰會水局。干上有三庚出干，干上無丙丁，為『井欄叉格』以寅中丙火為用神。行東方木運為吉。

用神：丙火。木運。
吉方：南方。
財方：南方。
忌方：北方。水運。金運。

3. 日主「庚辰」類

例(一)

	庚申
	甲申
日主	庚辰
	甲申

日主庚辰生於申月，地支有三申，為庚之祿地，日主庚金旺之極。時干、月干甲木無根，支上申辰會水局。為『井欄叉格』。用虛神丁火為用神，行木運主富貴。

用神：丁火。木運。
吉方：南方。東方。
財方：東南方。
忌方：北方。

例(二)

	壬寅
	戊申
日主	庚辰
	己卯

日主庚辰生於申月，庚祿在申，支上寅卯辰支類東方。木旺。有壬水出干。戊己土制之。一片水土旺之勢。用寅中丙火為用神，煞印相生。生助日主，以任財。主富。

用神：丙火。
吉方：南方。
財方：南方。
忌方：北方。

4. 日主「庚午」類

例(一)

	庚戌
	甲申
日主	庚午
	乙酉

日主庚午生於申月，支上午戌會火局，又有申酉戌支類西方。酉為陽刃，金神入火鄉，故主富貴。以午中丁火為用神。

用神：丁火。
吉方：南方。
財方：南方。
忌方：北方。

例(二)

	丁巳
	戊申
日主	庚午
	丙子

日主庚午生於申月，庚祿在申，丁祿在午，丙戊祿在巳。支上申子會水局，必須用甲木引丁，四柱無甲，故為愚懦之人，以戊土制水，難以顯達。

用神：戊土。
吉方：南方。
財方：南方。
忌方：北方。

5. 日主『庚申』類

例(一)

	戊申
	庚申
日主	庚申
	丙子

日主庚申生於申月，支上有三申，為『井欄叉格』。有庚金出干，身強煞淺，假煞為權，支上子申會水局，有戊土制之，丙不受困，專用丙火為用神。主武貴。大富貴。

用神：丙火。
吉方：南方。
財方：南方。
忌方：北方。

例(二)

	癸巳
	庚申
日主	庚申
	丁亥

日主庚申生於申月，庚金兩坐祿。有丁火出干，甲藏亥中，癸丁相隔，無法制丁，癸水又坐於巳上，專用丁火為用神。主富貴。

用神：丁火。
吉方：南方。
財方：南方。
忌方：北方。

6. 日主『庚戌』類

例(一)

	丁酉
	戊申
日主	庚戌
	丁亥

日主庚戌生於申月，支上申酉戌支類西方。有雙丁出干，金入火鄉，用丁火做用神，主富貴。

用神：吉方：丁火。
財方：南方。
忌方：北方。

例(二)

	丙午
	丙申
日主	庚戌
	丁丑

日主庚戌生於申月，干上有丙丁出干，支上午戌會火局，申戌夾酉刃。庚祿在申，官多用印，以丑中己土洩火生金為用神。

用神：己土。
吉方：北方。
財方：北方。
忌方：南方。

八月生，日主庚金用神取法

八月為酉月，酉中藏用為辛金。月令酉又是庚金之陽刃。因此八月之庚金最為剛銳。秋氣漸深，寒氣漸重，因此八月生、日主庚金的人選取用神，以丙丁並重為原則。以丁火來煅煉庚金，以丙火除去寒氣。八月所生之庚金之人，為『煞刃格』。月令當旺，要用印（丙丁火）來助刃（酉刃）。刃若當旺，就要用財生煞，這在五行之中，皆為相同之理。

◎八月生庚金之人，若命局干上有丁甲兩透干，再有一丙火出干的人，主富貴官高。並且月支為酉刃，不被冲，支上藏有一個丙火，有甲木會生助官煞，稱為『陽刃駕煞格』。主其人可出將入相，權威顯赫，富貴極品。且有耿介忠良之德行。

※日主庚金臨酉刃（生酉月），復遇三奇（乙丙丁或卯巳午）必主出將入相，耿介忠良。

陽刃忌冲，如有卯酉相冲，不能善終，有惡死之兆。

『陽刃駕煞格』裡若丙丁火藏於支中，而無水困火，為清貴之人。

◎八月生庚金之人，命局中若有多個丙火，及另一個丁火出干，而支下藏甲（例如有丁亥），亦主貴。若是丙火出干，丁藏支中，為異途顯達之人。

※在命局中煞刃相停（煞與刃勢力相當），有貴為王侯之命。煞旺刃輕，主考試做官主貴。煞刃主武貴，故稱異途。命理學中以文貴為正途。

命局中若有丙丁藏於支中，有甲木透干，而水不透干的人，為清貴能人。

命局中若無丁火出干，卻有二個丙火出干或是支成火局的命格，有刃也不能做『從煞格』論。只是一平庸之人而已。倘若命格中只有一個丙火透干，是秀氣而不富有的人。

◎八月生庚金之人，命局中支會金局，干上丙丁甲乙全沒有，只有壬癸水出干洩金氣，行西北運，而不見火。這是『從革格』。此命格的人，為人清秀雅緻，是富中得貴之人。但常招凶險，多刑剋。運入火鄉為破格。因逆其旺氣，會凶死。

倘若命格為『從革格』，柱中又有火破格的人，為飄流孤苦或僧道之命格。行木運，衣食稍豐，也可為藝術界之人士。

※『從革格』因四柱無木火，支成金局，或支類西方，金氣偏旺。專取水洩金

氣，稱『金水同心』，行運不能入火鄉，然而流年運中必會遇到火運。倘若運行南方（巳午未年）命不保。

◎八月生庚金之人，命格中有壬癸出干，須有戊己土出干來制，可是戊己土會洩火生金。火弱不堪再洩。因此命局中無水，而有戊己出干的也算是破格，為中等命格。必須是戊己土出干來制水，卻又不妨礙煞刃相制的才會有富貴之命。

◎八月生庚金之人，四柱支上有多個甲乙木，而沒有丙丁火的人，為普通無用之人。因金旺木衰，必須以火制之，沒有丙丁，會走藝術路途。

◎八月生庚金之人，用火制刃，則為『煞刃格』。用水洩金，為『從革格』。八月金旺木衰得火則如同煞刃格。命中得水則為『食傷生財格』。若無法成為『從革格』，就會成為商人或藝術之流的人。因此八月庚金選取用神，以丁甲為主，以丙為次用，但丙火不可少。

舉例說明：

1. 日主『庚子』類

例(一)

庚戌
乙酉
庚子（日主）
甲申

此為至聖先師孔子之命格。日主庚子生於酉月，干上有甲乙木出干，支上申子會水局，干上甲木會生官煞，為『陽刃駕煞格』。用戊中丁火為用神。主其人有耿介忠良之德行。有庚剋甲，傷了財星，故不富，以文貴為主。

用神：丁火。
吉方：南方。
財方：南方。
忌方：北方。

例(二)

庚午
乙酉
庚子（日主）
壬午

此為乾隆皇帝時，權臣和珅之命格。日主庚子生於酉月，月柱官星帶刃（酉刃），形同煞刃。乙庚相合，日主庚金戀財而不顧官星，貪財忘官，為有權謀之奸佞之人。日時子午相 ，故不善終，以午中丁火為用神。

用神：丁火。
吉方：南方。
財方：南方。
忌方：北方。

2. 日主『庚寅』類

例(一)

丁卯
己酉
庚寅（日主）
丁亥

日主庚寅生於酉月，酉為陽刃，寅中有甲木，支上卯亥會木局，財旺生官。寅中亦有丙火。為『陽刃駕煞格』。行運南方主富貴。用丙火制刃為用神。卯酉相冲，不善終。

用神：丙火。
吉方：南方。
財方：南方。
忌方：北方。

例(二)

丁未
己酉
庚寅（日主）
辛巳

日主庚寅生於酉月，有丁火出干，甲丙藏於寅中，支上巳酉會金局，巳宮又藏有丙火，為中貴。

用神：丁火。
吉方：南方。
財方：南方。
忌方：北方。

3. 日主「庚辰」類

例(一)

丁未
己酉
庚辰（日主）
乙酉

日主庚辰生於酉月，有丁火透干，支中無丙，丁火通根未庫，支上辰酉相合化金，乙庚也相合化金。專用丁火為用神。為中等之格局。

用神：丁火。
吉方：南方。
財方：南方。
忌方：北方。

例(二)

甲辰
癸酉
庚辰（日主）
丁亥

日主庚辰生於酉月，有丁甲出干，可惜支無丙火，主武貴，為中貴而已。以丁火為用神。行南方運主吉。

用神：丁火。
吉方：南方。
財方：南方。
忌方：北方。

4. 日主「庚午」類

例(一)

辛卯
丁酉
庚午（日主）
丙子

此為清乾隆皇帝之命格。日主庚午生於酉月，酉為庚刃，丁祿在午，煞刃通根並透干，此為『煞刃格』。有丁火出干，支上子午卯酉為四極，又有丙火，故為太平天子。以丁火為用神。

用神：丁火。
吉方：南方。
財方：南方。
忌方：北方。

※書云：『子午卯酉，入格為四極。不入格則為四冲。』以格局為分別。

例(二)

乙巳
乙酉
庚午（日主）
丁亥

日主庚午生於酉月，干上有雙乙，財旺生官。丁火出干，得祿於午，亥中有甲木，支上巳酉會金局，巳中還有丙火。故以丁火為用神。主中等富貴。

用神：丁火。
吉方：南方。
財方：南方。
忌方：北方。

5. 日主『庚申』類

例(一)

甲辰
癸酉
日主 庚申
辛巳

日主庚申生於酉月，有甲木出干，干上無丁，丙火藏時上巳宮之內，癸水亦出干，由甲木引化，不傷丙火。支上辰酉相合，巳申相刑。此命格主小貴。以丙火為用神。

用神：丙火。
吉方：南方。
財方：南方。
忌方：北方。

例(二)

戊申
辛酉
日主 庚申
辛巳

日主庚申生於酉月，有雙辛出干，支上巳酉會金局，庚祿又在申，丙火藏於巳中，金多火熄，故不貴。

用神：丙火。
吉方：南方。
財方：南方。
忌方：北方。

6. 日主『庚戌』類

例(一)

庚申
乙酉
日主 庚戌
庚辰

日主庚戌生於酉月，天干有乙庚相合化金。地支申酉戌支類西方。為『從革格』。可惜四柱無水，主武貴，寅運，寅戌合拱，觸其旺神而不善終。

用神：庚金。金運。
吉方：西方。
財方：西方。
忌方：東方。木運。

例(二)

甲戌
癸酉
日主 庚戌
甲申

日主庚戌生於酉月，有雙甲出干，支上申酉戌支類西方。丁火藏於戌中，庚祿在申，酉為陽刃，專以丁火為用神，用甲木化癸引丁。財旺可生官。運行木火之地主財利。

用神：丁火。木火運。
吉方：南方。
財方：南方。
忌方：北方。

九月生，日主庚金用神取法

九月為戌月，戌中所藏支用為戊丁辛。主要是以戊土為主。九月戊土司令，又是火土，九月生庚金之人，最害怕的是土多、土重，有厚土埋金之慮。因此選取用神，必須先用甲木疏土，再用壬水清洗沖刷，庚金自然會露出亮晶晶的精神出來。切忌不能有己土混濁壬水，則對金不利。

◎九月生庚金之人，出生在霜降之前的人要選取用神，是和八月一樣的選法。霜降之後為土旺用事，因此害怕有戊土出干，土厚會埋金，必須用甲木疏土，更用壬水沖刷泥土，使庚金顯露出來。有戊土制壬，己土混壬，都不是好的格局。

◎九月生庚金之人，命局中有甲壬都透干的人，沒有戊己土出干的，主富貴。

命格中若有甲木透干，壬水藏於支中，為鄉紳之士。

命格中若有甲木藏於支中，壬水透干的人，是多謀略的讀書人。

命格中若有甲木而無壬水的人，是能幹的讀書人。

命格中若有壬水而無甲木的人，是平庸之人的命格。

命格中若是壬甲都沒有的人，是無能之人，或為僧道孤貧之人。

※九月仍是秋季，秋金猶有餘氣。月令中旺土會生金。命局中有壬水和丁火，皆可取為貴命。並且是『體用同宮』，以壬水為用神的人，忌有命局中有戊土制水。以丁火為用神的人，忌命局中有壬癸傷丁。

◎九月生庚金之人，命局中沒有壬水而有丁火的人，用甲木破土來引丁，也有富貴顯達。命局中沒有丁火，就用丙火，亦是同理。

◎九月生庚金之人，倘若命局中支成火局，就不能再用甲木為用神。有甲木反而會助火更旺。必須用壬水做用神來救。戌月為戊土當旺之時，支成火局，有癸水必會相合化火，就像有滴水滴入洪爐烈火之中，反而會增其火焰猖旺。凡此支成火局的人，干上再有庚辛金，與『煞刃格』相同，會有考試奪魁的顯達。命局中支成火局又沒有癸水的人，主貴。

※命局中干透辛金，支上有申酉等字，即是『陽刃』。見有丙火出干為『煞刃格』。主武貴，掌刑罰，權威顯赫。但丙辛要隔位不合才行，或者是辛金出干，而丙火藏於巳中，會有相制衡之妙用。

◎九月生庚金之人，若四柱戊土多而生金，而無甲壬來疏土和洗金的人，是一個行為樸拙的人，即使有衣食之祿也不長久。

命局中若是只有一個庚金，戊土多，又無甲壬，是一個愚蠢的下等之人的命格。命局中若有比肩（庚辛金）出干，土多金也多，又有丁火官星出干，洩金氣，亦可用丁火做用神。

※九月庚金，有甲疏土，可顯露庚金，主其人有聲望地位。有壬水洗庚金使之秀氣顯露，主其人有學識及才能，以透干或藏支來斷定貴顯的輕重高低。

舉例說明：

1. 日主『庚子』類

例㈠

甲	庚	庚	丁
申	子	戌	丑
	日主		

日主庚子生於戌月，秋金銳利，丁火官星不旺，不能相制。甲木財星無根臨絕，無法生官。支上子申會水局。因此年幼行土運，晦火生金，刑傷破耗。至丙丁運，助起官星而有家業。晚景富裕。以丁火為用神。行木火運主吉。

用神：丁火。木火運。
吉方：南方。
財方：南方。
忌方：北方。西方。土金運。

例㈡

丁	庚	庚	丁
丑	子	戌	未
	日主		

日主庚子生於戌月，有雙丁出干，支上未戌丑中多土，子中癸水能潤土生金，秋金生旺，以丁火煆金主貴。以丁火為用神，主大富貴。

用神：丁火。
吉方：南方。
財方：南方。
忌方：北方。

2. 日主「庚寅」類

例㈠

乙亥
丙戌
日主 庚寅
己卯

日主庚寅生於戌月，，支上寅戌會火局，亥卯會木局。有己土出干，用寅亥中甲木疏之，再以亥中壬水制煞為用神。主富貴。

用神：壬水。
吉方：北方。
財方：北方。
忌方：南方。

例㈡

壬戌
庚戌
日主 庚寅
甲申

日主庚寅生於戌月，有甲壬出干，甲祿在寅，壬在申中長生，通根有氣。支上寅戌會火局。用壬水做用神，主大富貴。

用神：壬水。
吉方：北方。
財方：北方。
忌方：南方。

3. 日主「庚辰」類

例㈠

甲申
甲戌
日主 庚辰
壬午

此為清曾國荃之命格。位封子爵。為封疆大吏。日主庚辰生於戌月，有雙甲出干，破支上之土。壬水可潤土生金。支上辰午戌申聯珠，夾拱巳、酉，主貴。以午宮丁火為用神。

用神：丁火。
吉方：南方。
財方：南方。
忌方：北方。

例㈡

庚午
丙戌
日主 庚辰
戊寅

日主庚辰生於戌月，，有戊土出干，用寅中甲木疏土，支上寅午戌會火局，又有丙火出干，專用辰中癸水做用神，火炎土燥，必須有壬癸運，才能貴顯主富。

用神：癸水。水運。
吉方：北方。
財方：北方。
忌方：南方。

4. 日主『庚午』類

例(一)

庚午
丙戌
日主 庚午
壬午

日主庚午生於戌月，有壬水出干，支上三午，支上又有午戌會火局。火旺，專用壬水為用神，此為『煞刃格』。主大富貴。

用神：壬水。金水運。
吉方：北方。
財方：北方。
忌方：南方。火土運。

例(二)

甲戌
甲戌
日主 庚午
丙戌

日主庚午生於戌月，有丙火出干，支上午戌會火局。火旺從煞，專以丙火為用神，主富貴。行木火運吉發。

用神：丙火。
吉方：南方。
財方：南方。
忌方：北方。

5. 日主『庚申』類

例(一)

辛酉
戊戌
日主 庚申
辛巳

日主庚申生於戌月，有雙辛為陽刃出干，支上申酉戌支類西方。以巳宮丙火為用神。喜行南方運。七煞得地而貴。此為『從革格』。煞刃又主權威。故掌兵權。主富貴。

用神：丙火。南方運。
吉方：南方。
財方：南方。
忌方：北方。

例(二)

辛酉
戊戌
日主 庚申
甲申

日主庚申生於戌月，有戊土出干，用甲木破土，支上申酉戌支類西方。丁火藏於戌中可作用神。運行南方。主貴，為文貴。

用神：丁火。
吉方：南方。
財方：南方。
忌方：北方。

6. 日主『庚戌』類

例(一)

庚寅
丙戌
庚戌（日主）
辛巳

日主庚戌生於戌月，支上寅戌會火局，有辛金透干，為陽刃。取丙火七煞制刃為用神。為『煞刃格』。主大富貴。文武全才。

用神：丙火。
吉方：南方。
財方：南方。
忌方：北方。

例(二)

壬申
庚戌
庚戌（日主）
戊寅

日主庚戌生於戌月，有戊土出干，用寅中甲木疏土，支上寅戌會火局，用壬水洗庚，因甲藏又有戊土透干，只有中貴而已。

用神：壬水。
吉方：北方。
財方：北方。
忌方：南方。

十月生，日主庚金用神取法

十月為亥月，是壬水秉令之時，已至冬月，水冷金寒。庚金是堅固剛硬的金，一定要有丁火的煆煉，才能使庚金成為有用。十月寒氣慢慢增多了，一定要有丙火才能解寒氣而暖金。因此十月生庚金之人，命局中以官煞（丙丁）都有的格局，才是好的命格。並且以丁為用神，必離不開甲木。以丁火為主要取用神的第一要用。而以丙甲為輔助用神。也可以說丙甲為喜神了。

◎十月生庚金之人，倘若命局中有丙丁皆出干，支上沒有子水，主貴。因亥宮為庚金病死之地。命局中支上有『子』字，水成方局（亥子丑支類北方），旺水洩庚，使庚金失去堅硬剛烈之性，水盛則火之氣懾縮，因此以無子水流通為主貴的格局。

◎十月生庚金之人，命局中倘若有丙丁出干，支無子水，又有寅巳在支上，丙丁同以寅巳為根（寅巳中皆有丙火），來引通丙丁之氣，是以讀書考試而主富貴的人。

◎命局中若支上有二『子』，而又有己土出干來制子水的，亦主貴。同時也是非常能幹，以學問致仕的讀書人。此因已土混壬，能生甲木，木得到生扶，則能生火，此種情況為『反生』的道理所形成的。因此此命局的人，為中等富貴之人。

※亥月為冬月，冬天的庚金，是水旺秉令的時刻，因此命局格局為『金水真傷官』。水冷金寒，一定要丙丁才能去寒暖金。如果命局中身弱（日主庚金干上無土金相助或支上無根），就要運行比劫運（庚辛運）。這是因為『傷官最喜歡劫才鄉』之故。（癸水是傷官，辛金是劫才）。此命格中不能用印（戊土），金水命局喜歡清澈，有土則會混濁。命局中是金水格局的人主聰明。有土來混濁，則會是頑固懦弱之人。

是故十月生庚金之人，身強的人，命局中支上有申酉辰丑，最能用丙丁做用神，且以行運丙丁運為吉運，身弱的人，以丙丁為用神，又必須以比劫運程為吉運。

◎十月生庚金之人，命局中若有丙甲透干，而無丁火透干的人，是富而不貴的人。此因無丁而庚金不能煅煉成器，但有丙可水暖金溫，故為富格。但無顯達之日。

命局中有丙火透干，而丁藏於支中的人為武職之平常人命格。
命局中若沒有丁火，卻有丙火透干的人，為大富之人。
命局中若為金水混雜的格局，完全沒有丙丁火的人，為下等格局的命格。
命局中若支成金局，而無火的人，是僧道孤貧之命格的人。
※十月生庚金之人取用神之法，除了合於外格之外，因水冷金寒，一定要有丙丁火才能取貴。

舉例說明：

1. 日主『庚子』類

例(一)

丁亥
辛亥
日主 庚子
壬午

日主庚子生於亥月，有丁火出干，午中又有丁火，亥中有甲木，丁甲俱全有小富貴。
用神：丁火。
吉方：南方。
財方：南方。
忌方：北方。

例(二)

丙申
己亥
日主 庚子
丙子

日主庚子生於亥月，有己土出干制水，支上申子會水局。支上又有二子。亥中有甲木得水生扶以反生火。此命格有二丙出干，卻無丁，故主富而不貴。日主衰弱必須行比劫運（庚辛金運）而有富貴。
用神：丙火。行金運。
吉方：南方。
財方：南方。
忌方：北方。

2. 日主「庚寅」類

例(一)

乙未
丁亥
日主 庚寅
丙戌

日主庚寅生於十月，有丙丁出干，支上亥未會木局，寅戌會火局，甲木藏於寅亥之中，寅中有丙、戌中有丁，故主富貴。十月為壬水秉令，故仍以丁火為用神，行金運生扶日主而有大富貴。

用神：丁火。
吉方：南方。
財方：南方。
忌方：北方。

例(二)

戊子
癸亥
日主 庚寅
戊寅

日主庚寅生於亥月，無甲丙出干，支上寅中藏有甲丙，可惜無丁，故富而不貴。取寅中丙火為用神。有戊土生金，身強。

用神：丙火。南方運。
吉方：南方。
財方：南方。
忌方：北方。

3. 日主「庚辰」類

例(一)

庚辰
丁亥
日主 庚辰
庚辰

日主庚辰生於亥月，有丁火出干以煅金，亥中有甲木，辰為溼土能生金。以丁火為用神，主富貴。但土多為頑懦之人。

用神：丁火。
吉方：南方。
財方：南方。
忌方：北方。

例(二)

甲午
乙亥
日主 庚辰
己卯

此為蔣宋美齡之兄弟宋子文之命格。日主庚辰生於亥月，有甲木出干，丁火藏於午中，支上亥卯會木局，財旺生官。乙庚相合，木局又引生丁火。日主庚金坐辰，日主不弱，故可大富貴。官至行政院長掌財政。

用神：丁火。木火運。
吉方：南方。
財方：南方。
忌方：北方。

4. 日主『庚午』類

例(一)

癸未
癸亥
日主 庚午
戊寅

日主庚午生於亥月，，支上有寅午會火局。寅中藏有甲丙。午未中藏有丁火。干上戊癸相合化火。支上亥未會木局，暗助火旺。故主富貴。以癸水為用神，行金水運。

用神：癸水。
吉方：北方。
財方：北方。
忌方：南方。

例(二)

庚子
丁亥
日主 庚午
戊寅

日主庚午生於亥月，支上寅午會火局，又有丁火出干，得祿於午，庚金有比印相助生旺，甲木藏於寅亥之中，寅中又有丙火。故主富貴。用丁火做用神。

用神：丁火。
吉方：南方。
財方：南方。
忌方：北方。

5. 日主『庚申』類

例(一)

庚子
丁亥
日主 庚申
辛巳

日主庚申生於亥月，日主庚金坐祿（庚祿在申）。有丁火出干，丙火藏於巳中，亥中又有甲木，故甲丙丁俱全可主富貴，支上子申會水局。有庚辛出干，為『金水傷官格』。

用神：丁火。火金運。
吉方：南方。
財方：南方。
忌方：北方。木運。

例(二)

癸酉
癸亥
日主 庚申
丁亥

日主庚申生於亥月，冬季壬水當權，金逢祿旺，時上丁火無根，局中氣勢從向金水格局。故以金水論之，丁反而為病。金水運主富貴，火土運主刑剋破敗。

用神：庚金。金水運。
吉方：西方。西北方。北方。
財方：西方。西方。西北方。
忌方：南方。火土運。

6. 日主『庚戌』類

例(一)

甲戌
乙亥
日主 庚戌
丙戌

日主庚戌生於亥月，有甲木、丙火出干，丁火藏於戌中，支上有三戌，為主富，異途顯達之人。

用神：丙火。

吉方：南方。

財方：南方。

忌方：北方。

例(二)

壬子
辛亥
日主 庚戌
丙子

日主庚戌生於亥月，支上有戌亥子，干上有壬辛，主金水格局。有丙火出干，獨煞為權，故主富貴掌權。以丙火為用神。

用神：丙火。

吉方：南方。

財方：南方。

忌方：北方。

十一月生，日主庚金用神取法

十一月為子月，為仲冬，天氣嚴寒，十一月所生之庚金，金寒水冷，取用神離不開丙丁甲。其道理和十月生庚金之人取用神之法相同。

冬日所生之庚金，差不多都屬於『金水真傷官格』，專取丙丁為用神，以甲木為輔助引丁。但是因天氣已極為嚴寒，以丙火照耀為先抉條件，因此丙火的選取是重於丁甲的。

◎十一月生庚金之人，倘若命局中有丁甲兩透干，而丙藏在支中（例如寅巳之中），是俱有富貴的人。倘若命局中沒有丙火，亦是一般有學歷的讀書人。

倘若命局中有丁無甲，而丁火無根，是白手成家，主富而有假貴之人。

倘若命局中有甲無丁，則為平常人之平庸命格。

倘若命局中有丙火透干而丁火藏於支中，為異途顯達之人。

倘若命局中有丁火藏於支中，也有甲木之人，主為武職的平常命格。

※『金水傷官格』喜見有官（丙丁火），以命局中有丁甲丙皆有俱全的命格為上等格局。日主生旺的，行財官運（木火運）會吉發。日主衰弱的，行比劫

運（庚辛金運）可吉發。

※庚金生於亥、子月，為病死之地，月令水旺洩金氣，有戊己土印綬，則會使水不夠清澈，而致混濁，因此以比劫（庚辛金）做為用神。但是冬月水冷金寒，為了調節氣候，必須用丙丁暖金，才可以論富貴，並且以日主庚金的強弱來斷定運程的宜忌所需。

倘若命局中有甲而無丙丁的命格，要以甲木財星來做用神。以甲木洩水之氣。此種命格為商人做貿易的命格。故主富不主貴。

◎十一月生庚金之人，若命局中有丙癸兩透干的命格，稱為『凍雲蔽日』。因用神丙火被壬水所制受損，故為平庸但稍具能幹之人的命格。

倘若命局中雖有癸水出干，但有二丙亦出干，為勞碌鄙俗之富人。

倘若命局中丙火藏於支中（在寅巳之中），或是干支為丙寅，在命局中可見到一、二個丙火的人，但卻沒有丁火，可成鉅富，但不貴。

倘若命局中有癸水出干，丙丁藏在支中，丙丁被壓在癸水天干之下，困住了丙火，即使行到丙丁的運程，又被癸水回剋。便是平庸寒士的命格了。

◎十一月生庚金之人，倘若命局中支見水局，四柱無丙丁，則為『傷官格』。

又稱『井欄叉格』。此命格的人有小富。為人聰明清雅，但子息艱難。倘若再有戊土出干的人，主為大貴之人。格局為金水格局的人，以行運東南木火之地主吉發。有戊土出干的人，並須有火運相助主貴。

◎十一月生庚金之人，倘若命局中丙丁火太多，稱為『官煞混雜』。是一種雜亂的格局，因此不佳。冬季所生之庚金，多半是『金水傷官格』，以丙丁為用神。倘若丙丁太多，則喧賓奪主，剋洩交加。若行東南運會剋身（剋日主）。若行北方運，又會洩氣，也不佳。只有行西方比劫運程較佳。但是十一月生庚金之人，命局柱中原就是金水局，不入火土之鄉怎吉？因此一生貧孤飄蕩，而無法有成就了。

舉例說明：

1. 日主『庚子』類

例(一)

壬戌
壬子
日主 庚子
丙子

此為民國初年總統曹錕之命格。日主庚子生於子月，有丙火出干，干上有雙壬，戌宮有戊土得位，為金水潤下，專用丙戊為用神，以丁巳運為吉運大發的年代。

用神：丙火。火土運。
吉方：南方。
財方：南方。
忌方：北方。

例(二)

庚子
戊子
日主 庚子
丙戌

日主庚子生於子月，支上有三子，有丙火出干。丁火藏於戌中。戊土通根至戌。日主庚金有庚戊出干，印比幫身而轉強。以丙火為用神，行金運主貴。

用神：丙火。金運。
吉方：南方。
財方：南方。
忌方：北方。

2. 日主『庚寅』類

例(一)

己卯
丙子
日主 庚寅
辛巳

日主庚寅生於子月，有丙火己土出干，寅中有甲丙戊，為煞印相生，丙火在巳中得祿，為獨煞為權，故可掌權。日主庚金衰弱，必須行運金水運主吉發。此命局好的在己土得子水滋潤而能生金。但在甲戌年，甲木破己土之印，而主凶。此命格主富貴但不善終。

用神：庚金。金水運。
吉方：西方。
財方：西方。
忌方：東方。

例(二)

乙卯
戊子
日主 庚寅
戊寅

日主庚寅生於子月，有雙戊出干，因寅中甲木疏土，丙火藏寅，子水為戊土蓋頭，四柱無丁，故主富，富真貴假。以寅中丙火為用神。行木火運吉。金水運不吉。

用神：丙火。
吉方：南方。
財方：南方。
忌方：北方。

3. 日主「庚辰」類

例(一)

乙未
戊子
日主 庚辰
丁丑

日主庚辰生於子月，支上子未相穿，破子水。天干乙丁皆木火，為辰未之餘氣。足以用木生火。以丁火為用神。丙丁火運吉。酉運木火皆傷，大凶。

用神：丁火。
吉方：南方。
財方：南方。
忌方：北方。

例(二)

辛亥
庚子
日主 庚辰
癸未

日主庚辰生於子月，有癸水出干，支上子辰會水局，全局金水潤下。丁火藏於未中，甲木藏於亥中，富貴俱小幾近寒土。支上子未相穿，故子息艱難。以未中丁火為用神。

用神：丁火。
吉方：南方。
財方：南方。
忌方：北方。

4. 日主「庚午」類

例(一)

己未
丙子
日主 庚午
辛巳

日主庚午生於子月，丙火出干，支上巳午未支類南方。官煞重，用己土印星生助庚金。行金水運吉發。

用神：己土。金水運。
吉方：北方。西方。
財方：西北方。
忌方：南方。

例(二)

甲戌
丙子
日主 庚午
庚辰

日主庚午生於子月，有甲丙出干，支上午戌會火局。子辰會水局對立，子午相沖，辰戌相刑。官煞混雜。為平常人之命格，異途武職。以辰中溼土洩火生金做用神。

用神：戊土。土金運。
吉方：西方。
財方：西方。
忌方：東方。南方。木火運。

5. 日主『庚申』類

例㈠

庚申
戊子
日主 庚申
庚辰

日主庚申生於子月，四柱全無丙丁，支上申子辰會水局。為『井欄叉格』。有小富。以戊土為用神，日主身旺，行東南木火運，主貴。

用神：戊土。木火運。
吉方：東南方。
財方：東南方。
忌方：西北方。

例㈡

甲寅
丙子
日主 庚申
辛巳

日主庚申生於子月，有甲丙出干，通根寅巳，支上子申會水局。日主庚金坐申祿，日主身強，以丙火為用神，行比劫運主富貴。

用神：丙火。金運。
吉方：南方。
財方：南方。
忌方：北方。水土運。

6. 日主『庚戌』類

例㈠

戊午
甲子
日主 庚戌
丁丑

日主庚戌生於子月，丁甲兩透干，而無丙火，支上午戌會火局，為官煞混雜。行木火運，會剋身，行水運會洩氣，故以行金運較佳。專以戊土做用神。

用神：戊土。金運。
吉方：西方。
財方：西方。
忌方：東南方。

例㈡

辛酉
庚子
日主 庚戌
甲申

日主庚戌生於子月，有庚辛出干，支上申酉戌支類西方。為『從革格』。以金氣為主，用神是庚金，行金運主吉。

用神：庚金。金運。
吉方：西方。
財方：西方。
忌方：東方。木運。

十二月生，日主庚金用神取法

十二月為丑月，已是隆冬，寒氣太重，丑為溼泥，生於丑月之庚金，為土凍金寒，必須先用丙火解凍，再用丁火煆金，使之有用。但仍需甲木引丁。故甲木也不可缺少。

◎十二月生庚金之人，命局中若有丙丁兩透干，再加上有甲木出干的人，有大富貴。

命局中有丙無丁甲的人，是富大貴小之人。命局中無甲即是異途顯職之人。

命局中有丁甲而無丙火出干的人，是有能力的讀書人。不富但有小貴。

命局中有癸水透干的人，是有衣食之祿的平庸者之命格。

命局中有丙丁，但無甲木的人，是白手起家，由異職而有顯職的人。例如做律師、司法界人士，或以鋒利的筆鋒，配合運程，再加以丙火用神的喜忌配合，因此能致富。以丁火煆庚，因此也能取貴。

※冬季所生之庚金取用神，以命格中有丙甲丁三者俱全在干上的人，為上等命格格局，有癸水出干來損丙火，癸水困丙，仍有衣食之祿，但為無富貴可言

之平庸人。

命局中無丙丁火的人，是清貧之人。

◎十二月生庚金之人，命局中支藏金局，又無火，為僧道貧賤之人。因丙火為調候之用。巳丑會金局之後，金氣為專一之氣，日主庚金轉強，須用丁火來煅煉成氣，雖巳宮的丙火依然存在，但力量微弱，因此無濟於事，但依然用丙火做用神。此命格的人，會貧賤為下格。

倘若命局中支成金局，有丁火出干，而巳在時支上，則以巳為丁火之根，也以丙火來論之，再運行南方運，就有福祿了。巳中的一點丙火即算是元機暗藏。

◎十二月生庚金之人，倘若命局中支聚四庫（辰戌丑未），土暖金溫，單有丁火出干，即能主貴。

舉例說明：

1. 日主「庚子」類

例(一)

癸酉
乙丑
庚子（日主）
丙戌

日主庚子生於丑月，有丙火出干，通根火庫，支上丑酉會金局，乙木化癸，不致困丙。有小富貴。

用神：丙火。
吉方：南方。
財方：南方。
忌方：北方。

例(二)

己巳
丁丑
庚子（日主）
甲申

日主庚子生於丑月，有甲木出干引丁，丙火藏於巳中，支上巳丑會金局，子中會水局。因丁甲出干，丙火藏支，故有小貴格局。以巳中丙火為用神。

用神：丙火。
吉方：南方。
財方：南方。
忌方：北方。

2. 日主「庚寅」類

例(一)

丙午
辛丑
庚寅（日主）
丁丑

日主庚寅生於丑月，有丙丁出干，支上寅午會火局，煞旺用印，用丑中己土洩火生金，幫助日主為用神。

用神：己土。金水運。
吉方：北方。
財方：北方。
忌方：南方。木火運。

例(二)

丁未
癸丑
庚寅（日主）
丙子

日主庚寅生於丑月，干上丁火雖通根至未，但為癸水所制。丙火通根至寅，寅中亦藏甲木，為異途顯職之人。專以時上丙火為用神。

用神：丙火。
吉方：南方。
財方：南方。
忌方：北方。

3. 日主『庚辰』類

例(一)

癸丑
乙丑
日主 庚辰
戊寅

此為清朝以文章主貴的學士嚴幾道之命格。日主庚辰生於丑月，有癸水出干，乙木化癸，寅宮暗藏甲丙，丑年生逢庚辰日有天爵之貴。故文名遠播。以寅中丙火為用神。

用神：丙火。
吉方：南方。
財方：南方。
忌方：北方。

例(二)

辛酉
辛丑
日主 庚辰
丁丑

日主庚辰生於丑月，有丁火出干，無根，支上丑酉會金局。此命格有小貴，但清貧。仍以丁火為用神。

用神：丁火。南方運。
吉方：南方。
財方：南方。
忌方：北方。

4. 日主『庚午』類

例(一)

庚子
己丑
日主 庚午
辛巳

日主庚午生於丑月，干上無丙丁，而丁火藏於午中，丙火藏於巳中，支上巳丑會金局，為貧賤之命格。以巳中丙火為用神。

用神：丙火。
吉方：南方。
財方：南方。
忌方：北方。

例(二)

甲寅
丁丑
日主 庚午
丙戌

日主庚午生於丑月，有甲丁丙出干，支上寅午戌會火局，甲丙通根至寅，丁祿在午。官多用印，用丑中己土做用神，洩火生金。此命格主富貴。

用神：己土。土金運。
吉方：西方。
財方：西方。
忌方：南方。

5. 日主『庚申』類

例(一)

辛巳
辛丑
日主 庚申
辛巳

日主庚申生於丑月，干上有三辛，支上巳丑申中都有金，且巳丑會金局，為『從革格』。但生於冬月為失令，以金做用神，運行西北主富貴。木運不吉，有終於非命之慮。

用神：庚金。金水運。
吉方：西方。
財方：西方。
忌方：東方。木運。

例(二)

癸卯
乙丑
日主 庚申
丁丑

日主庚申生於丑月，庚金坐申祿。丑宮印綬當權，足以用火敵寒。年干癸水剋丁為病。幸乙木通根卯上，洩水生火。乙庚逢合，為『財來就我』，故有賢妻肖子，以丁火為用神。

用神：丁火。
吉方：南方。
財方：南方。
忌方：北方。

6. 日主『庚戌』類

例(一)

甲戌
丁丑
日主 庚戌
丁丑

日主庚戌生於丑月，干上有雙丁一甲出干，丁火通根至戌，甲木無根且無丙。為有能學士之命格，不富。仍以丑中己土為用神。

用神：己土。土金運。
吉方：西方。
財方：西方。
忌方：東方。

例(二)

丙寅
辛丑
日主 庚戌
丁亥

日主庚戌生於丑月，有丙丁出干，支上寅戌會火局。甲木藏於寅亥之中。官重用印，以丑中己土洩火生金做用神，行金水運主富貴。

用神：己土。金水運。
吉方：北方。西北方。
財方：北方。
忌方：南方。

第十九章

日主辛金喜用神選用法

辛金是柔弱溫潤的金，好比珠玉首飾類的實物，須要好好的珍藏保護。土厚會埋金。火多會銷鎔，水多會潛沈。但有己土可生金，有丁火可暖金，丙辛相合可制烈燄，有水則金白水清。

第十九章　日主辛金喜用神選用法

辛金性質

辛金在特質上是質地較為柔軟，不似庚金的剛硬。是一種可以做成飾物用品的金屬。辛金溫潤而清秀，質地較弱，是本來具有肅殺之氣的金，氣勢衰竭以後，漸漸緩和，而形成質地較清涼的一種金。這就是辛金。同時也將辛金比擬為首飾中的釵釧之金。

若以辛金和庚金來比較，則辛金實則具有『軟弱溫潤』的特性。辛金怕火多與厚土。火多會使辛金銷鎔。土厚會使辛金埋沒。

辛金喜歡水，有水則能洩其清新之氣，使金水清澈，而清秀美麗。但水也不宜多，水太多，辛金也會潛沈於水底，亦不妙。

辛金雖是柔弱之金，但能制乙木，而不剋己土。又能與炎威肆虐的丙火相合。

丙辛相合化水，可緩和丙火之烈燄。因此說辛金能扶社稷（以己土喻為社稷）、救生靈（制丙火）。

辛金生於夏天，若命局中火多，有己土出干，就能晦火存金。因此比喻己土為辛金之母。辛金生於冬季，只要命局中有丁火，就能暖水養金。因此生於冬季之辛金喜命局中有丁火為貴。

春金

春月所生之辛金，因餘寒未盡，以火氣為榮。藉火除寒，溫暖而潤才能成為有用之金。但春月，陽氣漸盛，要有溼土生金來相輔辛金為佳。

倘若春天所生之辛金，命局中水太多，則會增寒，木太旺會損力鈍拙。必須有比肩（相同的辛金）來扶助才行。倘若命局中無火則會成為頑鈍不良，無法成器有大用之人。因此命局必須配合中和，才為貴命。

夏金

夏天所生之辛金，體質更為柔弱。巳、午、未月中皆含有土，火土雖不能生金，但有土相隔，也不會鎔金。最好是命局中有水制火，潤土而生金。夏天所生之辛金，最怕命局中木來破土。木又會助火來剋金。火是金的官煞，會剋身（剋日主）的即為鬼（亦稱鬼官），也是七煞（偏官）。因辛金為柔弱之金，喜歡有土來生助辛金。但土太厚會埋金（死金嫌蓋頭之泥），因此夏天辛金只需要己土，或是有水滋潤才行。

夏季火土乾燥，水必須有源（有金生水），才能有制火潤土之效。因此夏季的辛金和己土是相互有益的。

秋金

秋天是金神當令之時，辛金的氣勢增強。強金有水來相助，氣旺得水之洩，可成為金清水秀，愈發的有精神，這就形成『金水傷官格』。

命格中倘若有水來培木，再由金來剋之，為『食神生財格』。木是金之財也。以上這兩種都是上等格局。

秋天之金是旺金，若命局中再得金助，氣太旺，而無火剋、水洩，則容易過剛而折斷，這是一種滿招損的危險。

冬金

辛金至冬季，旺氣已洩又變得柔弱了。冬季水旺秉令，金氣暗洩。衰金不能剋木。倘若命局中多木，則不能用金來雕琢施功。

冬金見命局中水多，為『真傷官格』。衰金遇旺水，有沈潛之憂，因此不能以傷官（壬水）為用神，要以火土相生，使辛金得到溫養為佳。

冬金取用神離不開官、印。官即是火。印即是土。單用土也是不行的。例如干上有己土，支上有辰丑為溼泥、溼土，也是寒士，必須有火來溫暖培養才行。

生於冬季之辛金，多半為『金水傷官格』。是不能沒有丙丁火的。命格是土金印綬的格局，也不能沒有丙火。此因『無官不成格』。（丙火為官煞）

日主辛火，所臨支位不同，而有旺衰，其用神宜忌如下：

日主『辛丑』：辛丑為胎息之金。須要印綬（己土）相扶，又要食傷（壬癸水）使之揚眉吐氣。太陽（丙火）、沙水（土和水）是辛丑最佳的拍檔。春天、冬天辛丑喜有火來溫暖。夏季、秋季辛丑喜有清水使其吐秀主貴。

※書云：『辛金珠玉性虛靈。最喜陽和沙水清。成就不勞炎火煆。資扶偏愛溼泥生。』凡辛金選取喜用神，皆同此理。

日主『辛卯』：辛卯為具有精華之古木。其性質較暖、較薄。必須有戊子、戊戌以及有支柱丙戌來相扶生助，才能挺立生存。倘若沒有印綬幫助生扶，而有食傷（壬與水）洩氣，就會成為無用之物了。

日主『辛巳』：辛巳為石中的璞玉。具有水能使其清澈發出光芒，即所謂之『雨後吐彩』。命局中要以干上有壬癸水透出為最上格。支中藏水為次等貴格。即使干上有丙辛相合化水，也是最好的。有丙辛從化，再見壬癸水出干更好。支上逢沖也為吉。

日主『辛未』：辛未為混在土中的金。金從土中而生。故要用戊己土來生扶辛未。次以壬癸水來清洗，使之揚眉吐氣。但是以戊土生金較佳。次以壬水洗金吐氣為好。辛未忌甲乙木來剋土，則會使金埋沒。因此此種命局日主的人，要看福壽，是以土為主要觀測之法，看前途顯貴，則以水為重要。二者不可受損傷。

日主『辛酉』：辛酉為珍貴的珠玉。辛祿在酉，故為朝廷中的重寶，是非常名貴珍惜的物品。此種命格的人，只需有水出干，並且要沒有木、沒有火，且無庚沖刑害，就會成為至尊至貴的命格。

日主『辛亥』：辛亥為藏在水底的珠玉寶物。最喜歡有寅來相合，寅亥相合，稱為『撈金用飾』。可使金顯露光芒。倘若有土填水，或又多水的命局，則會形成淤泥而有刑剋，終究是沈淪苦海而又為無用之人了。

正月生，日主辛金用神取法

正月為寅月，辛金為溫潤之金，生於寅月為衰絕失令，性極弱。辛金喜愛有溼泥滋養，因此用己土生金，可為強固其根本。其次用壬水沖刷，可顯其功用。正月寅中自有長生的丙火可解寒氣。但害怕甲木司權，會洩壬破己土而成為病灶。辛金為失令之金不能剋制甲木。故正月生辛金之人取用神，以己壬為先擇用神。

◎正月生辛金之人，以命局中己壬兩透干，支中藏有庚金來制甲木，而不損傷己土的命局，主為顯貴名臣。

倘若命局中有己土出干，支上甲木藏於寅中，是不由正規考試任用資格而取貴的人。

倘若命局中，有己土藏於午中，壬藏於申中，也是異途顯達而有小貴之人。

倘若命局中，己壬兩種缺少其中之一，稱為『君臣失勢』。是一個特別聰明、難走正途、富貴難全的人。在此種命格中，沒有壬水而用丙火的人，是無法主貴的人，以武職、刀筆為生。倘若有壬水、卻無己庚的人，是貧賤之人的命格。

◎正月生辛金之人，若命局支成火局，即使有壬水，己土出干，也不能承受，火剋辛金太超過。壬水至寅為病地，氣洩於木，難制過旺之火，故此命格的人，只是平庸之命格而已。

正月辛金，生於休囚之月，支上寅午戌會火局，非得有壬水來救。有是辛金一定會被火傷。春水須有庚金來生之，才能制火存金，若只有己土，則無法生金，故為無益之人。倘若庚壬兩透干，以壬水破火，以庚發水源，則可主富貴顯達。

※辛金是衰弱之金，以洩為美（庚金以剋制為佳）。辛金不宜剋制，故忌見火。

生於寅月，怕有寅午戌會火局。因火局為洪爐。『六辛朝陽格』以六辛日見子時才能成格，即是日主辛金是忌火而用水來救助之理。

◎正月生辛金之人，若命局中支成水局，而沒有丙火的命格，為水冷金寒，是早年困苦，且一生平庸的命格。如果有丙火透干暖金，就有富貴。

※書云：『金水性寒寒到底，淒涼難免少年憂。』即是指金水格局命格的人，若四柱無一點火，一定會幼時困苦，一生淒涼之命。

◎正月生辛金之人選用神，以己土為先擇條件，壬水次之。以庚金救己土為輔佐。丙火只是斟酌而用的。日主辛金必須身旺，金水氣強，才用丙火為用神。

舉例說明：

1. 日主「辛丑」類

例(一)

辛丑
庚寅
日主 辛丑
庚寅

日主辛丑生於寅月，有己土藏丑，庚金能制寅中甲木，四柱無壬。以寅中丙火官星為用神。以武職、刀筆為生，富貴不全。

用神：丙火。
吉方：南方。
財方：南方。
忌方：北方。

例(二)

壬寅
壬寅
日主 辛丑
己丑

日主辛丑生於寅月，有己土出干，通根於丑。又有雙壬出干，甲木藏於寅中，無庚剋甲，但支木難剋干土，故由異途取貴。以寅中丙火為用神。

用神：丙火。
吉方：南方。
財方：南方。
忌方：北方。

2. 日主「辛卯」類

例(一)

乙酉
戊寅
日主 辛卯
壬辰

日主辛卯生於寅月，寅宮有丙火可解寒，干上無己土，支上辰酉相合化金，可生助日主辛金，故專以壬水為用神。

用神：壬水。
吉方：北方。
財方：北方。
忌方：南方。

例(二)

己丑
丙寅
日主 辛卯
戊子

日主辛卯生於寅月，有戊己土出干，可生扶辛金。己土通根至丑。丙戊在寅中長生，寅中亦有甲木可疏土，子中有癸水可潤生金。支上子丑寅卯為連珠，主貴。專以子中癸水為用神。

用神：癸水。
吉方：北方。
財方：北方。
忌方：南方。

3. 日主『辛巳』類

例(一)

丙子
庚寅
日主 辛巳
戊子

日主辛巳生於寅月，寅中有甲木，生於正月財旺（木旺）逢食（子水）有丙火出干，丙火在寅申長生，又在巳中得祿。辛金有庚金相助，又有戊土相生，兩相扶助，使命局中和。戊土印綬亦通根於寅巳。使日元足以用官。以丙火為用神。行南方運而有富貴格局。

用神：丙火。
吉方：南方。
財方：南方。
忌方：北方。

例(二)

庚申
戊寅
日主 辛巳
壬辰

日主辛巳生於寅月，有壬水出干，通根至申，有戊土出干，而沒有己土，支上申辰會水局，寅辰夾卯，專用巳中丙火為用神，因無丙火出干，故一生困苦平庸。

用神：丙火。
吉方：南方。
財方：南方。
忌方：北方。

4. 日主『辛未』類

例(一)

丁巳
壬寅
日主 辛未
甲午

日主辛未生於寅月，干上丁壬相合，合去壬水，支上寅午會火局。必須以壬水來救。故仍以壬水為用神。

用神：壬水。
吉方：北方。
財方：北方。
忌方：南方。

例(二)

庚申
戊寅
日主 辛未
壬辰

日主辛未生於寅月，有壬水出干，支上申辰會水局。而無丙火出干，水冷金寒，要以寅中丙火為用神。少年困苦，平庸之命格。

用神：丙火。
吉方：南方。
財方：南方。
忌方：北方。

5. 日主「辛酉」類

例㈠

丙申
庚寅
辛酉（日主）
己丑

日主辛酉生於寅月，有己土相生，丙火照暖，又有庚金制寅中甲木，壬水藏申，支上丑酉會金局，使辛金日主身旺。此命格為異途顯達之人。

用神：壬水。
吉方：北方。
財方：北方。
忌方：南方。

例㈡

辛亥
庚寅
辛酉（日主）
己丑

日主辛酉生於寅月，有己土出干，壬水藏於亥中，寅亥中皆有甲木被庚金剋之。支上丑酉會金局，日主身旺，以寅中丙火為用神。

用神：丙火。
吉方：南方。
財方：南方。
忌方：北方。

6. 日主「辛亥」類

例㈠

辛卯
庚寅
辛亥（日主）
壬辰

日主辛亥生於寅月，有壬水及庚辛出干，支上寅卯辰支類東方。亥中又有甲木，專用壬水為用神。主富貴。

用神：壬水。
吉方：北方。
財方：北方。
忌方：南方。

例㈡

辛巳
庚寅
辛亥（日主）
己亥

日主辛亥生於寅月，干上有己土生金，又有庚辛比劫出干，日主轉旺，亥中有壬水，寅亥中有甲木，庚金可剋之。巳中丙火可暖金。日主生旺足以任官。故以巳中丙火為用神。

用神：丙火。
吉方：南方。
財方：南方。
忌方：北方。

二月生，日主辛金用神取法

二月為卯月，辛金為衰竭之金，又生於二月，時值休囚，命局中有土多則會被埋沒。因此雖然日主身弱，仍不可用印（戊己土）。也最怕洪爐（丙火），命局中辛雖多而不能用官煞（丙火），只有用庚金來相助日主，用壬水洩之，才能成為上等格局。因為若成為金水的格局，是最怕戊己土來剋制。

倘若命局中土多，則用甲木制土，為去病之藥，可成為貴格之人。

◎二月生辛金之人，以壬水為取用神之至尊。命局中有戊己土的便是日主辛金的病，要以甲木疏土，使辛金不被埋沒，也可使壬水不致於混濁。若以甲木做用神的這種命格，主為清高雅秀的顯貴之人。

倘若命格中有壬戊都出干，而沒有甲木出干的命局，為得病而無藥，只是平庸人之命格。若是無甲而有乙木出干破戊的人，是虛名假富貴之人，且有奸詐刻薄，外華內虛的人生。

◎二月生辛金之人，因失令與衰絕，若命局中四柱中有酉丑等字，辛金有根，則用壬水做用神，或者是用丁火做用神，都是可以主貴的格局。

◎二月生辛金之人，若命局中四柱不成方局，而命局中辛金通根至酉丑。又有壬甲兩透干的人，是富貴顯達之人。

倘若命局中只有申中之壬水，也會有異途顯達之貴。

倘若命局中有申、庚金得祿於申，可助辛旺。壬水藏於亥中，而沒有戊土出干的人，為有才能的讀書人。有衣食之祿。若是無壬則用癸水，便是平庸無用之人。

◎二月生辛金之人，若命局中多是壬水，稱為『金水汪洋』。是男女皆不吉的命格。因淘洗辛金太超過。此種命格的人，做事不賣力，也不能承受責任，故為無用之人。倘若其中又有支成亥卯未木局，則會洩壬水之氣，又無庚金助壬制木，則為平庸之命格。有庚透干助壬制木的人有富貴。或是有多個戊土制壬的人，反為吉命。不致於夭折或殘疾而已。

◎二月生辛金之人，若是支成火局，為『火土勢雜』，稱為『官印相爭』。會金水兩傷，是主貧賤的下等格局，命格中若有兩個壬水出干制水，可成出奇的富貴。這是病重得藥的結果。

◎二月生辛金之人選取用神，因卯宮自有丁火，是財星秉令，財旺生官。日主辛金倘若又有庚辛金來生扶，以丁火為用神，則可富貴顯達。但要小心有壬癸水來傷丁，也怕戊土埋金，不怕己土。有戊土就要有甲木出干制土才行。

※辛金生於春天，倘若微弱且無根，又多見壬水，則以『壬水汪洋』而論之。須用丙戊做用神。壬丙兩透干的人，有大富貴。即使沒有丙火的人，仍能顯達，為清貴而已。

舉例說明：

1. 日主『辛丑』類

例(一)

戊辰
乙卯
辛丑（日主）
丁酉

日主辛丑生於卯月，辛金柔弱，有丁火剋身，年上戊土遠隔，乙木坐卯祿旺，剋土壞印，丑土亦被卯木所剋。辛祿在酉，日祿歸時。以辛金做用神，行金運異途顯達。土金運皆吉。

用神：辛金。金運。
吉方：西方。
財方：西方。
忌方：東方。

例(二)

丙子
辛卯
辛丑（日主）
己亥

日主辛丑生於卯月，支上亥卯會木局。財旺生官。以丙火做用神，以武職取貴。但丙子、辛卯，相合也相刑為命局之病。

用神：丙火。
吉方：南方。
財方：南方。
忌方：北方。

2. 日主『辛卯』類

例(一)

乙酉
己卯
日主 辛卯
丙申

日主辛卯生於卯月，有乙木出干，支上雙卯為乙木祿地。辛金得祿於酉，壬水藏於申中，木多，申中庚金不足以剋木，胎元為庚午，以庚金做用神，助起日主而主富貴。多妻而無子。

用神：庚金。西方運。
吉方：西方。
財方：西方。
忌方：東方。木運。

例(二)

己未
丁卯
日主 辛卯
己亥

日主辛卯生於卯月，有雙己出干，支上亥卯未會木局，壬水藏亥，被己土混濁，氣勢盡洩。己土出干，不能以『從財』論，辛金太弱，不能承受之故。以丁火為用神，其人文雅俊秀，有文章蓋世。

用神：丁火。
吉方：南方。
財方：南方。
忌方：北方。

3. 日主『辛巳』類

例(一)

乙丑
己卯
日主 辛巳
己亥

日主辛巳生於卯月，支上巳丑會金局，日主辛金生旺，又有二己相生，旺極。支上亥卯會木局，又有乙木出干，得祿於卯，用木疏土，亥中有壬甲，用壬水做用神。

用神：壬水。
吉方：北方。
財方：北方。
忌方：南方。

例(二)

戊辰
乙卯
日主 辛巳
甲午

日主辛巳生於卯月，有戊土出干，甲木剋之，支上卯辰巳午為聯珠，卯巳午有三台之貴。四柱無水，卯宮財星當令，天干地支一片東方南方景象，格成『從財』，以午中丁火為用神。

用神：丁火。
吉方：南方。
財方：南方。
忌方：北方。

4. 日主「辛未」類

例(一)

甲午
丁卯
日主 辛未
己亥

日主辛未生於卯月，有甲木出干，可生丁火，不傷己土，丁己得祿於午，支上亥卯未會木局，財旺生官。辛金有己土相生故身旺而任財，主大富貴。

用神：丁火。
吉方：南方。
財方：南方。
忌方：

例(二)

丁酉
癸卯
日主 辛未
庚寅

此為蔣宋美齡女士之命格。日主辛未生於卯月，有庚出干，日主轉旺，支上卯未會木局，會洩癸水之氣，用庚制木，癸水傷丁，日主得祿於酉，主蔭庇，享富貴。以庚金做用神。

用神：庚金。
吉方：西方。
財方：西方。
忌方：東方。

5. 日主「辛酉」類

例(一)

甲申
丁卯
日主 辛酉
庚寅

日主辛酉生於卯月，有庚金出干助辛，庚金制甲，甲木引丁，連成一氣，支上寅卯為東方。申酉為西方，東西對立，故主富貴能者之命格。

用神：丁火。
吉方：南方。
財方：南方。
忌方：北方。

例(二)

乙卯
己卯
日主 辛酉
壬辰

日主辛酉生於卯月，干上己土生辛，支上辰酉相合化金，辛金暗旺，乙木兩坐卯祿，木多洩壬之氣，幸而胎元為庚午，用庚金助壬制木為用神。

用神：庚金。金運。
吉方：西方。
財方：西方。
忌方：東方。木運。

6. 日主『辛亥』類

例(一)

辛酉
辛卯
日主　辛亥
辛卯

日主辛亥生於卯月，干上四辛，支上亥卯會木局，亥中有壬水，胎元又是壬午，無庚助壬制木，辛金柔弱無法制木，為平常人之命格。以虛神庚金為用神。

用神：庚金。
吉方：西方。
財方：西方。
忌方：東方。

例(二)

乙亥
己卯
日主　辛亥
壬辰

日主辛亥生於卯月，支上卯亥會木局，有乙木出干，得祿於卯，木洩壬水之氣。亥中亦有壬水，但無庚金出干助壬制木。幸胎元為庚午，專用庚金為用神，主富貴。

用神：庚金。金水運。
吉方：西方。
財方：西方。
忌方：南方。火土運。

三月生，日主辛金用神取法

三月為辰月，是戊土秉令的時候，辛金得到戊土正印，濕土相生。稱做母旺子相。（戊土為母，辛金為子），辛金是陰干，喜洩之不喜剋之，故仍以壬水做主要用神之取法。以壬水洩金取秀。

三月為土旺之時，戊土雖不出干，亦恐其會埋金或堵塞了壬水，因此要以甲木破戊土以為輔佐，命格中有甲，則金水流暢清澈。

◎三月生辛金之人，命格中有壬甲兩透干的人，為富貴顯達之人。

倘若命局中有壬水透干，甲木藏支的人，為有學歷的讀書人之命格。

倘若命局中有甲木透干，而壬水藏支的人，是異途顯達，富而主貴之人。

倘若命局中壬甲全都沒有的人，是平庸者之命格，為下等貧賤格局。

◎三月生辛金之人，因三月辰為東方之土，又是土之衰位。若命格中有寅卯在支上，類聚成東方（寅卯辰支類東方），則命局以木論之。若命局中無寅卯，則以旺土之地而論之。

◎三月生辛金之人，最怕命局中有丙辛相合。如果命局月、時二干上有二丙出干，稱為『爭合』。如此的命格，是一個清高、風雅，交遊廣闊的平常人物。

※三月生的辛金最怕丙辛相合。土旺的時候，不能化氣，因此相合也不能化水。辛金又喜歡以壬水為用神。有丙與辛貪合，不顧用神則不佳。倘若命局中時干上有丙，再有癸水出干（年干上有癸）來破丙，主其人為寒儒之人。或者是支臨亥申子丑，壬癸暗藏於支中，也可以破丙解合。而以亥宮的壬水做用神。會成為異途顯達而富貴的人。

※壬水藏於申亥之中，三月土旺，亥宮之壬有甲木為輔，故主富貴。申宮之壬水，無甲木破戊土，其用稍遜。因此命局中有申辰會水局，而又無水出干的人，雖有學問，但為寒儒之人。倘若命局中有戊土破水局（制水），而無甲木疏土為救，也是才學高而無法顯達之人。

◎三月生辛金之人，倘若命局中支見四庫（辰戌丑未），干透戊己，稱為『厚土埋金』，沒有甲木出干來疏土，即是頑固愚懦之人。

◎三月生辛金之人，倘若命局中四柱火多，而無一個『壬』字，稱為『火土雜亂』。雖有甲木出干，也會助火旺，而為孤貧僧道之人。此種命格只要有癸水在干上，就可解其刑剋凶惡，而成為清貧寒儒之人。

◎三月生辛金之人，命局中干上多比劫（庚辛）壬癸水少而弱，主夭折之命。若有甲木出干，無庚金剋甲的人主貴。若有庚金破甲，則與無甲木相同。

舉例說明：

1. 日主「辛丑」類

例(一)

戊戌	丙辰	辛丑（日主）	戊戌

日主辛丑生於辰月，四柱皆是土，丙火官星，元神盡洩。土重金埋。丙辛相合，不能化氣。貪合而不顧用神為不佳，金水運主小貴。火土運刑剋破敗。以丑辰中癸水做用神。

用神：癸水。金水運。

吉方：北方。

財方：北方。

忌方：南方。

例(二)

丙寅	壬辰	辛丑（日主）	甲午

日主辛丑生於辰月，有壬申出干，支上寅午會火局，壬水無根，又被丙剋。仍以壬水為用神，此命格主清貴。

用神：壬水。金水運。

吉方：北方。

財方：北方。

忌方：南方。

2. 日主「辛卯」類

例(一)

辛巳	壬辰	辛卯（日主）	庚寅

日主辛卯生於辰月，有庚辛出干，支上寅卯辰支類東方，傷官生財，財旺成方。身弱以辰土正印為用神。運行戊子、己丑運，濕土生金而主富貴。火運大凶。

用神：戊土。金水運。

吉方：北方。西北方。

財方：北方。

忌方：南方。

例(二)

辛巳	壬辰	辛卯（日主）	己丑

日主辛卯生於辰月，有己土出干，卯旺用財，干上有壬水，支上巳丑會金局，支上丑卯辰巳夾寅。甲木藏寅。用甲木做用神。

用神：甲木。

吉方：東方。

財方：東方。

忌方：西方。

3. 日主『辛巳』類

例(一)

乙未
庚辰
辛巳（日主）
壬辰

日主辛巳生於辰月，有壬水出干，支上土重，無甲用乙木破土，力道不足，用乙木為用神。

用神：乙木。木火運。
吉方：東方。
財方：東方。
忌方：西方。

例(二)

辛酉
壬辰
辛巳（日主）
丙申

日主辛巳生於辰月，支上申辰會水局，巳酉會金局，干上丙辛相合化水，又有壬辛出干，一片金水氣象，為『化氣格』，化水。以申中庚金為用神。行金水局大吉。

用神：庚金。金水運。
吉方：西方。西北方。北方。
財方：西方。
忌方：東方。南方。

4. 日主『辛未』類

例(一)

癸亥
丙辰
辛未（日主）
丙子

日主辛未生於辰月，干上兩丙爭合，年干有癸破丙，支上有亥子皆為癸之根。支上又有子辰會水局，亥未會木局。以亥中壬水為用神。仍主小富貴。

用神：壬水。
吉方：北方。
財方：北方。
忌方：南方。

例(二)

庚戌
庚辰
辛未（日主）
甲午

日主辛未生於辰月，戊辰未午中皆有土，土重用甲木疏土，有雙庚出干，日主身旺，四柱無壬水，午戌會火局。以辰中癸水做用神。

用神：癸水。金水運。
吉方：北方。
財方：北方。
忌方：南方。

5. 日主「辛酉」類

例(一)

	己巳
	戊辰
日主	辛酉
	己亥

日主辛酉生於辰月，干上多土，春土，土有餘氣。亥中有甲木逢生，辰酉相合化金，生助日主。巳亥相沖，沖去巳中丙火，使其不生戊己土。君賴臣生。甲木不透干。但運行東北之地，故從武職。

用神：壬水。東北運。
吉方：北方。
財方：北方。
忌方：南方。

例(二)

	壬申
	甲辰
日主	辛酉
	戊戌

日主辛酉生於辰月，日主辛金坐酉祿，有戊土出干，以甲木制之，又有壬水出干，壬甲兩透，支上申酉戌支類西方。主富貴。以壬水為用神。

用神：壬水。
吉方：北方。
財方：北方。
忌方：南方。

6. 日主「辛亥」類

例(一)

	己未
	戊辰
日主	辛亥
	戊戌

日主辛亥生於辰月，四柱重重厚土埋金，亥中之水被土剋絕。亥未會木局，可制土，亥未中支藏甲乙。有財可用。木運大吉。土運運蹇，以亥中甲木為用神。

用神：甲木。東方木運。
吉方：東方。
財方：東方。
忌方：西方。

例(二)

	癸未
	丙辰
日主	辛亥
	戊子

日主辛亥生於辰月，有丙火出干，丙辛相合，有癸水破丙解合，支上有子亥，子辰會水局，癸水用力。亥中有甲木可破戊。因不是化氣格，故戊土出干不為破格。以亥中壬水做用神。運行北方。主富貴。

用神：壬水。北方運。
吉方：北方。
財方：北方。
忌方：南方。

四月生，日主辛金用神取法

四月為巳月，巳月巳至初夏。夏季巳午未月，月令中都有土。辛金是溫潤如珠玉之金，體質脆弱，在夏月雖火隔於土，火旺而不鎔金，但是夏天是燥土，也不會生金。因此辛金在夏月是喜歡有水滋潤，制火潤土，才能存金。有水潤土，就能功成『反生』，使辛金自旺。但是水至巳宮為絕地，又必須有金相生，才能成有源之水。因此最好有支上成金局，或有庚金相助。是故四月生辛金之人，以庚壬為主要用神。以甲木為去病之藥。

◎四月生辛金之人，命局中有壬水出干，支成金局的人，又有甲木在干上破戊土，稱為『一清徹底』。是富貴極品的人。

倘若命局中有癸水出干，壬水藏於支上申亥之中，是主富假貴、異途顯達之人。

倘若命局中有壬癸水藏於支中，戊已土會制住水的命格，是平凡人的命格。

若無戊已制住水，可有小富格局。

倘若命局中有烈烈之火，而無絲毫壬癸水的命格，金被火鎔，是貧賤僧道之命格。為下等格局。

倘若命局中有戊制水，又有甲出干制戊，有衣食之祿。

※四月生辛金之人，支成火局或木局的命格，皆為下格。有制神剋制的，尚稱為吉。無制神制化的，為凶命。凡是火旺無水之命格，要以己土來洩火。以免夭折孤貧。而火多、木多的格局，主要是以庚壬為救神。

◎四月生辛金之人，命局若不成金局，也不能無水，有壬癸水出干的命格，主異途顯達而富貴。

倘若命局中壬水藏於支上申亥之中，可有小貴。但必須無戊土出干才行。命局中有戊土出干的人，都是平凡人之命格，有一個甲木透干，就有衣食之祿。

倘若有甲木而無壬癸水的人，則為虛富、虛名。

倘若支不成金局，又無壬癸甲的人，為下等格局之人。

※命局中有戊土出干，就必須有甲木疏土來救助，甲木亦須藉壬癸水之力才能破火，而後能疏土。否則甲木無水，反助火旺，在命局中雖然財官兩旺，但富貴虛空。

◎四月生辛金之人，若為『從煞格』也並不好。因月令巳宮戊土正印當旺，巳宮也是庚金長生之地，火土無法生金，並不能棄命相從之故。

舉例說明：

1. 日主『辛丑』類

例(一)

辛未
癸巳
日主 辛丑
丙申

日主辛丑生於巳月，有癸水出干，支上巳丑會金局，壬藏於申中，丙祿在巳，支上巳未夾午貴，為異途顯達，富多貴少之人。以申中壬水為用神。巳申相刑，剋去丙火之根為吉。

用神：壬水。
吉方：北方。
財方：北方。
忌方：南方。

例(二)

癸亥
丁巳
日主 辛丑
己亥

日主辛丑生於巳月，有己土出干，年干上是癸水，而不是壬水，壬水藏於亥中，支上巳丑會金局。用癸水制丁，用亥中甲木制土，用支上金局助日主辛金生旺。以亥中壬水為用神。主富貴。

用神：壬水。
吉方：北方。
財方：北方。
忌方：南方。

2. 日主『辛卯』類

例(一)

辛酉
癸巳
日主 辛卯
甲午

日主辛卯生於巳月，支上巳酉會金局，日主有金局及辛金比肩相助，身旺可任財，支上卯巳午為三台之貴。可惜無壬水。胎元為甲申，申中有壬水，故主大富貴。有甲木在干上，為『一清徹底』。

用神：壬水。金水運。
吉方：北方。
財方：北方。
忌方：南方。

例(二)

辛亥
癸巳
日主 辛卯
己丑

日主辛卯生於巳月，有癸水出干，支上巳丑會金局。亥卯會木局，亥中有壬甲，可破己土。財旺，以亥中壬水洩木助金，以為用神。

用神：壬水。
吉方：北方。
財方：北方。
忌方：南方。

3. 日主『辛巳』類

例(一)

辛亥
癸巳
辛巳（日主）
丁酉

日主辛巳生於巳月，有辛癸出干，支上巳酉會金局。亥中有壬水，干上癸水可制丁火官星。有小富格局，以亥中壬水為用神。

用神：壬水。
吉方：北方。
財方：北方。
忌方：南方。

例(二)

戊申
丁巳
辛巳（日主）
甲申

日主辛巳生於巳月，有戊土出干，用甲木制土，申中有壬水，財官兩旺，但為富貴虛空之平常命格。巳申兩度相刑，無子，刑剋。

用神：壬水。
吉方：北方。
財方：北方。
忌方：南方。

4. 日主『辛未』類

例(一)

壬子
乙巳
辛未（日主）
丁酉

日主辛未生於巳月，有壬水出干，支上巳酉會金局，子中有癸水，乙木財星通根至未，辛祿在酉，日祿歸時。用乙木生丁火，財滋七煞為用神。主武貴。

用神：丁火。
吉方：南方。
財方：南方。
忌方：北方。

例(二)

甲午
己巳
辛未（日主）
辛卯

日主辛未生於巳月，有甲木出干，支上巳午未支類南方，一片火木旺之勢，為『從煞格』。但巳月火重，需水恐急，也不能從煞，以胎元庚申，申中之壬水為用神。支上卯巳午為三台之貴，故主貴命。

用神：壬水。金水運。
吉方：北方。
財方：北方。
忌方：南方。

5. 日主『辛酉』類

例(一)

癸卯
丁巳
辛酉（日主）
戊子

日主辛酉生於巳月，日主辛金坐祿，支上巳酉會金局。六陰朝陽，癸水得祿於子，戊癸相隔不合，可潤土生金，辛金生旺，用卯木生丁火，財滋七煞，主武貴。

用神：丁火。
吉方：南方。
財方：南方。
忌方：北方。

例(二)

壬寅
乙巳
辛酉（日主）
壬辰

日主辛酉生於巳月，辛金坐祿，支上巳酉會金局，寅中藏甲木，寅辰夾卯為乙之祿地，亦是財地。辰中有癸水，以胎元申月為壬水之根，仍用壬水為用神。

用神：北方。
吉方：北方。
財方：北方。
忌方：南方。

6. 日主『辛亥』類

例(一)

乙未
辛巳
辛亥（日主）
乙未

日主辛亥生於巳月，有雙乙雙辛在干上，兩間不雜，但乙辛皆不秉令，為非時。支上亥未會木局。專取亥中壬水為用神。只有小貴顯名。

用神：壬水。
吉方：北方。
財方：北方。
忌方：南方。

例(二)

壬子
乙巳
辛亥（日主）
己丑

日主辛亥生於巳月，有壬水出干，支上巳丑會金局，亥子丑支類北方。子中有癸祿，甲木藏於亥中，有壬己出干，用己土混壬生金為用神。

用神：己土。
吉方：南方。
財方：南方。
忌方：北方。

五月生，日主辛金用神取法

五月為午月，是丁火、己土司令之時，而辛金是失令的，辛金衰弱，不堪煆煉。因此須要己土與壬水並用為用神較好。無壬水，也可用癸水，但力量較小。己土可生辛金，故為辛之母。但午中丁己同宮，火旺土燥，必須用壬癸水來制火潤土，才能生金，己土要有壬癸水來溼潤，才能生辛金。

◎五月生辛金之人，若命局中有壬己兩透干的人，四柱支上又有亥子丑的命格，是地位顯達，又權位重之人。

倘若命局中有癸水透干，而壬水藏支的命格，也會是名聲顯著的名人。

倘若命局中有己癸出干，而無壬水，主其人有異途顯達的機會。

※命局中所需之壬癸水，必須有庚金相生，或有金局相生，才能主權貴。但忌戊土剋水。倘若命局中四柱有水，就可用甲破戊。無水的人，用甲木會更增加火旺之勢，反有害處。

◎五月生辛金之人，若支成火局，雖然干上有三個癸水出現，亦難救火，此種命格的人，是居高位而無法成名之人。如果有壬水出干又有癸水一起制火的命格，則為有雄才大略之人，為才略出眾的社會知名之人。

倘若命局中沒有壬水出干來破火，而有癸水出干，又與戊相合化火的命局，雖然午中有己土，但不能為救。辛金依然被煅制鎔金，此命局稱為『燥泥成灰』，是僕人、乞丐、僧道之流的命格。又一、兩個庚辛金比劫在干上出現的人，尚不致孤獨終了。

◎五月生辛金之人，以命局中壬己透干，癸水藏於支中為最上等的格局。

◎五月生辛金之人，若命局中木多、火多，而沒有金水的命格，逢到水運為杯水車薪，反激起火燄，而會遭遇刑剋破敗，或者是不能預測的災禍。

※庚辛金生夏月，必須要壬癸得地。金以『水』為根，並以『申』為源頭。水以亥子丑北方為得地。夏季中的水在休囚之位。不得地則會被熬乾。

※木多火多的格局，似乎可以『從煞格』來論之。但夏季之辛金，若從煞，運程難作『從煞』，必須行金水運。水火相激的結果，必會起禍。

◎五月生辛金之人，要以壬癸己三者並用，不可缺少一個，並且要壬己透干，支藏癸水才有大富貴。

舉例說明：

1. 日主『辛丑』類

例(一)

日主			
癸巳	辛丑	丙午	壬子

日主辛丑生於午月，干上有丙辛相合，但有癸水破丙不合。支上巳丑會金局。子為癸祿，丙火亦得祿於巳。己土藏午，為金水格局，以己土生助日主做用神。

用神：己土。金水運。
吉方：西方。
財方：西方。
忌方：南方。

例(二)

日主			
戊戌	辛丑	戊午	戊午

日主辛丑生於午月，四柱全是土，支上午戌會火局，無木疏土，丑中一點癸水被熬乾，丑中雖有辛癸，但不能為救，為『燥泥成灰』。為奴僕貧賤之命格。胎元為己酉。亦是土。用己土洩火生金做用神。火運、水運皆不吉。木運稍吉。

用神：己土。木運。
吉方：東方。
財方：東方。
忌方：南方。

2. 日主『辛卯』類

例(一)

日主			
甲午	辛卯	庚午	己卯

日主辛卯生於午月，地支卯午逢財殺，日主庚金太衰弱，又有甲木出干，財旺生官。用午中丁火為用神，木火運主富。土金運洩火生金，富貴皆空。

用神：丁火。木火運。
吉方：南方。
財方：南方。
忌方：西方。土金運。

例(二)

日主			
癸巳	辛卯	甲午	辛丑

日主辛卯生於午月，有癸水出干，支上巳丑會金局可生水。己土藏於丑午之中，四柱無壬水，甲木財星會生官，火旺，仍以癸水為用神，行金水運。

用神：癸水。金水運。
吉方：北方。
財方：北方。
忌方：南方。

3. 日主『辛巳』類

例(一)

己酉
庚午
日主 辛巳
辛卯

日主辛巳生於午月，有庚辛、己土出干，支上巳酉會金局。日主辛金轉旺，辛金得祿於酉，為『從旺格』。以庚金為用神。支上卯巳午有三台之貴。故主貴。

用神：庚金。金運。
吉方：西方。
財方：西方。
忌方：東方。

例(二)

辛亥
甲午
日主 辛巳
乙未

日主辛巳生於午月，有甲乙木出干，支上亥未會木局，巳午未支類南方。一片木火之勢，亥為甲木之根，亥中亦有壬水。專以壬水洩木剋火為用神。

用神：壬水。
吉方：北方。
財方：北方。
忌方：南方。

4. 日主『辛未』類

例(一)

辛亥
甲午
日主 辛未
壬辰

日主辛未生於午月，支上亥未會木局，又有甲木出干，木旺。有壬水出干，在亥中得祿，辰中亦有癸水。又有辛金出干助壬。專用壬水為用神。

用神：壬水。
吉方：北方。
財方：北方。
忌方：南方。

例(二)

癸丑
戊午
日主 辛未
甲申

日主辛未生於午月，干上戊癸相合化火。又有甲木出干，木火重，癸水失去作用。專以時支申中壬水為用神。

用神：壬水。金水運。
吉方：北方。
財方：北方。
忌方：南方。木火運。

5. 日主「辛酉」類

例(一)

庚申
壬午
日主 辛酉
己丑

日主辛酉生於午月，有壬己出干，又有庚金生壬，支上丑酉會金局，庚金通根至申，己土在午中得祿，壬祿在申，辛金坐酉祿，天干皆為祿地長生，故此命格主大富貴。以壬水為用神。

用神：壬水。金水運。

吉方：北方。

財方：北方。

忌方：南方。

例(二)

辛酉
甲午
日主 辛酉
己丑

日主辛酉生於午月，有己土出干，得祿於午，支上巳酉會金局，辛金坐酉祿，四柱無水，胎元乙酉為井泉水，可為潤土生金。用丑中癸水為用神。

用神：癸水。

吉方：北方。

財方：北方。

忌方：南方。

6. 日主「辛亥」類

例(一)

辛酉
甲午
日主 辛亥
己丑

日主辛亥生於午月，有己土出干，得祿於午，支上丑酉會金局，壬水藏於亥中得祿，甲木在亥中長生。專用亥中壬水為用神。（此命造比前造日主辛酉者，富貴稍多）。

用神：壬水。

吉方：北方。

財方：北方。

忌方：南方。

例(二)

丙子
甲午
日主 辛亥
壬辰

日主辛亥生於午月，有壬甲透干，甲木在亥中長生，壬水在亥中得祿。支上子辰會水局。用午宮己土為用神。主富貴。

用神：己土。火土運。

吉方：南方。

財方：南方。

忌方：北方。金水運。

六月生，日主辛金用神取法

六月為未月，未支中含用為乙丁己。六月己土為當旺秉令。己土會生扶辛金太過，有污金不夠明耀之慮。況且未中丁火雖已衰弱，但猶有餘氣。因此火土乾燥，必須專用壬水為用神。再以庚金輔佐。土旺取庚金洩土生壬為輔助。

◎六月生辛金之人，命局中有壬庚兩透干的命格，主富貴極品。

命局中壬庚雖藏支，但支上有申亥得地逢生的命格，也主大富貴。

但以上兩種命格，都怕有戊己土出干。倘若有甲木出干、隔位，不與己土相合的命格主富貴。甲木與己土相合的，則會化土，命格又轉為『土埋污金』並且混塞壬水，則主貧賤之命了。

倘若命局中有甲出干制土，又有庚出干制甲的命格，也主貧賤之命。

※六月所生之辛金，以透戊己在干上，而用壬庚為用神的命格，以為貴命，但有戊己出干，則必須輾轉相制救護，問題很多，很難配合得宜。

◎六月生辛金之人，在命局中若只有月支未中所含的一個己土。而有壬水出干，便形成溼泥。因此干上不可有甲木出干。有甲木出干的人為平庸命格。命局要以一壬一己出干，有庚無甲在干上，才是好格局。

◎六月生辛金之人，若命局中有丁己出干，又有庚金出干，支上有申未，申中有壬水，未中有己土，可主貴，享富貴。沒有申中壬水的人，便是假富貴了。

◎六月生辛金之人，若命局中支成木局，財旺成方為富格。但是四柱中必須有庚金出干，有水潤土生金。身旺才能任財，才可能主富。

倘若命局中有壬庚透干，而無戊己土的人，是富中得貴之人。未月，見年月時上有亥卯，即為會木局，亥中有壬水，但是『獨壬不貴』。壬水必須有庚金相生。日主辛金也必須有庚助，生壬制木來幫身，才能任財。一舉三用而主貴。

◎六月生辛金之人，命局中用甲木制土做用神的命格，不能干上有甲己相合，也不能有庚來剋甲。命局中用己壬兩字做用神的命格，若再有庚金出干，要沒有火來破庚，以及甲木制己才為富貴命格。

舉例說明：

1. 日主『辛丑』類

例(一)

癸亥
己未
日主 辛丑
庚寅

日主辛丑生於未月，有癸水出干，支上亥未會木局，財旺成局，並且有庚金出干，亥中更有壬水，能潤土生金，身旺得以任財。此命格主富貴。以亥中壬水為用神。

用神：壬水。
吉方：北方。
財方：北方。
忌方：南方。

例(二)

壬辰
丁未
日主 辛丑
甲午

日主辛丑生於未月，辛金坐丑，日主不弱，干上丁壬相合化木，丁壬兩透干，財多用官，以丁火為用神。（六月辛金為偏印格）。

用神：丁火。
吉方：南方。
財方：南方。
忌方：北方。

2. 日主『辛卯』類

例(一)

壬申
丁未
日主 辛卯
庚寅

日主辛卯生於未月，干上有丁壬相合化木，支上卯未會木局，財旺成方局，申中有壬長生，並是庚祿之地。日主辛金有庚助轉旺，可以任財。財旺用官，以丁火為用神。

用神：丁火。木火運。
吉方：南方。
財方：南方。
忌方：北方。金水運。

例(二)

己卯
辛未
日主 辛卯
辛卯

主辛卯生於未月，干上有二辛一己出干，支上有三卯，而卯未會木局。己土通根至未，四柱無壬水，干上比印幫身，身旺得任財。命局金木對峙，必須藉水通關，生於六月，更需要水，仍以壬水為用神。命格偏枯，主孤貧。

用神：壬水。
吉方：北方。
財方：北方。
忌方：南方。

3. 日主『辛巳』類

例(一)

壬申
丁未
辛巳（日主）
戊子

此為清光緒皇帝之命格。日主辛巳生於未月，有壬水出干制丁，壬為喜神，長生於申，上承祖蔭。丁為忌神，戊土出干破壬埋金，救護丁火忌神。丁壬相合，喜忌糾纏不清，忌印又不能不用印，以未中己土為用神來幫扶日主。支上巳未中夾午貴聯珠。巳申相刑，子未相穿，故受欺壓刑剋。

用神：己土。
吉方：北方。
財方：北方。
忌方：南方。

例(二)

乙卯
癸未
辛巳（日主）
壬辰

日主辛巳生於未月，有壬癸出干，支上卯未會木局。卯辰巳未夾午聯珠。以未中己生金幫扶日主為用神，主貴。

用神：己土。金運。
吉方：西方。
財方：西方。
忌方：東方。

4. 日主『辛未』類

例(一)

甲寅
辛未
辛未（日主）
丁酉

日主辛未生於未月，日主辛金得祿於酉，日祿歸時。有甲木得祿於寅。丁火通根至未。但四柱無水，生於未月不能無水，為偏枯之命，欠水故孤苦無依。以虛神壬水為用神。

用神：壬水。
吉方：北方。
財方：北方。
忌方：南方。

例(二)

壬戌
丁未
辛未（日主）
庚寅

日主辛未生於未月，干上丁壬相合，合去壬水。支上寅戌會火局，雖有庚金出干，火太旺，非得有壬水來救才可。故仍以壬水做用神，以庚金生之。

用神：壬水。
吉方：北方。
財方：北方。
忌方：南方。

5. 日主「辛酉」類

例(一)

	辛卯
	乙未
日主	辛酉
	庚寅

日主辛酉生於未月，有庚辛出干相助日主轉旺，支上卯未會木局。但只有庚金而無壬水，故不貴。身旺可任財，為鉅富之命。天干地支金木對峙，要藉水通關才可，仍以壬水為用神。

用神：壬水。金水運。
吉方：北方。
財方：北方。
忌方：南方。

例(二)

	壬寅
	丁未
日主	辛酉
	辛卯

日主辛酉生於未月，干上丁壬相合，支上卯未會木局，宜有庚金出干生壬制木以取貴。故以庚金為用神，行金水運吉。

用神：庚金。
吉方：西方。
財方：西方。
忌方：東方。

6. 日主「辛亥」類

例(一)

	癸亥
	己未
日主	辛亥
	戊子

日主辛亥生於未月，有癸水出干，壬水藏於雙亥之中，支上亥未會木局。戊己並透干為忌神。無庚金，以亥中甲木制土。幸胎元為庚戌。以庚金做用神，生扶日主，此命格主富。

用神：庚金。
吉方：西方。
財方：西方。
忌方：東方。

例(二)

	甲子
	辛未
日主	辛亥
	壬辰

日主辛亥生於未月，有甲木出干，支上亥未會木局，子辰會水局。又有壬水出干，可惜無庚，以未中己土生金生扶日主，而可任財。以己土做用神。

用神：己土。
吉方：西方。
財方：西方。
忌方：東方。

七月生，日主辛金用神取法

七月為申月，為庚金秉令之時。申為庚之祿地，又為壬水長生之地。七月的辛金雖本性衰弱，但逢金地，不旺自旺。

申中的壬水，可洩金之秀氣。『金水傷官格』以取其清澈。因此不能有戊土出干來阻斷水。並且胎元中也不能有『戊』才行。申中原有一個戊土，是為壬的堤岸。因此不可再有戊土出現。

◎七月生辛金之人，命局中四柱沒有戊土出干，胎元亦無戊土的人，是清廉而顯貴的人，但不富。

※命局中有癸水出干，因申宮壬水長生，也當做壬水看，不做癸水來用。癸水是陰干，處於陽干臨官之地（在申宮），氣勢就轉為陽，因此不作陰干來論之了。

命局中若有土出干，而無甲木制土，是有病無藥的格局，是平庸之人的命格。

倘若同時有戊甲出干，則會有衣食之祿，小有錢財。

※七月申宮金水（壬庚）勢力是並行而存的，辛金取用壬水，是取其洩金之秀

而已，故水要少不可多。但命局中只有申宮壬水，而不見壬癸出干的話，就不能有戊土來制，有戊就必須有甲木來救助。無甲就是有病無藥了。因此七月生辛金之人，干上無壬，不能有戊土出干。

◎七月生辛金之人，倘若命局中四柱有庚，庚又在得地之位，急需有壬水來洩金。申宮乃庚金祿地，柱上又有庚、辛金，轉為強金。『強金得水方挫其鋒』。七月辛金有庚助，但是陰干仍宜洩不宜剋。

◎七月生辛金之人，命局中若多金水，有一個戊土出干，則主富貴。但需無甲制。

命局中倘若都是壬癸、庚辛、而無戊土出干的人，是平庸之人的命格。

命局中倘若有多個壬癸，干支中有三個戊土而逢生坐實的人，也是富貴之人。

※七月辛金柔弱，倘若支成水局，又有壬癸在干上，為『金水傷官格』之變局，壬水汪洋要用財官，因此要有戊土出干。支上有『寅』，寅中戊土附火而生，因此稱為『逢生』。支見『未戌』，或『巳午』，土有火燥而得實，故稱『坐實』。如此才能制水，而申中之戊土，因水多土蕩而不能用。

◎七月生辛金之人選取用神，以壬水為第一要用，戊甲為斟酌全盤命局為醫病的藥所要選用的，為不得已之用。丙丁是不能作用神的。

※七月生辛金，以壬少為富，書云：『水淺金多，號曰體全之象。』

『體全之象』：請看『上冊』304頁解釋。

舉例說明：

1. 日主『辛丑』類

例(一)

庚子
甲申
辛丑（日主）
庚寅

日主辛丑生於申月，有雙庚出干，支上子申會水局，支上有寅，戊土逢生，但有甲木出干，有庚剋之，專以寅中戊土為用神。

用神：戊土。火土運。
吉方：南方。
財方：南方。
忌方：北方。

例(二)

戊申
庚申
辛丑（日主）
戊子

日主辛丑生於申月，有雙戊出干，支上申子會水局。四柱無甲，有病無藥，胎元辛亥，以亥中甲木做用神。

用神：甲木。
吉方：東方。
財方：東方。
忌方：西方。

2. 日主『辛卯』類

例㈠

甲寅
壬申
日主 辛卯
壬辰

日主辛卯生於申月，有雙壬出干，支上申辰會水局，寅卯辰支類東方。無庚透壬。用申中庚金做用神，生扶日主。平常之命。

用神：庚金。
吉方：西方。
財方：西方。
忌方：東方。

例㈡

甲午
壬申
日主 辛卯
癸巳

日主辛卯生於申月，有壬癸出干，無庚透壬，時柱癸巳，巳為丙戊祿地，戊土坐實，暗制壬水。使不遭甲剋，支上卯巳午有三台之貴，故主貴。

用神：戊土。
吉方：南方。
財方：南方。
忌方：北方。

3. 日主『辛巳』類

例㈠

戊戌
庚申
日主 辛巳
壬辰

日主辛巳生於申月，有戊庚壬出干，支上申辰會水局。有戊土出干坐於戌上，支上又有巳中火土，為『坐實』。局中無甲，故主富貴。以戊土做用神。

用神：戊土。
吉方：南方。
財方：南方。
忌方：北方。

例㈡

壬寅
戊申
日主 辛巳
戊子

日主辛巳生於申月，有雙戊出干，支上申子會水局，戊土在寅中附火而生，戊土在巳中得祿，逢生坐實，故主富。以戊土做用神。

用神：戊土。火土運。
吉方：南方。
財方：南方。
忌方：北方。

4. 日主『辛未』類

例(一)

壬寅
戊申
日主 辛未
癸巳

日主辛未生於申月，支上巳未夾午，寅巳夾辰，為木火旺之方。需水孔急，有戊出干制土為忌神。應用甲木疏土，甲木藏寅，胎元巳亥中也有甲木藏亥，以甲木為用神。

用神：甲木。
吉方：東方。
財方：東方。
忌方：西方。

例(二)

癸丑
庚申
日主 辛未
己丑

日主辛未生於申月，辛金生於申月，不旺自旺，又有庚金出干相助，支上申宮、兩丑中都有金。用申宮壬水洩金取秀做用神。

用神：壬水。
吉方：北方。
財方：北方。
忌方：南方。

5. 日主『辛酉』類

例(一)

戊午
庚申
日主 辛酉
戊子

日主辛酉生於申月，有雙戊出干，支上申子會水局，又有庚金出干金水旺，用戊制之，支上有午，土得火而坐實，此命格主貴。以戊土做用神。

用神：戊土。
吉方：南方。
財方：南方。
忌方：北方。

例(二)

庚申
甲申
日主 辛酉
己丑

日主辛酉生於申月，支上丑酉會金局，為『從革格』，以庚金做用神。忌火剋，以申中壬水洗金，主貴。

用神：庚金。金水運。
吉方：西方。
財方：西方。
忌方：東方。

6. 日主『辛亥』類

例(一)

日主

乙丑
甲申
辛亥
甲午

日主辛亥生於申月，干上皆甲乙財星，支上不成方局，財星太多以比劫為用神生扶日主。故以申中庚金做用神。

用神：庚金。
吉方：西方。
財方：西方。
忌方：東方。

例(二)

日主

丁卯
戊申
辛亥
壬辰

日主辛金生於申月，有壬水出干，支上申辰會水局，卯亥會木局、木火官星助戊土生旺制水。戊土得水滋潤又能生金。因此戊土是忌神，又是用神。

用神：戊土。
吉方：南方。
財方：南方。
忌方：北方。

八月生，日主辛金用神取法

八月為酉月，是辛金當權得令之時，此時辛金旺之極。七、八月都是金氣最旺的時候。申宮是庚金的正位。而酉宮是辛金正位之所。辛金在氣勢上和庚金比較起來仍是一種衰竭之金，雖然秉令得時，是外表雄偉，內氣已竭。因此必須用壬水淘洗、洩秀氣。有水則助金氣流通，不可剋制它。更怕有戊己土來堵塞水，使金氣不通。因此要用甲木制土為佐力。

◎八月生辛金之人，如果命局中有壬甲透干，而沒有戊己在干上的人，有經世之才略，高官厚祿。倘若命局中沒有戊土出干，是不必用甲木制土的。因戊土是病，無病便無需用藥。

命局中若是戊土藏於支中，甲木又藏於支中的命格，只有小貴而已。

※八月辛金以壬水為正用，為主要取用神之法。

◎八月生辛金之人，在命局中若是四柱中只有一點辛金，一點壬，有甲木出干洩壬的命局，是用神無力，是平庸命格。此人為富不仁，雖有積蓄，但奸險無德。命局中有一、二點辛金（在支上），干支中多見甲木，又有庚壬透出在干上的人，主有大富貴。但不能有丁火出現。倘若支中藏丁火，就只不過是清高風雅無大志的人，衣食尚且豐裕。

倘若命局中有三、四個辛金，又有一個壬水、一個甲木出干，而沒有庚金出現的命格，為官高位顯主富貴的人。

※八月辛金選取用神，因月令建祿，有壬水傷官，則有以財或以劫為用神兩種選取方法。

傷官生財，財旺要用比劫做用神，命局中有一辛一壬而又甲木多，辛金當旺，壬水之氣盡洩於木，因此說用神無力。

命局中有二、三個辛金，一個壬水，又有甲木多的命局，必須有庚金制甲，才會有力。有富貴。辛金無力制甲，故用劫星庚金為救助。

命局中若有三、四個辛金，一個壬水，一個甲木，則不必有庚相助。只要用傷官生財就可以了，有庚出干，反而怕它奪財（制甲）。不宜用丁是丁壬會相合化木，暗化為財星，用神被羈絆牽制住，使水不流通之故。

◎八月生辛金之人，在命局中若都是辛金，只有一個壬水，沒有庚金，為水淺金多『體全之象』。則以傷官（壬水）為用神，稱為『一神一用』。

倘若命局中有辛金二、三個，有一個壬水，而戊土多的命格，會制壬埋金，是一個愚懦之人，連父親、丈夫都做不好的平庸之輩。這種命局，只要有一個甲木來破戊土，就可變成白手起家的能人。

倘若命局中都是壬水洩金的局面，而無戊土制水，稱為『沙水同流』。是一個好學的寒儒之人，奔波到老卻貧苦。若是在命局裡有戊土藏支，則可止流。為一個出生於仕宧之家，具有才略及藝術才華的人。

※八月生辛金之人，命局中金水多為『金水傷官』格。金水傷官，人必聰明，好學不倦。若無戊土制水，己為泥沙，不能制水，只會與水同流而混濁，故主貧苦。

金水傷官不宜佩印（戊己土），以戊土為用神的人，必是因命局中水太多，格局因此轉變成像壬水一樣，故而要用財官做用神了。

◎八月生辛金之人，命局中若是有二辛出干，支成金局。而命局中無壬水的命格，是性格剛強耗敗之人，清高而做粗俗的工作，這是因為金無秀氣的結果。必須用丁火來制金。命中又無火的人，為惡類，或為僧道之人。不吉。只要有一個壬水透干，淘洩金氣，稱為『一清到底』，就會是文武全才的棟樑人物。

※辛金是不可用官煞（丙火）的，有比肩（庚辛金）在干上，支成金局，而無壬水，不得已用丁火（偏官）制金。但不可丁壬並透，因丁壬會相合化木而丁火為無用。

◎八月生辛金之人，若命局中支成金局，又有戊己出干，有壬水透干，而四柱無火，稱為『白虎格』。運行西北的人，有極品富貴。此為『從革格』中的一種。因『子』星不多，遇火運會孤貧。因此不能行東南運。

倘若命局中時干上有丙火，雖有壬水出干，年月有壬辰，因丙辛化合不逢時（支上是金局不是水局，丙辛本應相合化水），此為平庸命格。

倘若『白虎格』有丁火透干為破格，又無癸水出干來制火，是貧賤的下格。若有癸水出干制丁火，就會先貧而後富了。

「白虎格」：解釋見《上冊》第300頁。
「從革格」：解釋見《上冊》第261頁。

◎八月生辛金之人，命局中若有一、兩個辛金，而全是己土，是『己土污金』。為無名或僧道之流，只要有壬水與甲木在命局中出現，就是稍有能力的人，但仍無顯名。

倘若命局中已土多，支中有一甲，則一生忠厚有衣食之祿了。

倘若命局中已土多，如果沒有壬甲，而支藏庚丁，有異途富貴。

◎八月生辛金之人，若命局中都是乙木，沒有甲木也沒有壬水，是『財多身弱』之人，無法發達。若有庚金制乙，會是奸詐而有小富貴之人。如果命局中比劫（庚辛金）太多，也是貧賤的命格。

◎八月生辛金之人，為建祿格。辛金太旺，專以壬水為用神。其次用甲木破土，使水流通為重要。

※金生於秋季，若土重，是貧無寸鐵之人。

※六辛日（日主為辛金）逢戊子時，為『六陰朝陽格』，要運行西方運，因陰若朝陽，不可運行丙丁離位（火位）。火運不吉。命局中是庚辛金局的（庚辛出干）支上又有巳酉會金局的人，為『從革格』，是位高權重的人，必須用壬水洩金做用神。

舉例說明：

1. 日主「辛丑」類

例(一)

丁丑
己酉
辛丑（日主）
丁酉

日主辛丑生於酉月，支上丑酉會金局，無壬水出干，因此用丁火煆金，真金用火來煉，為富格。

用神：丁火。
吉方：南方。
財方：南方。
忌方：北方。

例(二)

戊申
辛酉
辛丑（日主）
戊子

日主辛丑生於酉月，有雙戊出干，支上丑酉會金局，子申會水局。子丑又相合化土，合去用神，此為『六陰朝陽格』，又有丑為雜氣，故職務卑小。只有小貴格局。以申中庚金為用神。

用神：庚金。金水運。
吉方：西方。
財方：西方。
忌方：東方。

『六陰朝陽格』：解釋見《上冊》第二九九頁。

2. 日主「辛卯」類

例(一)

庚申
乙酉
辛卯（日主）
乙未

此為名小說家張愛玲之命格。日主辛卯生於酉月，有雙乙一庚出干，支上卯未會木局。為『財多身弱』。乙庚相合，庚金失去作用，辛金無法剋木。無法任財，故不富。辛祿在酉，用庚金做用神。命局成木局，木旺故有文學美譽。

用神：庚金。
吉方：西方。
財方：西方。
忌方：東方。

例(二)

癸卯
辛酉
辛卯（日主）
己亥

日主辛卯生於酉月，月令建祿，支上卯亥會木局。有癸水出干壬水藏於亥中，以傷官生財，以亥中壬水做用神。

用神：壬水。
吉方：北方。
財方：北方。
忌方：南方。

3. 日主『辛巳』類

例(一)

丁未
己酉
辛巳（日主）
戊子

日主辛巳生於酉月，為『白虎格』之破格，有丁火出干，而破。須用壬水洩之，土太重，貧無寸鐵。

用神：壬水。西方運。
吉方：北方。
財方：北方。
忌方：南方。火運。

例(二)

乙丑
乙酉
辛巳（日主）
庚寅

日主辛巳生於酉月，有雙乙出干，支上巳酉丑會金局，四柱無壬水。用庚金制乙，金旺，奸詐貧賤。行北方運而有衣食。以丑中癸水為用神。

用神：癸水。金水運。
吉方：北方。
財方：北方。
忌方：南方。火土運。

4. 日主『辛未』類

例(一)

己酉
癸酉
辛未（日主）
己亥

日主辛未生於酉月，有己癸並透干，為濕泥污金。可惜壬甲皆藏於亥中，為稍有能力之人，但貧窮。以亥中甲木做用神破土。

用神：甲木。
吉方：東方。
財方：東方。
忌方：西方。

例(二)

辛亥
丁酉
辛未（日主）
癸巳

日主辛未生於酉月，有二辛一癸出干，支上巳酉會金局，亥未會木局。壬甲藏亥，用癸水制丁火。以亥中壬水做用神。

用神：壬水。
吉方：北方。
財方：北方。
忌方：南方。

5. 日主『辛酉』類

例(一)

丁酉
己酉
日主 辛酉
丙申

日主辛酉生於酉月，有丙丁出干生印，壬庚藏於申中，官印相生，身強煞洩。主貴，以丁火為用神。

用神：丁火。
吉方：南方。
財方：南方。
忌方：北方。

例(二)

癸巳
辛酉
日主 辛酉
戊子

日主辛酉生於酉月，支上巳酉會金局，戊土得祿於巳，戊土太重，癸水出干被戊所傷。四柱無木氣疏土，為孤貧之命格。此命局亦是『六辛朝陽格』。

用神：癸水。西方運。
吉方：北方。西方。
財方：北方。
忌方：南方。火運。

6. 日主『辛亥』類

例(一)

庚午
乙酉
日主 辛亥
戊戌

日主辛亥生於酉月，乙庚相合，故庚破乙。亥宮藏甲木可破戊土，壬水藏於亥中。支上午戌會火局，需水孔急。此命格為異途顯職。以壬水做用神。

用神：壬水。
吉方：北方。
財方：北方。
忌方：南方。

例(二)

丁卯
己酉
日主 辛亥
壬辰

日主辛亥生於酉月，支上卯亥會木局。年月上煞印相生，丁火生己土。壬水出干，己土相隔而不混壬，丁壬相隔不合，因有丁壬兩透干，故主貴。傷官生財，用壬水做用神。

用神：壬水。
吉方：北方。
財方：北方。
忌方：南方。

九月生，日主辛金用神取法

九月為戌月，戌中有戊丁辛。九月戊土司權秉令，戊土厚重高亢火燥，辛金陰柔，最怕土旺埋金。因此需要甲木來疏土。再用壬水洩旺金。壬甲必須並用才行。

◎九月生辛金之人，命局中有壬甲兩透干，支上成水局的人，是富貴顯達之人。倘若命局中有一個壬水出干，沒有甲木，而有二個戊土藏於支中，是一般平庸之命格。倘若支中有甲制戊，（支上有寅、亥），可為有學歷之人。倘若命局中有一個甲木出干，而壬水藏於支中，四柱中又多戊土，是一個異途顯達之人。

倘若命局中有二個甲木出干，來制命局中的多個戊土，則是富大貴小之人。以刀筆起家，為做律師、法官的材料。

※命局中有厚土埋金，為愚懦之質的人。有壬水沖刷，並滋助甲木，以洩旺金，雖不主貴，但也能辛苦勞碌而致富，為一個守財奴。

※九月辛金，會因戊土是否出干而關係重大。例如是生於甲戌月，縱然支聚四

庫，土重有甲木疏之，也能『去濁留清』。倘若是生於戌戌月，雖有甲木藏於支中（支上有寅亥），也是難以成名之人。是故一定要甲木出干才可破土有富貴。

命局中若是辛日、甲月，年時兩透壬水，庚藏支中，發水之源，即使支藏四戊，也能『去濁留清』，而主富貴。

◎九月生辛金之人，命局中若無壬水出干，可用癸水，雖不能沖刷金，但能潤金。主其人必須勞苦艱辛以得富貴。

倘若命局中木多而土少，但戊中有一個戊土，四柱無水的人，是平庸之人。

倘若命局中有多個癸水出干，有清金作用，主以艱難中求富貴。

◎九月生辛金之人，有己土出干，四柱沒有壬水而有癸水，能滋潤辛金，會稍有富貴。但有多個己土出干，便只是一個市儈濁富之人，絲毫沒有文雅清高的內含了。

◎九月生辛金之人，命局中無甲木，在月干、時干上有丙火在干上，丙辛相合化水，是稍富之人。若是支上有『辰』字為『壬辰』，才是真化水，化氣方真。但必須支上有支類西方，支全申酉戌成方才行。倘若不成方局，即使有『

壬辰』，也不能合化，能相合化氣的命格為大富大貴之命格。

◎九月戊宮有戊辛丁同宮，倘若命局中有丁戊透干，仍要以壬甲為主要任用之用神。辛金忌爐火冶煉。加以有戊土，有埋金之憂，只要不以煞印相生的方式，就可以取貴了。

※戊為火墓，如果命局中四柱上有一個火，就會引化甲木，而反生出戊土來，有水則可制火生木，因此用壬水做用神。

※命局中有戊癸出干的人，則癸水失去其用途。若是己癸出干的人，則有小富貴。己土多而濁水污金。雖有壬水出干，也無貴可言。

◎九月生辛金以火土為病。以水木為藥，專以壬水為用神。以甲木相配合，丙火是斟酌可用的。

舉例說明：

1. 日主『辛丑』類

例(一)

丙戌
戊戌
日主 辛丑
戊戌

日主辛丑生於戌月，有雙戊出干，丙火官星生印，支上三戌為火土，丑中一點癸水被煏乾。以辛金做用神。行金運吉，水土運皆不吉。出身富貴，主小貴。

用神：辛金。金運。
吉方：西方。
財方：西方。
忌方：東方。水運、火運、木運。

例(二)

己巳
甲戌
日主 辛丑
壬辰

日主辛丑生於戌月，四柱土重，甲己相合，不能破土。壬水出干，用壬水沖刷，以洩金，主富。

用神：壬水。
吉方：北方。
財方：北方。
忌方：南方。

2. 日主『辛卯』類

例(一)

甲辰
甲戌
日主 辛卯
辛卯

日主辛卯生於戌月，干上有兩甲破土，辰中藏癸水，得以潤金。此命格以艱辛中得富貴。癸水藏支，富貴不大。

用神：癸水。
吉方：北方。
財方：北方。
忌方：南方。

例(二)

癸巳
壬戌
日主 辛卯
辛卯

日主辛卯生於戌月，有壬癸出干，支上有雙卯破土，以壬水做用神。主富貴。

用神：壬水。
吉方：北方。
財方：北方。
忌方：南方。

3. 日主『辛巳』類

例(一)

壬子
庚戌
日主 辛巳
壬辰

此為清朝康熙雍正時名臣張廷玉之命格。有雙壬高透出干，干上更有庚金發水源。支上戌子夾亥，壬甲暗藏，子辰會水局。四支辰巳、戌子支聚巽、乾兩宮，為富貴壽考、清正之命格。

用神：壬水。
吉方：北方。
財方：北方。
忌方：南方。

例(二)

癸丑
壬戌
日主 辛巳
甲午

日主辛巳生於戌月，干上壬甲兩透干，支上巳丑會金局。午戌會火局，以壬水做用神。主富貴。

用神：壬水。
吉方：北方。
財方：北方。
忌方：南方。

4. 日主『辛未』類

例(一)

戊子
壬戌
日主 辛未
癸巳

日主辛未生於戌月，有壬癸出干，戊土並透，四柱無甲木來救。有病無藥。有壬癸洩秀，故聰明，有文學修養，戊土無制，故埋沒。

用神：甲木。木運。
吉方：東方。
財方：東方。
忌方：西北。

例(二)

壬寅
庚戌
日主 辛未
癸巳

日主辛未生於戌月，有壬癸出干，以庚金坐之，支上寅戌會火局。寅中藏甲可疏土，以壬水為用神。

用神：壬水。
吉方：北方。
財方：北方。
忌方：南方。

5. 日主『辛酉』類

例(一)

戊戌
壬戌
辛酉（日主）
甲午

日主辛酉生於戌月，有甲木出干破土護壬，為去濁留清。可惜時支上午破酉，辛祿被傷，初運富貴，午運而亡。

用神：壬水。金水運。
吉方：北方。
財方：北方。
忌方：南方。午運。

例(二)

癸亥
壬戌
辛酉（日主）
丙申

日主辛酉生於戌月，有壬癸出干，干上丙辛相合化水，支上申酉戌支類西方。金氣偏旺。亥宮有甲木可破土，壬癸可洗金，主大富貴之命格。

用神：壬水。
吉方：北方。西方。
財方：北方。
忌方：南方。

6. 日主『辛亥』類

例(一)

辛亥
戊戌
辛亥（日主）
戊戌

日主辛亥生於戌月，有雙戊出干，土重埋金，但兩干不雜，清濁各半，辛金尚能自顯其用，亥中有壬故略有富貴。以甲木為用神。

用神：甲木。
吉方：東方。
財方：東方。
忌方：西方。

例(二)

庚寅
丙戌
辛亥（日主）
辛卯

日主辛亥生於戌月，印星當令，支上寅戌會火局，丙火又出干。亥卯會木局。四柱皆財官。壬甲藏亥，用庚金做用神。行土金運，家業豐足。

用神：庚金。土金運。
吉方：西方。
財方：西方。
忌方：東方。木火運。

十月生，日主辛金用神取法

十月為亥月，為壬水秉令之時。是陽氣初潛，寒氣未盛的時候。十月所生的辛金之人，命格格局為『金水真傷官』。因此選取用神，必先取用壬水。其次用丙火暖壬溫辛。

辛金要用壬水淘洗，才會『金白水清』以取貴。但十月寒氣漸增，因此也得有丙火暖水溫金才行，十月生辛金選取用神，是離不開壬丙兩個條件的。

◎十月生辛金之人，在命局中壬丙兩透干，並且要丙辛不合，才會有富貴。

※十月辛金，為壬丙並用，亥宮壬水當旺，即是用神當旺，自然有富貴。丙火亦需通根，且不能合，才為貴命。

命局中，若是丙火透干，壬藏於支中，為鄉里名人，異途可顯達。

命局中，若有丙火藏支，壬水透出干上的人，是富大貴小的人。

命局中，若是壬水、丙火皆藏於支中的人，只不是一個稍具學歷之人。

※『金水傷官喜見官』，但亥宮為辛金病地，以旺水洩病金之氣，必須要有庚金生扶。以及支臨酉丑生旺之地，才能用。倘若命局中已是水暖金溫的命局，

要行運金運。主富貴。若命局是金水寒冷之局，則要用丙火來調節氣候，要行運火地為佳。

◎十月生辛金之人，命局中有壬戊而無丙，為主富之人。倘若命局中四柱多壬，無戊土。壬水會洩弱辛金。此命局稱為『金水汪洋』。主貧賤。只要有戊土出干制水，就主貴。或者是戊土藏於支中『寅巳』之中，就可以是有學歷的人，也可貴顯，為社會聞人。

◎十月生辛金之人，命局中只有戊土，而沒有丙火的人，只主富而不貴。辛金倘若壬癸水太多，而無丙戊可用的命格，格局轉變成潤下，為奔波勞碌之命格。

※十月辛金，見『金水汪洋』，喜用丙戊做用神。有戊土出干做堤坊，以制水。丙火為調候之用，以生助戊土，是富貴俱全的人。

◎十月生辛金之人，辛金有丙火貼身（丙火在月干或時干上）透干，而無戊土。丙辛會相合，支上又成水局，四柱中更有壬辰的命格。是『真化水格』。此為大富大貴之命格，此類的格局，可以『用神多者宜洩』之方法來論斷。可取胎元寅宮甲木來洩壬水之氣，以壬丙輔映而取貴。不必一定要以『化氣格』來論之。此種命格，就是行運木火運也不怕。但是就怕有戊土使之破格。

◎辛金一向怕用丁火（偏官）。但在亥月（十月），則也可以用。火在亥月為絕地，不能熔金。倘若命局中，有戊己土制住壬水，而生扶辛金。使辛金轉旺。亥宮有甲木，再有水滋培，財星有生氣。則此命局中以丁火做用神，為『財滋弱煞』，就主武貴。倘若用丙火做用神而財旺生官。就主文貴。此種方法與『金水傷官』用丙不同。『金水傷官』用丙調候，有壬癸出干，困住了丙火，便不能用了。而『財滋弱煞』及『財旺生官』仍可用丙丁火。

※『金水傷官格』害怕戊己土來混濁，故忌土。倘若命局不取『金水傷官格』，則不忌戊己土了。辛金休囚，用印相生，但土不可多。

◎十月生辛金之人，若命局中甲木多而戊土少的命格，是以藝術行業而致富的人。

命局中己土多，有甲木出干，甲己不合的命格，為富翁命格。亥宮有甲木長生，財星有氣。身旺而能任財，就可成為富格。

命局中倘若己土多，又有壬戌，壬水破困，辛金被埋沒，會以藝術為終身之職，但困苦。為人厚重。只要財旺破印，甲己不合，便是富格。

◎十月生辛金之人，命局中若壬癸水太多，而沒有戊土制水，也沒有丙火溫金的人，是奔波勞苦之人。無丙用甲木財星，富而不貴。

◎十月生辛金之人選用神，以先壬後丙為正用。而選先丙次己的人，是以壬水太旺，辛金洩弱，故斟酌而用的。

舉例說明：

1. 日主『辛丑』類

例(一)

壬辰
辛亥
日主 辛丑
丙申

日主辛丑生於亥月，丙辛相合化水，支上申辰會水局，年柱為壬辰，為『真化水格』。主大富貴。以壬水為用神。行金水運、木火運皆可，忌戊運。

用神：壬水。金水運。
吉方：北方。
財方：北方。
忌方：南方。土運。

例(二)

壬寅
辛亥
日主 辛丑
壬辰

日主辛丑生於亥月，有雙壬出干，無丙，戊土藏於寅中，主富多貴少，以寅中丙火為用神。

用神：丙火。
吉方：南方。
財方：南方。
忌方：北方。

2. 日主『辛卯』類

例(一)

乙酉
丁亥
辛卯（日主）
戊子

此為東北抗戰名將馬占山之命格。以丁火溫金暖水，支上亥卯會木局。以財生官。用亥中壬水做用神。主武貴。

用神：壬水。
吉方：北方。
財方：北方。
忌方：南方。

例(二)

壬子
辛亥
辛卯（日主）
辛卯

日主辛卯生於亥月，水勢當權，天干有三辛，但地支臨絕，不通根。為『從兒格』。木運主貴，土運剋水而凶。此人聰明拔粹，學問精純。

用神：壬水。金水木運皆吉。
吉方：北方。西方。東方。
財方：北方。東方。
忌方：南方。火土運。

3. 日主『辛巳』類

例(一)

甲寅
乙亥
辛巳（日主）
戊子

日主辛巳生於亥月，有甲木出干破戊，寅宮、巳宮皆有丙戊，專用亥宮壬水為用神。

用神：壬水。
吉方：北方。
財方：北方。
忌方：南方。

例(二)

辛巳
己亥
辛巳（日主）
己亥

清康熙兩江總督尹文端之命格。日主辛巳生於亥月，四柱皆上下相合，精神團結，以己土混壬而生甲木，再引生丙火。為『丙干不雜』。又取為『蝴蝶雙飛格』。運行南方，主富貴，位極人臣。

用神：丙火。
吉方：南方。
財方：南方。
忌方：北方。

4. 日主『辛未』類

例(一)

甲	乙	辛	己
午	亥	未	亥

（日主：辛未）

日主辛未生於亥月，有甲乙出干，支上亥未會木局。又有己土出干，得祿於午，未中也有己土。亥中有甲木，亦有壬水。財旺破印，甲己相隔不合。此命格為以藝術致富之人。以亥中壬水為用神。

用神：壬水。
吉方：北方。
財方：北方。
忌方：南方。

例(二)

甲	乙	辛	戊
辰	亥	未	子

（日主：辛未）

日主辛未生於亥月，有甲木出干破土，支上辰子會水局，亥未會木局，壬藏亥中，而無丙。主富而不貴。以亥中壬水為用神。

用神：壬水。
吉方：北方。
財方：北方。
忌方：南方。

5. 日主『辛酉』類

例(一)

乙	丁	辛	壬
丑	亥	酉	寅

（日主：辛酉）

此為國父孫中山先生之命格。日主辛酉生於亥月，支上丑酉會金局，有丁火出干，寅中藏丙戊，水暖金溫，宜行金運為佳。辛貴在寅，丁貴在酉，日貴更逢月貴。可惜命宮為癸卯和日元辛酉，天剋地冲，故在艱辛而後成。木運而亡。

用神：壬水。金運。
吉方：北方。西方。
財方：北方。
忌方：東方。

例(二)

丙	己	辛	己
子	亥	酉	亥

（日主：辛酉）

日主辛酉生於亥月，日主辛金專祿於酉。金水傷官喜見官。但不能用官，因丙火無根，要用己土來止水、生金、衛火。己土在亥宮臨絕。丙火坐於子上被水剋，己土也被水傷。金運幫身主吉。水運、木運刑剋破耗主凶。

用神：己土。金運。
吉方：西方。
財方：西方。
忌方：北方。東方。水木運。

6. 日主『辛亥』類

例(一)

壬辰
辛亥
辛亥（日主）
丙申

此為清太宗皇太極之命格。日主辛亥生於亥月，壬丙兩透干，支上申辰會水局，金白水清，胎元寅宮，引生丙火，使金溫水暖，而為創業帝王之命格。

用神：丙火。
吉方：南方。
財方：南方。
忌方：北方。

※此命格亦可作為『化氣格』而論。但亥宮有甲木長生，木火之氣存。書云：『有用之神就要論用，無用神可取，方論格局之變化』。此命格有丙火可用，當以丙為用神。

例(二)

丁丑
辛亥
辛亥（日主）
丁丙

日主辛亥生於亥月，用丁火溫金暖水，支上丑酉會金局。壬水藏於亥中，無丙。故主武貴，掌兵權。

用神：壬水。
吉方：北方。
財方：北方。
忌方：南方。

十一月生，日主辛金用神取法

十一月為子月，子中癸水秉令，子為寒冬中的雨露。十一月生辛金之人在命局中最忌有癸水出干，會凍住辛金而困住丙火。

寒冬中的雨露會成為霜雪，氣候嚴寒，因此冬金不離壬丙為用神。十一月生辛金之人，尤以丙火來調候為先擇條件，丙火且要通根，也不能與辛，丙辛相合，用神被羈合而無用。

※在論命中，以用神當旺得用的，為最佳命格。這是以司令之神為用神而論的。但是生於子月之辛金，則因氣候的關係，而以司令之神（癸）出干為忌。

◎十一月生辛金之人，在命局中若有丙壬兩透干，而沒有戊土出干的命局，主富貴，且為名臣顯宦的命格。

命局中，壬水藏於支中，有丙火出干來溫金暖水的命格，也主貴。

※金水傷官格，喜有丙火來調節氣候，戊土會制水，故不吉。

◎十一月生辛金之人，在命局中壬水多又有戊土，丙甲出干，五行配合中和，也主貴。

倘若命局中，是壬多，無丙戊的命格，則會洩金太超過，為寒儒之人。必須用甲木來洩水才行。

倘若命局中是壬水多，甲乙木也多的格局，又沒有丙火出干，也是寒儒命格的人。

※命局中壬水太多，為『金水汪洋』。以命局全局而論，則以壬水為主，不以辛金為主了。因此要用戊土止水、用丙火調候。沒有戊土做堤防的人，只有用甲木洩壬之氣，此為『用神多者宜洩』之理。但無丙火在命局中，終為貧寒。

◎十一月生辛金之人，倘若命局中支成水局，有二戊出干，又有丙透在干上，主有大富貴。無戊出干制水的人，主貧困無用之人。

倘若命局中支上有亥子丑潤下通源，而庚辛出干，無戊土的命格，稱為『潤下格』，是運行西北，富貴極品的命格。但不可行運東南。

命局中，支上有亥子丑，又有乙己出干，無丙戊、庚辛等等，為僧道之命。

※辛金生於冬月，支上水成方局，由『金水傷官』變為『潤下格』，以沒有戊土為『潤下格』成格之條件。有丙戊出干，則為壬多、支成水局的命格。凡

格局專旺的命格選取運途，需要看命局中是否純粹？如果命局純粹，則可行洩秀之運。也就是『獨象喜行化地，而化神要昌』的意思。潤下格要行東方運忌南方運。命局中不夠純粹，則要行助旺之運。如果是從化的格局，便要行印劫之地。也就是行西北運而忌東南運了。

倘若命局中無丙戊，而有乙己出干的命格，是變格變不成，而無用神可取，辛金洩弱，故為下格。

◎十一月生辛金之人，倘若命局中支成金局，有丁火透干，且要有甲引丁，必為清貴。以財滋弱煞，財官相生，而主富貴。

※冬月之辛金，因氣候寒冷，必須用丙火溫暖。除變格外，不能離丙用。

舉例說明：

1. 日主『辛丑』類

例(一)

丁亥
壬子
日主 辛丑
丁酉

日主辛丑生於子月，有雙丁出干，支上丑酉會金局。亥宮有甲木藏支，濕木無燄。主貴而不顯。

用神：丁火。
吉方：南方。
財方：南方。
忌方：北方。

例(二)

庚辰
戊子
日主 辛丑
丙申

日主辛丑生於子月，有戊土出干，支上申子辰會水局，又有丙火透干，主富貴。

用神：戊土。
吉方：南方。
財方：南方。
忌方：北方。

2. 日主『辛卯』類

例(一)

己亥
丙子
日主 辛卯
辛卯

日主辛卯生於子月，干上兩辛爭合一丙，丙從辛合。丙辛、子卯相刑。此為無子家貧之命格。丙辛化水，丙被合去，又無戊土止水。以戊土做用神，行火土運稍吉。

用神：戊土。
吉方：南方。
財方：南方。
忌方：北方。

例(二)

壬子
壬子
日主 辛卯
壬辰

日主辛卯生於子月，有三壬出干，支上子辰會水局，為『潤下格』。以壬水為用神，行金水運，忌土剋。

用神：壬水。
吉方：北方。
財方：北方。
忌方：南方。

3. 日主『辛巳』類

例㈠

丁酉
壬子
日主 辛巳
丁酉

日主辛巳生於子月，有雙丁出干，支上巳酉會金局，又有壬水出干，專用巳宮丙戊制水暖金。主富貴。南方運。

用神：丙火。戊土皆可。
吉方：南方。
財方：南方。
忌方：北方。

例㈡

甲寅
丙子
日主 辛巳
甲午

日主辛巳生於子月，有雙甲出干，丙火通根寅巳，為得地，財官皆太旺，四柱無壬，無戊己印綬，日主辛金無根，生於仲冬，火不會鎔金，而不致夭折，但多病。此皆因無壬之故。以巳中庚金為用神，生助日主。

用神：庚金。金水運。
吉方：西方。西北方。
財方：西方。
忌方：南方。

4. 日主『辛未』類

例㈠

乙未
戊子
日主 辛未
己亥

日主辛未生於子月，有戊己出干，支上未亥會木局。用亥中甲木疏土，壬水也藏於亥中，無丙，以亥中甲木做用神。

用神：甲木。
吉方：東方。
財方：東方。
忌方：西方。

例㈡

壬寅
壬子
日主 辛未
壬辰

日主辛未生於子月，干上有三壬，支上子辰會水局，丙火藏於寅中，戊土也藏於寅中，水旺金沈，專用丙戊做用神。

用神：丙戊皆可。
吉方：南方。
財方：南方。
忌方：北方。

5. 日主『辛酉』類

例(一)

癸卯
甲子
日主 辛酉
丙申

日主辛酉生於子月，支上子申會水局，有癸水出干為忌，幸時上有丙火解凍，但丙火無根，壬水藏於申中，無戊土，用甲木洩壬做用神。

用神：甲木。火土運。
吉方：東方。
財方：東方。
忌方：西北。北方。金水運。

例(二)

壬辰
壬子
日主 辛酉
癸巳

日主辛酉生於子月，干上盡是壬癸，支上辰子會水局，巳酉會金局。金水汪洋，以旺水洩衰金。不用丙戊不能調候止水，故以丙戊為用神。巳宮丙戊得地。故專取巳宮丙戊做用神。

用神：丙戊皆可。
吉方：南方。
財方：南方。
忌方：北方。

6. 日主『辛亥』類

例(一)

丙午
庚子
日主 辛亥
壬辰

日主辛亥生於子月，支上子辰會水局，有丙壬出干，無戊，主富貴，以庚金做用神。行西北運，忌東南運。

用神：庚金。金水運。
吉方：西方。
財方：西方。
忌方：東方。南方。東南運。

例(二)

壬申
壬子
日主 辛亥
癸巳

日主辛亥生於子月，有兩壬出干，支成水局，金水汪洋，以旺水洩金。玄武當權，非用戊土不能止水，調候要用丙火。時支巳中丙戊得地，專取丙戊為用神。可惜巳亥相沖，用神受損。

用神：丙火。
吉方：南方。
財方：南方。
忌方：北方。西方。

十二月生，日主辛金用神取法

十二月為丑月，丑中有己癸辛。是己土乘權當令之時，又是金墓，故辛金不弱。但天氣寒凍，溼泥結凍，必須先用丙火解凍，再用壬水淘洗，以成命格取貴的條件。無壬水淘洗，金氣不秀。故十二月辛金之人選取用神，以有丙則取富，有壬則取貴。

◎十二月生辛金之人，命局中有丙壬兩透干的命格是富貴清雅，位居廟堂的富貴之人。

倘若命局中，壬丙兩個要件，一個透干，一個藏支，則為小貴之人。

倘若命局中，有丙而無壬水的命格，是富真貴假，主富的命格。

倘若命局中有壬無丙，則是孤貧僧道之命格。

倘若命局中，丙火多，沒有壬水而有癸水的命格，是做貿易為生，能幹的平常人之命格。

※丑宮有己癸辛同宮含用，如果生於十二月之辛金之人，命格中有己癸並透於干上，雖是主貴具有秀氣。但還是嫌命局太寒凍了，一定要有丙火，才可言

富貴。

◎十二月生辛金之人，命局中無丙火而有丁甲的人，也必須有壬水透干，才會是清貴的命格。若只有甲丁，是不足以解凍的，故只為清貴。倘若命局中是以丁火制金，用甲木為引，甲木必須通根且有會局，財官才會有氣，才可以用。若甲木無根，丁火無力，則不足以取貴。

◎十二月生辛金之人，命局中若是為火土為主的命局，丑宮所藏為己癸辛三神。不必調候，只要有己癸出干，用食神佩印，同宮聚氣就可以了，但仍需要丙丁配合。才會豐衣足食，一生安樂。

◎十二月生辛金之人，選取用神，以丙為先，壬水次之，戊己更次之。

舉例說明：

1. 日主「辛丑」類

例(一)

壬辰
癸丑
日主 辛丑
甲午

日主辛丑生於丑月，有壬水出干，時上逢甲午，取甲木引丁做用神。主文貴。

用神：甲木。
吉方：東方。
財方：東方。
忌方：西方。

例(二)

甲子
丁丑
日主 辛丑
己丑

日主辛丑生於丑月，丑中含用己辛並透干，用甲木引丁做用神。可惜丁甲皆無通根，為凍木無燄，故為寒儒之命。

用神：甲木。
吉方：東方。
財方：東方。
忌方：西方。

2. 日主「辛卯」類

例(一)

丁丑
癸丑
日主 辛卯
癸巳

民國早期國父廣州蒙難。叛變主角陳炯明之命格。
日主辛卯生於丑月，有丁癸出干，丁火被癸水所傷，不足用之。以巳宮所藏之丙火為用神。位至都督。

用神：丙火。南方運。
吉方：南方。
財方：南方。
忌方：北方。金水運。

例(二)

癸丑
乙丑
日主 辛卯
戊子

日主辛卯生於丑月，有癸水出干，得祿於子，戊土制癸，用胎元丙辰中之丙火為用神。

用神：丙火。
吉方：南方。
財方：南方。
忌方：北方。

3. 日主「辛巳」類

例(一)

辛未
辛丑
辛巳（日主）
丙申

日主辛巳生於丑月，有丙火出干，干上巳丑會金局，有三辛出干，干上丙辛相合，合去一丙，巳宮尚有丙祿，申中有壬水，以丙火為用神。主小富貴。

用神：丙火。
吉方：南方。
財方：南方。
忌方：北方。

例(二)

庚辰
己丑
辛巳（日主）
癸巳

日主辛巳生於丑月，干上有己辛癸，支上巳丑會金局，主貴。專用巳宮丙火為用神。有富貴。

用神：丙火。
吉方：南方。
財方：南方。
忌方：北方。

4. 日主「辛未」類

例(一)

乙卯
己丑
辛未（日主）
丁酉

日主辛未生於丑月，干上有己土，日主辛金皆通根於丑，但缺癸水而不秀氣。故不貴。以丁火為用神。此命格須木火運助運，先貧後富且長壽之命格。

用神：丁火。
吉方：南方。
財方：南方。
忌方：北方。

例(二)

癸未
乙丑
辛未（日主）
己丑

日主辛未生於丑月，干上己辛癸出干，同宮聚氣。用胎元丙辰中之丙火做用神。

用神：丙火。
吉方：南方。
財方：南方。
忌方：北方。

5. 日主『辛酉』類

例(一)

甲申
丁丑
日主 辛酉
庚寅

日主辛酉生於丑月，丙藏於寅，干上有甲丁，支上丑酉會金局，以申中壬水為用神。

用神：壬水。
吉方：北方。
財方：北方。
忌方：南方。

例(二)

丁酉
癸丑
日主 辛酉
己丑

日主辛酉生於丑月，干上己辛癸並透干，支上丑酉會金局。專以丁火為用神。

用神：丁火。
吉方：南方。
財方：南方。
忌方：北方。

6. 日主『辛亥』類

例(一)

乙未
己丑
日主 辛亥
丙申

日主辛亥生於丑月，干上丙辛不能化水，以亥宮壬水洩秀，用亥中甲木破土。專以丙火為用神。主富貴。

用神：丙火。
吉方：南方。
財方：南方。
忌方：北方。

例(二)

戊子
乙丑
日主 辛亥
壬辰

日主辛亥生於丑月，有壬水出干洩秀，主聰明。支上子辰會水局。四柱無火，不足以言富貴。為一平常人之命格。以胎元丙辰中之丙火做用神。

用神：丙火。
吉方：南方。
財方：南方。
忌方：北方。

如何算出你的偏財運

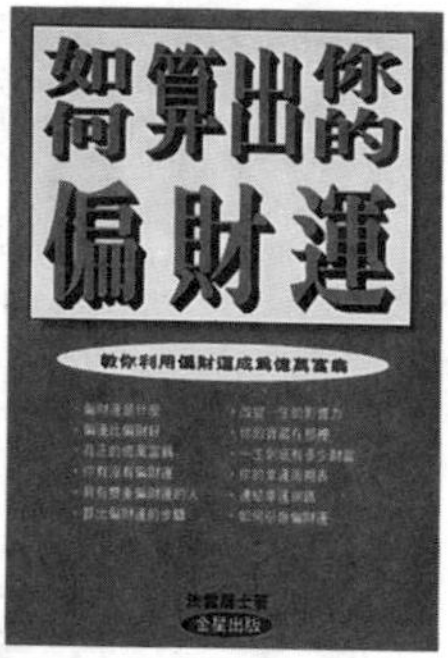

這是一本讓你清楚掌握人生運程高潮的書，
讓你輕而易舉的獲得令人欽羨的事業和財富。
你有沒有偏財運？偏財運會改變你的一生！
你在何時會有偏財運？如何幫助引爆偏財運？
偏財運的禁忌？等等種種問題，
在此書中會清楚的找到解答。
法雲居士集二十年之研究經驗，利用科學命理的方法，
教你準確的算出自己偏財運的爆發時、日。
若是你曾經爆發過好運，或是一直都沒有好運的人，
要贏！要成功！一定要看這本書！
為自己再創一個奇蹟！

第二十章

日主壬水喜用神選用法

壬水如江河中沖奔的大水。是嚴冬酷寒之陰氣轉旺，匯集而成的水。水喜金相生有源，怕火土，也怕死金，更怕木旺。金死則水困。木旺會洩水，則水涸。

父母要加油

張愛◎著

要培養新世紀的成功者
必須面面具到，從小做起
親子教育是二十年以上的馬拉松
前二分之一的路程是決定終身幸福
與成功勝負的關鍵

本書提供給您
檢視成功教育的多種法則
爲了孩子的前途
親愛的父母們
拿出您的膽量來！
身體力行的努力吧!

第二十章　日主壬水喜用神選用法

壬水性質

壬水是有如江河一般，有沖奔之性的大水。亦是冬季裡酷寒之氣，逐轉向旺以後所匯集起來，成為江河湖海的水。

天地中有陰陽兩種氣而形成水火。冬至的時候是水旺之極的時候，有一陽潛生。而木火之氣開始動了。夏至時是火旺之極的時候，有一陰潛生。金水之氣開始動了，大氣中的氣就是如此循環不息的。

水必須靠著金來相生，而不會乾涸無源，並且可源遠流長。水若是泛濫時，要靠土制做堤防。命局中，要水火相當，才會有既濟之美。若水土相混，則金濁壬而不佳。

水在四季都怕火多。水少的命局，怕土太重。則水會被制而不流動，成為死水。水也怕遇死金。金死則水困。水也怕木旺，木旺洩水，則水死。有口訣說：『陽水身弱窮，陰水身弱主貴』。也就是說：『日主為壬水，而身弱（日主弱）的主窮。日主為癸水，而日主身弱的反主貴。』。

春水

春季之水泛濫無源，喜金生扶，怕金太盛。欲火既濟，不須火多。有木可施功，無土則散漫。

春天的水，是水性泛濫的，再有水助，會汪洋一片。因此春天壬水，支上有劫刃（子水），天干透出比劫（壬癸水）的命局，必須用戊土做堤坊，使之不泛漲成災。命局中沒有壬癸、亥子的，不需要用戊土。倘若命局中戊土多，就要用甲木疏土，使之不堵塞水流。

春金不可缺金生扶，但也不可多金。金多水則濁。水無火則性寒，因此壬和丙是分不開的，壬得丙照，稱為『春江水暖』。但火旺則水涸，必須有比劫（壬癸水）來救助。

春天是木當旺之時，水生於春天，命局為『水木真傷官』。水少的命局，為氣洩，要以印劫（庚辛癸）來救。命局中水多則木浮，要用土培根，用火暖水，『水木清華』為佳。這就是『水木傷官喜財官』之意。

夏水

夏水衰絕乾涸，喜金生，忌火旺，木盛盜氣，土旺止流。

水至夏季，氣勢衰絕，回復其本性則為靜止的狀態。

夏天的水也是正當乾涸的時候，火土燥烈，有金來相生，還嫌不足，必須有比劫（壬癸水）來相助才行。

夏天火為當旺之氣。在命局中若四柱火多，無根源之水是會被熇乾的。日主為壬水的人，在命局中，若木太多，則會洩水之氣而助火。土太重，則會使水易乾涸。

總之，水在夏季氣衰體弱，易遭損害。是只能生助，不可剋洩的。

秋水

秋水母旺子相，得金助則清澄，土旺而混濁，火多財盛，木榮子榮。

秋水以清澈澄淨為貴。在命局中，有金來生水，金白水清，就會發出秀氣。會混濁水的是己土，己土是溼土，不能止水，會和水一起挾帶泥沙，成為土石流，使水混濁。戊土是做堤防的乾土。壬水是有沖奔性質的大水，一定要有戊土做堤防才能將水導入河川中之正軌之中，因此稱做『清平』。

火是水之財，木是水的食傷。秋水極旺，火再多，也能剋制住。水若太旺，要洩其秀氣，因此木盛時，則子榮。（木是水之子）

冬水

冬水當旺，遇火增暖除寒，金多無義，木盛有情，土多乾涸，水多喜土為堤。

冬季嚴寒冷酷，正是水當旺的時候。水有向下潤澤流通的本性，因此在日主為水的命局中有『潤下格』。

冬天的水，是處於極旺的時候，不需要金來相生，金太多，會形成水冷金寒而無用，因此稱其為『無義』。水太旺，有木來洩水，助其流通，這種方式是對水有益的，故稱『有情』。但是冬季水寒木凍，木會了無生意，必須有火來給它暖氣，水才能洩秀於木，或是滋潤於土，或是使金滋潤，因此火在冬季中是最重要的條件了。因此冬水的命格只有以財生官才能成為上等格局。冬水也是以調節氣候為最重要了。

日主壬水，所臨支位不同，而有旺衰，其用神宜忌如下：

日主『壬子』：壬子為氣勢滂沱的大水。須要有以煞制刃，用清流砥柱來力挽狂瀾。再加上印綬（庚辛金）食傷（甲乙木）與官煞（戊己土）互相來制伏它，有了這樣的條件，富貴前程是不可限量的。

日主『壬寅』：壬寅是雨露滴進沙土之中。只看見滴入，卻不見流出。因此日主壬寅的人，多半主富。倘若命局中庚辛壬癸都有，北方運會發達，發福不少。命局中有木透干的人，多半是以武貴發達的。最害怕命局中成火局，或是火土太炎燥，亦或是水太多，金太頑寒，此種就是愚蠢頑劣之人了。

日主『壬辰』：壬辰為『壬騎龍背』。辰屬龍。在命局中支上要有亥子。則龍可潛入深淵。更要天干有甲庚坐於寅卯之上。龍才會活潑的升騰，有風雲際會的人生。最怕命局支上有『戊』，這是無情的爭戰刑剋，從來都很靈驗。

日主『壬午』：壬午是『祿馬同鄉』、『水火既濟』。日主壬午的命局，只要觀看日主前後的干支，以論定要補水或補火，便命局調配均勻，就是富貴的上品格局。倘若調配不均勻，就是貧賤的下等格局。

日主『壬申』：壬申為『水滿渠成，生生不息』。申為壬長生之地，故生生不息，壬申生在秋天是最佳的時候，或干上有庚來相助，富貴極品。壬申生於春夏，際遇就要打折扣了。必須觀察日主的前後左右。整個命盤中，倘若有刃的，則用煞做用神。無刃不必用煞。最怕有甲木與戊土來相剋過狠。阻斷了水流。

日主『壬戌』：壬戌為『驟雨易晴』。是下一陣急促猛烈的雨之後又突然放晴了。這是比喻日主壬戌的人生形態。每當人的日主剛好是壬戌時，總是有好機會又錯過。只要日主前後有金水相助，又會在看起來沒有好機會時，又逢有奇遇。

正月生，日主壬水用神取法

正月為寅月，壬水在寅月雖有汪洋之象，但在病地，是失令之水，已無沖奔之性，故無泛瀾之虞，是水性已衰弱之故。

日主為壬水的命局，必須先用庚金發水源，再用丙火除寒氣，次再用戊土止其流，導入正途，使它不致汪洋無度。因此正月生壬水之人選取用神，雖說是庚丙戊並用，但是是有先後次序的。

◎正月生壬水之人，命局中有庚丙戊三者齊透出天干的人，主富貴。

命局中有庚戊在干上，丙在支上寅中，也主富貴。

命局中即使只有一個庚金透干，而無丁火剋制的，都有小貴。

※寅月月令中有丙戊長生。日主壬水，見命局中有丙戊出干，是財煞兩旺的格局。以印為用神，是必貴的。因此用庚金做用神主貴。

※三春壬水，以庚金為主要用神。只要命局中金水不是太旺，否則丙戊也不可做用神的。

◎正月生壬水之人，命局中若有比劫，庚辛出干及陽刃，是弱極復生的現象。

要以戊土來制。有戊土出干的人主大貴。有戊土藏支的主小貴。並且此命格的人，都是自創事業，白手起家，有才能之異途顯達之人。

※壬刃在子，壬見子為陽刃。

※寅月為壬水的病地，以戊土七煞做用神，必是命局中水太多，有比肩（壬癸水）、陽刃（支上有子）幫身，由極弱轉強的因素。

一般來說，寅月所生之壬水之人，只能用印（金）做用神，不能用煞（戊土），即使命局中有庚丙戊都在天干上，其用神也只是選煞印（戊庚），而不會選財煞（丙戊）。丙火是不論用印用煞都是不能缺少之物。

◎正月生壬水之人，倘若命局中戊多，有透干也有藏支的，則只要有一個甲木出干，群邪自伏，權位極高。這種格局稱為『一將當關』，自然萬夫莫敵了。倘若命局中身弱而煞多，只能用庚印化煞，不能用甲食制煞了，這是和前面不一樣的地方。

◎正月生壬水之人，倘若命局中支成火局，是『水火既濟』的格局，旺木洩水，木又生火，為『從財格』。但水火都不逢時，因失時而不是上格。此種命格的人，在社會上雖有聲譽地位，但是好談而無心，輕諾而寡信的人，終究是名利皆虛的人。

◎正月生壬水之人，在命局中，壬水的根少而輕，又是財多身弱的格局，又沒有印可以用，這就是非常下等的格局。

◎正月生壬水之人，在命局中用財用印必須注意：壬水在寅臨病地，是無法任財，倘若命局中有丙火出干，又有得祿之甲木生之。四柱干上有庚辛印綬，則為身旺可任財。或者是有寅午戌會火局，又透丙火出干，是財旺用印。這兩種都是貴格。若有戊己土出干晦丙塞壬，便只是主富而不貴了。

◎正月生壬水之人，離不開取庚丙戊為用神。用庚金做用神，必須用土來配合，土妻金子，以丙做神，是木妻火子，以木來配合。以戊做用神，是火妻土子，以火來配合。以丙戊做用神的人，都會有妻賢子肖的人生。

舉例說明：

1. 日主『壬子』類

例(一)

壬戌
壬寅
日主 壬子
己酉

日主壬子生於寅月，日坐陽刃，有三壬在干上，壬水汪洋，而戊土又為寅中甲木所制，故為平庸之命格，以戌中戊土做用神。

用神：戊土。
吉方：南方。
財方：南方。
忌方：北方。

例(二)

甲寅
丙寅
日主 壬子
癸卯

日主壬子生於寅月，日坐陽刃，甲丙通根於寅，癸水得祿於子。為『食神生財格』。以丙火為用神，主中貴。

用神：丙火。
吉方：南方。
財方：南方。
忌方：北方。

2. 日主『壬寅』類

例(一)

丙子
庚寅
日主 壬寅
辛亥

日主壬寅生於寅月，壬祿在亥，日祿歸時，專用丙火財星為用神。主富貴。

用神：丙火。
吉方：南方。
財方：南方。
忌方：北方。

例(二)

壬午
壬寅
日主 壬寅
庚戌

日主壬寅生於寅月，為『六壬趨艮』格。支上有寅午戌會火局，財星暗旺。干上有三壬，比肩重複見財，財如流水。故主富貴。此為大帥張宗昌之命格。以寅中丙火為用神。

用神：丙火。
吉方：南方。
財方：南方。
忌方：北方。

3. 日主『壬辰』類

例㈠

己巳
丙寅
日主 壬辰
庚子

日主壬辰生於寅月，有己土出干濁壬，支上子辰會水局，沒有甲木出干，故格局不清，丙火財星在寅中長生，在巳中得祿，故主富。無戊土出干，故不貴。

用神：戊土。
吉方：南方。
財方：南方。
忌方：北方。

例㈡

甲申
丙寅
日主 壬辰
壬寅

日主壬辰生於寅月，有甲丙並透干，壬水通根至申，又有得祿之庚生之，身旺而任財。支上寅辰夾卯貴。寅卯辰支類東方。食神成方以生財，為鉅富之格。

用神：丙火。
吉方：南方。
財方：南方。
忌方：北方。

4. 日主『壬午』類

例㈠

丙午
庚寅
日主 壬午
壬寅

此為清遜帝宣統之命格。日主壬午生於寅月，有丙庚壬出干，比印俱無根，不能從財。此為類化氣而不成格局，類印綬而不成印格，煎熬太過。支上寅午雙會火局，水火失時，名利皆虛。

用神：庚金。金水運。
吉方：西方。
財方：西方。
忌方：南方。

例㈡

戊寅
甲寅
日主 壬午
庚戌

日主壬午生於寅月，有庚戊出干，支上寅午戌會火局，水火失時，名利皆虛，用庚金做用神。

用神：庚金。
吉方：西方。
財方：西方。
忌方：東方。

5. 日主「壬申」類

例(一)

辛卯
庚寅
日主 壬申
戊申

日主壬申生於寅月，壬水通根至申，有庚辛透干，金水汪洋，要用戊土為用神。以丙火為輔助。

用神：戊土。
吉方：南方。
財方：南方。
忌方：北方。

例(二)

甲申
丙寅
日主 壬申
庚子

日主壬申生於寅月，有丙庚出干，支上子申會水局，專用甲木食神生財，主文貴，以丙火做用神。

用神：丙火。
吉方：南方。
財方：南方。
忌方：北方。

6. 日主「壬戌」類

例(一)

戊辰
甲寅
日主 壬戌
丙午

日主壬戌生於寅月，有丙戊出干，支上寅午戌會火局，四柱無金水比印，為從財格而失令。故主富而名利皆虛。以虛神庚金為用神，生扶日主。

用神：庚金。
吉方：西方。
財方：西方。
忌方：北方。

例(二)

戊辰
甲寅
日主 壬戌
壬寅

日主壬戌生於寅月，此為變格。壬水得比肩出干，且通根辰庫。但不旺。但日柱、時柱、壬戌、壬寅中間夾亥子丑，氣類北方。壬有虛神之助，而有汪洋之象。用甲木做用神，制煞。主武貴，掌兵權。

用神：甲木。
吉方：東方。
財方：東方。
忌方：西方。

二月生，日主壬水用神取法

二月為卯月，寒氣已除，但卯為壬水之死地，又是木神當旺的時候，會洩弱壬水之氣，因此要用庚辛金來制旺木發水源。此時已無調候之需要了。故不用丙火。但是壬水比肩多（壬癸水多），春水會散漫，則要用戊土使其導向正規的江河之中，用印化煞，用辛發水源，用戊止水流，就是選用神的方法。

◎二月生壬水之人，命局干上有戊辛兩透干的人，主富貴。命局中若是戊土出干，辛金藏於酉支中，也可主貴。有中等格局的貴命。命局中若是戊辛都藏於支中，沒有甲丁透出在干上的命局，是有學歷的讀書人的命格。

◎二月生壬水之人，命局中以戊辛為取用神之正用。不可有甲來破戊，或是丁來剋辛。倘若命局中沒有戊辛，而有庚金出干的人，主大富貴。庚金藏於支中的主小富。

※二月壬水，命局中無辛就用庚金。水木傷官，木旺水衰，因此用印生身，沒有辛就用庚。命局中只有庚金的人，以取富為主。有戊，就也取貴了。

◎二月生壬水之人，命局中若支成木局，只要有庚金透干，就主大貴顯。為富貴名臣。倘若庚藏於支中，為異途顯職之人。

※壬水得木局，洩氣太重為病，有庚金制傷生壬水，是病重藥也重，故貴。命局中若支上有木來生多個火，為木盛火炎之格局，要取壬水比肩幫身。只要一壬，就可滋潤而富貴了。

倘若命局中都是木，只有日干上一個壬，又沒有庚金來發水源的命格，是壬水洩弱的格局，此種命格是依靠他人過日子的寒儒命格。沒有火而用壬做用神，是平庸命格。

※命局中若木多，要用庚金制木。木旺會生火，要用比肩（水），這是病重得藥的取用神之法，是必有富貴的。

※命局中若是木多，只有日干有一壬，日主無力，而無作為。木盛有火的，要用壬水為用神，以庚辛相配合。木盛而無火的，專以庚辛做用神就可以了。

倘若命局中木多無火而以壬水為用神，沒有病，就用藥，就是平庸命格的人了。

◎二月生壬水之人，命局中若是比肩（壬水）重重，又必須用戊土為堤防。壬水汪洋，若沒有戊土來制水，稱為『水泛木浮』。（月令中乙木秉令），是一生辛苦的人，若又行水運，以水身亡。

書云：『土止流水福壽全。』水多無戊制，便無福壽。

◎二月生壬水之人，在命局中倘若在干上有多個甲乙木，而沒有庚辛的命格，是靠著別人過日子，沒有作為的人，若有比肩（壬癸水）出現，則可免飢寒，有衣食。

◎二月生壬水之人，選取用神，以戊土為正用，次取辛金。再次取庚金。

舉例說明：

1. 日主『壬子』類

例(一)

戊午
乙卯
日主 壬子
庚子

此為康有為之命格。日主壬子生於卯月，有庚金出干，支上兩子，水旺透庚為『水木傷官佩印格』。有戊土止水，故福壽雙全。命局中兩子沖午，子卯相沖，卯又破午，性格激蕩澎湃，出於天性。全局水木清華，主科甲之貴。

用神：戊土。土運。
吉方：南方。
財方：南方。
忌方：北方。水運。

例(二)

庚子
己卯
日主 壬子
辛亥

日主壬子生於卯月，有庚辛出干，支上卯亥會木局。此命局格主富貴顯達。以庚金做用神。

用神：庚金。
吉方：西方。
財方：西方。
忌方：東方。

2. 日主「壬寅」類

例(一)

庚子
己卯
壬寅（日主）
甲辰

日主壬寅生於卯月，有甲木出干，支上寅卯辰支類東方。木盛用庚。

用神：庚金。
吉方：西方。
財方：西方。
忌方：東方。

例(二)

庚申
己卯
壬寅（日主）
庚戌

日主壬寅生於卯月，有兩庚出干，支上寅戌會火局，財旺生官，官印相生，富貴俱全之命格。用申中壬水為用神。

用神：壬水。
吉方：北方。
財方：北方。
忌方：南方。

3. 日主「壬辰」類

例(一)

庚辰
己卯
壬辰（日主）
壬寅

日主壬辰生於卯月，有雙庚出干，支上寅卯辰支類東方，木旺用庚，主大貴顯。

用神：庚金。
吉方：西方。
財方：西方。
忌方：東方。南方。

例(二)

己卯
丁卯
壬辰（日主）
甲辰

日主壬辰生於卯月，有甲丁出干，支上有雙卯，木重，四柱無庚，用比肩壬水做用神，洩木制火。

用神：壬水。
吉方：北方。
財方：北方。
忌方：南方。

4. 日主「壬午」類

例(一)

乙酉
己卯
日主 壬午
庚戌

日主壬午生於卯月，支上午戌會火局，財旺生官，年支酉為印綬，故可享祖蔭，一生事業由祖蔭而來。主貴。以比肩壬水為用神。

用神：壬水。
吉方：北方。
財方：北方。
忌方：南方。

例(二)

丙子
辛卯
日主 壬午
庚子

日主壬午生於卯月，丙辛相合化水，水旺透庚，但無戊土制水，以戊土做用神，主富，一生多驚險。

用神：戊土。
吉方：南方。
財方：南方。
忌方：北方。

5. 日主「壬申」類

例(一)

庚辰
己卯
日主 壬申
壬寅

日主壬申生於卯月，有雙庚出干，支上寅卯辰支類東方。以庚金做用神。

用神：庚金。
吉方：西方。
財方：西方。
忌方：東方。

例(二)

庚午
己卯
日主 壬申
乙巳

日主壬申生於卯月，有庚金出干，日主壬水自長生，身旺。支上卯巳午有三台之貴，故主富貴。另外庚祿在申、己祿在午，乙祿在卯，天干在地支俱得祿旺長生。以庚金做用神，制傷生壬水。

用神：庚金。
吉方：西方。
財方：西方。
忌方：東方。南方。

6. 日主『壬戌』類

例㈠

癸酉
乙卯
壬戌（日主）
乙巳

日主壬戌生於卯月，二月壬水洩弱，要以年支酉中辛金生之。此命格為『水木清華』。主文貴。行金水運。

用神：辛金。金水運。
吉方：西方。
財方：西方。
忌方：東方。

例㈡

丙午
辛卯
壬戌（日主）
壬寅

日主壬戌生於卯月，有丙火出干，支上寅午戌會火局，財旺，以比劫為用神。故以壬水為用神。

用神：壬水。
吉方：北方。
財方：北方。
忌方：南方。

三月生，日主壬水用神取法

三月為辰月，辰為水之墓地，而戊土乘旺司令。怕有堵塞河海之患，因此要先用甲木疏土，再用庚金發水源，以為取命格的條件準則。但是在命局中，甲庚以相隔而不剋制，才能得用。

◎三月生壬水之人，在命局中甲庚皆透干，有高官厚祿。

命局中為甲木出干，而庚藏於支中的人，是品格清高，稍有名位的讀書人命格。

命局中若有庚透出干，甲藏於寅亥之中，也會是有高學歷的人。

命局中若有癸出干滋助甲木，是異途顯達有高職位之人。

命局中若只有一個甲木，且藏於支中，只不過主富而已。

命局中只有一個庚藏於支中，是平庸人之命格。

※命局中無甲為剛暴之人。命局中無庚為固執之人。

※辰中支用為戊乙癸，即是水木土一同藏在月令之中，全是有用之物。乙木不能疏土，故改用甲。

※在三月壬水選取用神，是以甲庚相濟並用的，不可缺少其中一個。有癸滋甲，就是甲癸並透干的意思。戊土是七煞偏官，在辰中暗旺而不出干，甲木就是藏於支中也有疏土的功效。如果命局中有戊土透出在干上，則甲木也一定要透干，才能剋制戊土。

◎三月生壬水之人，若是命局中在時上有丁火，化壬為木，（丁壬相合化木），就要以庚辛為用神。有財星來合的格局，主富。

倘若命局中沒有庚辛，而支聚寅卯，干上有丁壬化木。就要以壬水為用神。此命格中，無水而又有火洩木氣的命局，為平庸命格。

◎三月生壬水之人，若命局中支聚四庫（辰戌丑未），而沒有甲木出干剋制土的命格，稱做『殺重身輕』。是終身有損的命格。此命格必須有二個甲木透出干，又不能有己土在干上，才會主富貴。

※壬水以流通主貴，支聚四庫而土重阻塞，沒有甲木疏通是不行的。土旺也不能有己出干，以防甲己相合又化土，失去制衡之效用。因此以得二甲為貴。

◎三月生壬水之人，若命局中支見寅卯辰支類東方的格局，須用庚金制木做用神。若命局中支見申子辰水局的格局，須用戊土制水做用神。如果有庚金出干的更要用丙火制金。

※凡土旺用金為用神的人。是終身有用之人的命格。水旺而有多個庚金的命格，則是平庸無用之命格。要以丙來制衡。三月土旺，用丙火又要有甲木出干制土，氣勢才會澄清。壬丙交輝，才能取貴。倘若只用丙做用神而無用。只主富而已了。

舉例說明：

1. 日主『壬子』類

例(一)

乙酉
庚辰
日主 壬子
戊申

日主壬子生於辰月，支上有申子辰會水局，有戊土出干制水。用戊土做用神。

用神：戊土。
吉方：南方。
財方：南方。
忌方：北方。

例(二)

丙申
壬辰
日主 壬子
乙巳

日主壬子生於辰月，支上子辰會水局，但辰月為土旺之時，四柱無甲而不貴。以巳中戊土做用神。

用神：戊土。
吉方：南方。
財方：南方。
忌方：北方。

2. 日主『壬寅』類

例(一)

辛	壬	壬（日主）	丁
卯	辰	寅	未

日主壬寅生於辰月，支上有寅卯辰支類東方。干上丁壬相合化木，木氣太盛，四柱無庚，以壬水做用神。

用神：壬水。
吉方：北方。
財方：北方。
忌方：南方。

例(二)

乙	庚	壬（日主）	己
酉	辰	寅	酉

日主壬寅生於辰月，干上乙庚相合化金，支上辰酉相合也化金，水淺金多，為體全之象。用寅宮甲木破辰中戊土，以寅中丙火制庚，主貴。為武貴。

用神：丙火。
吉方：南方。
財方：南方。
忌方：北方。

3. 日主『壬辰』類

例(一)

甲	戊	壬（日主）	壬
寅	辰	辰	寅

日主壬辰生於辰月，有戊土當權，木亦盛，日主兩坐辰庫，又有壬水比肩生扶。壬運、日主逢生，冲去寅木而主貴。以壬水做用神，富貴皆足之命。

用神：壬水。
吉方：北方。
財方：北方。
忌方：南方。

例(二)

壬	甲	壬（日主）	甲
辰	辰	辰	辰

日主壬辰生於辰月，兩干不雜，支聚四辰，為『食神制煞』格。以甲木疏土為用神。

用神：甲木。
吉方：東方。
財方：東方。
忌方：西方。

4. 日主『壬午』類

例(一)

己酉
戊辰
日主 壬午
壬寅

日主壬午生於辰月，有戊己出干，支上寅午會火局，火旺土實，專以寅中甲木為用神疏土。

用神：甲木。
吉方：東方。
財方：東方。
忌方：南方。

例(二)

丙午
壬辰
日主 壬午
丁未

日主壬午生於辰月，干上有丁壬相合化木，支上辰午未夾巳聯珠，一片火木旺之局，要以庚金為用神。主富。

用神：庚金。
吉方：西方。
財方：西方。
忌方：東方。

5. 日主『壬申』類

例(一)

丙子
壬辰
日主 壬申
乙巳

日主壬申生於辰月，支上申子辰會水局，時支巳宮，丙火得祿。為『傷官生財格』。以丙火為用神，主富貴。

用神：丙火。
吉方：南方。
財方：南方。
忌方：北方。

例(二)

庚子
庚辰
日主 壬申
辛亥

日主壬申生於辰月，支上申子辰會水局，為『潤下格』失時，有庚金出干，便要以丙火為用神制庚。為有學歷之人命格。主小貴。

用神：丙火。南方運。
吉方：南方。
財方：南方。
忌方：北方。

6. 日主『壬戌』類

例(一)

庚戌
庚辰
壬戌（日主）
庚戌

日主壬戌生於辰月，干上有三庚，支上有三戌，戌為火土，用庚洩火土之氣。用壬水做用神。

用神：壬水。
吉方：北方。
財方：北方。
忌方：南方。

例(二)

丙午
壬辰
壬戌（日主）
甲辰

日主壬戌生於辰月，支上午戌會火局，又有丙火出干，土旺火實，用甲木疏土，以壬水做用神。

用神：壬水。
吉方：北方。
財方：北方。
忌方：南方。

四月生，日主壬水用神取法

四月為巳月，巳宮是壬水絕地。也是丙火司權的時候。壬水被火土所熘，有乾涸的可能。單見比劫（壬癸水）來相助還不夠，還要有庚辛金發水源才可。夏季火盛，壬水為財旺身弱，要用比劫分財以幫身。以印比交相為用神。倘若命局中有辛金透干的，要注意：不能丙辛相合。丙辛相合會化水，會使用神受傷。也要注意有癸水透干，不能與戊土相合。戊癸相合會化火。用神也會受傷。

◎四月生壬水之人，在命局中，有壬辛兩個都透出干在干上的命局，是主富貴的命局，以印比（金水）為用神。

命局中若是癸辛出干，又有甲木在干上，主小貴。

命局中若無甲的命格之人，為富貴門下之閒人，成不了大器。

◎四月生壬水之人，命局中若火多水少，或是無比劫（壬癸）印綬（庚辛）的命格，為『棄命從財』。會因妻子而致富。若是有癸水透干而無壬水的人，有殘疾。因癸水被熬乾了。

※火多水少的命局，沒有庚辛金來相生，水臨絕地，作『棄命從財』。但若是

地支上有一個『丑』字，有巳丑會金局，庚金就會有生機，壬癸有源，就不做『棄命從財』論了。

◎四月生壬水之人，若命局中四柱多金，並且逢生坐實，壬水變強，就要用巳宮戊土制之，此種命格主異途富貴。

命局中全是金水，支上有申酉亥子。壬水就會逢生坐實，變弱為強。以巳宮當權之丙戊為用神。這是一種變格，與『刼印化晉』格相同。可上承祖蔭，創立事業，具有極品富貴。

◎四月生壬水之人，若命局中金水多，而支上有一『寅』字，與『巳』相刑，稱做『土木交鋒』。是木助火旺的格局，四柱雖多金仍怕火。此命格的人，小時即有痞病，長大了有暗疾，一生虛浮，而無用。

◎四月生壬水之人，若命局中干上有多個甲乙木，來洩壬水之氣，辛金是無力相助的，須用庚金、壬癸來相助日主。此命格中有庚金透干的人主貴。有庚金藏於支中的人是平庸之命格。

◎四月生壬水之人，命局中全無丁火，而壬癸水多，是聰明顯達之人。倘若再有支成水局的人，主大貴之人。

※四月是火旺水絕之時，專以比印（庚辛壬癸）為用。命局中有丁火的命局，丁火會合壬助火，有戊土合癸會破壬，這兩種都是大忌。有丁壬相合而不化的命局之人，因日主向財，為無大志之平庸命格。

◎四月生壬水之人，命局中有庚，而沒有壬癸的人，是奔波下賤之命格。命局中沒有壬水、辛金的人，是貧賤粗俗的鄙夫之命格。但合於外格取用的人，為貴命。

◎四月生壬水之人，選取用神，以印比（庚辛壬癸）互相救濟為選用標準。有印（庚辛）無比劫（壬癸）的命格。是火旺金鎔的命格。命局中印綬、比劫全沒有的人，是偏枯命格。只有合於從格等外格的才會主貴。

舉例說明：

1. 日主『壬子』類

例(一)

辛丑
癸巳
日主 壬子
庚子

此為張學良之命格。有庚辛癸出干，支上巳丑會金局。為劫印化晉格。火土為當旺之神，變忌為喜。用巳宮戊土為用神。行火土運大吉。一生事業，出於蔭庇，行運北方。主貴不得運。

用神：戊土。
吉方：南方。
財方：南方。
忌方：北方。

※『劫印化晉格』：解釋在《上冊》第303頁。

例(二)

辛丑
癸巳
日主 壬子
甲辰

日主壬子生於巳月，有辛癸出干，又有甲木在干上，主小貴。支上巳丑會金局，子辰會水局。金水運逢生坐實，用巳宮丙戊做用神。

用神：丙火。
吉方：南方。
財方：南方。
忌方：北方。

2. 日主『壬寅』類

例(一)

癸卯
丁巳
日主 壬寅
壬寅

日主壬寅生於巳月，干上有壬癸，而無庚辛，比印不全。不足取貴，為普通之命格。丁壬相合化木助火。以胎元申宮庚全做用神。

用神：庚金。
吉方：西方。
財方：西方。
忌方：南方。東方。

例(二)

庚戌
辛巳
日主 壬寅
丙午

日主壬寅生於巳月，干上有丙火出干，支上寅午戌會火局，巳宮又是丙戊火土。火旺用庚金做用神，制火生壬。金水運。

用神：庚金。
吉方：西方。北方。
財方：西方。
忌方：南方。

3. 日主『壬辰』類

例(一)

丙辰
癸巳
壬辰（日主）
壬寅

日主壬辰生於巳月，有壬癸而無庚辛，比劫不全，支上有寅巳相刑，為『土木交鋒』。以巳中庚金做用神。胎元甲申，申中庚金也可做用神。用庚金制火生水。

用神：庚金。
吉方：西方。
財方：西方。
忌方：南方。東方。

例(二)

戊申
丁巳
壬辰（日主）
壬寅

日主壬辰生於巳月，干上丁壬相合，支上申辰會水局。日主向財，為無大志之命格，支上寅巳相刑，為『土木交鋒』。以戊土做用神。

用神：戊土。
吉方：南方。
財方：南方。
忌方：北方。

4. 日主『壬午』類

例(一)

癸酉
丁巳
壬午（日主）
丙午

日主壬午生於巳月，支上巳酉會金局，有癸水出干，專用癸辛。以酉中辛金做用神。主武貴。

用神：辛金。
吉方：西方。
財方：西方。
忌方：東方。

例(二)

壬寅
乙巳
壬午（日主）
乙巳

日主壬午生於巳月，干上雙乙出干，又有壬水出干，支上寅午會火局。專用胎元丙申，申中有壬水，可使年干中之壬水通根。財官秉令，行金水運，主武貴。因寅巳申三刑，寅巳中有丙戊當旺，申宮庚壬當旺，三刑得用，威鎮邊疆。

用神：壬水。金水運。
吉方：北方。
財方：北方。
忌方：南方。

5. 日主『壬申』類

例㈠

壬午
乙巳
日主 壬申
己酉

日主壬申生於巳月，日主自坐長生，支上巳酉會金局，申中庚金相生。此為『財官格』。財旺生官。用巳宮戊土做用神。行金水運。

用神：戊土。金水運。
吉方：西方。北方。
財方：西北方。
忌方：南方。

例㈡

甲辰
己巳
日主 壬申
戊申

日主壬申生於巳月，支上申辰會水局，有戊土出干，用食神制煞為用神，己土合甲為病，喜金水運助。主武貴。

用神：甲木。行金水運吉。
吉方：東方。西方。北方。
財方：東方。
忌方：南方。

6. 日主『壬戌』類

例㈠

壬寅
乙巳
日主 壬戌
庚子

日主壬戌生於巳月，有壬庚出干，支上寅戌會火局。取胎元丙申，壬水通根至申，財官秉令，行金水運。

用神：壬水。
吉方：北方。
財方：北方。
忌方：南方。

例㈡

庚辰
辛巳
日主 壬戌
辛丑

日主壬戌生於巳月，有庚辛出干，支上巳丑會金局，印太重。以財做用神。以巳宮丙火為用神。

用神：丙火。
吉方：南方。
財方：南方。
忌方：北方。

五月生，日主壬水用神取法

五月為午月，午中有丁己同宮。是財官兩旺。但是壬水在午宮是休囚已極的時候，而不能任財官。必須用印劫生助日主才行。

午月丁旺壬弱，因此以庚來蓄水源，以癸來制丁。為防丁壬相合，故取癸水為用。

◎五月生壬水之人，若命局中庚癸均透干的人，主富貴。

命局中若是庚壬兩透干的人，是有才略，權位的人，亦主貴。

命局中有庚無癸。是平庸命格。（有金無水，金為火傷，為平庸之命）

※壬水生於四、五月，四柱無金水，因胎元在申、酉宮，而壬水有根，故並不可做『從財格』論之。

◎五月生壬水之人，倘若命局中支成火局，全無金水，稱為『財多身弱』。是富屋貧人之命格。不能做『從財格』。（一定要胎元在戌未宮的才為從財格）。倘若命局中木又多，有火無水，為僧道之命。

◎五月生壬水之人，選取用神，以用辛金為最清。因怕丁火傷辛，因此在選取用神時，以庚辛壬癸互相參考運用。合化會傷害用神，要防之。

舉例說明：

1. 日主「壬子」類

例(一)

壬子
丙午
日主 壬子
丙午

日主壬子生於午月，天干上有丙壬，水火交戰。火當令，水至午月休囚。幸四柱無土，不剋日主。火土年天剋地沖，財殺兩旺不吉。金運發財。此命格幼年困苦。

用神：壬水。金水運。
吉方：北方。西方。
財方：北方。
忌方：南方。

例(二)

己巳
庚午
日主 壬子
己酉

日主壬子生於午月，己土得祿於午，支上巳酉會金局，有雙己出干，官多用印，以庚金做用神。

用神：庚金。
吉方：西方。
財方：西方。
忌方：東方。

2. 日主「壬寅」類

例(一)

丁酉
丙午
日主 壬寅
甲辰

日主壬寅生於午月，有丙丁出干，支上寅午會火局。財旺生官用印。以庚金做用神。

用神：庚金。
吉方：西方。
財方：西方。
忌方：東方。

例(二)

癸丑
戊午
日主 壬寅
庚戌

日主壬寅生於午月，殺旺又逢財局，有戊土出干，支上寅午戌會火局，戊癸相合化火，金水受傷，主殘疾夭折之命。

用神：癸水。
吉方：北方。
財方：北方。
忌方：南方。

3. 日主「壬辰」類

例(一)

辛未
甲午
日主 壬辰
丙午

日主壬辰生於午月，有甲丙出干，支上辰午夾巳，壬貴財祿同位。但壬癸不透干，格局不全，為財多身弱，為財所困。以辛金做用神。

用神：辛金。
吉方：西方。
財方：西方。
忌方：東方。

例(二)

戊辰
戊午
日主 壬辰
甲辰

日主壬辰生於午月，四柱皆戊土為煞，支坐三辰，通根身庫。四柱無金，時透食神制煞。為一將當關，群凶自伏。以甲木為用神。

用神：甲木。
吉方：東方。
財方：東方。
忌方：西方。

4. 日主「壬午」類

例(一)

癸亥
戊午
日主 壬午
己酉

日主壬午生於午月，有戊己出干，戊癸相合而不化，癸水臨亥為旺。旺煞逢財，喜其合，則不制壬水。合煞留官。以亥中甲木為用神，運行東方木地，主貴。

用神：甲木。木運。
吉方：東方。
財方：東方。
忌方：西方。

例(二)

辛卯
甲午
日主 壬午
壬寅

日主壬午生於午月，有辛壬出干，支上寅午會火局，以壬水做用神。

用神：壬水。
吉方：北方。
財方：北方。
忌方：南方。

5. 日主『壬申』類

例(一)

戊戌
戊午
日主 壬申
辛亥

日主壬申生於午月，壬祿在亥，有雙戊出干，支上午戌會火局，財滋煞旺，用申中庚金做用神，財多身弱。

用神：庚金。
吉方：西方。
財方：西方。
忌方：南方。

例(二)

庚戌
壬午
日主 壬申
壬寅

日主壬申生於午月，日主自坐長生，身旺，有庚壬出干，支上寅午戌會火局。用壬水做用神。

用神：壬水。
吉方：北方。
財方：北方。
忌方：南方。

6. 日主『壬戌』類

例(一)

壬申
丙午
日主 壬戌
丁未

日主壬戌生於午月，有丙丁出干，支上午戌會火局。壬水在申中長生。用壬水做用神。

用神：壬水。
吉方：北方。
財方：北方。
忌方：南方。

例(二)

癸巳
戊午
日主 壬戌
壬寅

日主壬戌生於午月，戊癸相合化火，支上寅午戌會火局。以壬水做用神。

用神：壬水。
吉方：北方。
財方：北方。
忌方：南方。

六月生，日主壬水用神取法

六月為未月，未中有乙丁己同宮。六月未宮己土當權，壬水有乾涸之可能。因此要先用辛金來蓄水，做源頭。命局中若有戊己土出干的命格，必須有甲木出干剋制才可。

六月生壬水之人選取用神，分上半個月與下半個月稍有不同的選用神之法。生在大暑之前的人，與生於五月的人一樣，要以印劫相助日主。而生於大暑之後的人，有金水進氣，己土已當權，會有濁壬之憂，因此還要用甲木疏土，用甲仍須癸水相助才行。

◎六月生壬水之人，命局中有辛甲兩透干的命格，主大富貴。命局中若是甲木藏支，辛金透出干的人，有小貴。命局中有甲木透干，辛金藏於支中的人，主異途顯達。

※六月有己土秉令，會混濁壬水。倘若命局中再有另一個己土出干的話，一定要用甲木疏土為救，再用辛金來發水源，而且地支上更應該藏有一、二點水。要不然，土燥木枯，甲木也救不了命局了。

◎六月生壬水之人，若命局中有庚壬皆透干，不被傷害到，此種命格是才氣高，職位貴顯的人。

命局中若有壬水出干，庚藏於支中，不被剋傷，也是能幹的有識之士。若命局中有火破庚，則是性格清高而窮困的人了。

※命局中若只有月支未中一點己土，則不必用甲木做用神，要用庚壬做用神。丙丁會傷庚，戊己會傷壬，庚壬有傷，則清高而主窮了。

◎六月生壬水之人，命局中若都是己土，稱為『假煞』，是笑裡藏刀、害人不淺的人，仍是生活無著。用甲乙木出干制土，就會有衣食而不奸詐了。

※『假煞』：剋我者為『煞』，官多會化煞，不是真煞。

※己土會混濁壬水而不能止水制水。壬水以清澄而主貴。混壬則挾帶泥沙，而見其秉性奸詐了。

◎六月生壬水之人，若命局中支成木局，會洩弱壬水之氣，應當用金水生助，才會成為貴格。

※通常在命格中有多個己土在命局中時，通常會用甲乙木來救助。而以水來配合，水妻木子。而六月壬水，取甲木制土為救時，仍用金水為用神。因壬水太弱，支成木局，不能不以金來救日主。其用神還是在金水。金妻水子。一個是救神，一個是必須之物，而有不同。

舉例說明：

1. 日主『壬子』類

例㈠

壬子
丁未
日主 壬子
辛亥

日主壬子生於未月，支上亥未會木局，干上丁壬相合，兩壬爭合，羈絆用神。是為過於有情而志無遠達。壬本忌合，行金運可解合。此命格主早年困苦稍具學歷之人。

用神：辛金。
吉方：西方。
財方：西方。
忌方：南方。

例㈡

辛丑
乙未
日主 壬子
甲辰

日主壬子生於未月，有辛甲透干，子辰會水局。未月土重，用甲疏土，以辛金印星做用神。

用神：辛金。金水運。
吉方：西方。
財方：西方。
忌方：東方。

2. 日主『壬寅』類

例㈠

己酉
辛未
日主 壬寅
壬寅

日主壬寅，生於未月，此命造以未土為源頭，生辛金，辛金生壬水，壬水生寅木，四柱生化有情，元神純粹，火為忌神，幸火藏於支中。人品端方仁厚，為五福三多之命。

用神：辛金。
吉方：西方。
財方：西方。
忌方：南方。

例㈡

壬寅
丁未
日主 壬寅
丁未

日主壬寅生於未月，干上兩度丁壬相合，支上不會木局，故丁壬相合不化。丁火通根至未，壬水無根。用壬水做用神生助日主。行金運可解合。幼年困苦，一生貧困之命。

用神：壬水。金水運。
吉方：北方。西方。
財方：北方。
忌方：南方。東方。

3. 日主『壬辰』類

例(一)

辛未
乙未
壬辰（日主）
丙午

日主壬辰生於未月，支上辰午夾巳，壬貴財祿同位。財多身弱，格局不全，無壬癸透干。以辛金做用神。

用神：辛金。金水運。
吉方：西方。
財方：西方。
忌方：東方。木運。

例(二)

丙申
乙未
壬辰（日主）
甲辰

日主壬辰生於未月，支上二辰，通根身庫。辰土能蓄水養木，有甲乙並透干，通根制土，兒能救母。丙火洩木生土為忌神。以申中壬水為用神。行東北運。

用神：壬水。
吉方：北方。
財方：北方。
忌方：南方。

4. 日主『壬午』類

例(一)

戊申
己未
壬午（日主）
壬寅

日主壬午生於未月，有戊己官煞混雜，柱無甲木，支上寅午會火局。寅宮甲木洩氣於火。以申中庚金做用神，生助日主。

用神：庚金。
吉方：西方。
財方：西方。
忌方：東方。

例(二)

己卯
辛未
壬午（日主）
乙巳

日主壬午生於未月，支上巳午未支類南方。財從官勢，官星當令為『從官格』。月干辛金無根，為假從。丙丁運，生助財官剋盡辛金，主大貴。以午中丁火為用神。

用神：丁火。
吉方：南方。
財方：南方。
忌方：北方。

5. 日主「壬申」類

例(一)

戊午
己未
日主 壬申
辛亥

日主壬申生於未月，官煞並旺當令，日坐長生，壬水得祿於亥，時逢祿旺。足以敵官擋煞，申中庚金，引通財殺之氣。行西北運。

用神：庚金。
吉方：西方。
財方：西方。
忌方：南方。東方。

例(二)

己未
辛未
日主 壬申
丁未

日主壬申生於未月，丁己通根至未，為體用同宮。土多無甲，丁壬相合，用申中壬水做用神。

用神：壬水。
吉方：北方。
財方：北方。
忌方：南方。

6. 日主「壬戌」類

例(一)

甲辰
辛未
日主 壬戌
戊申

日主壬戌生於未月，辛甲兩透干，支上未申戌夾酉聯珠。以申中壬水做用神。行金水運。主富貴。

用神：壬水。
吉方：北方。
財方：北方。
忌方：南方。

例(二)

壬子
丁未
日主 壬戌
甲辰

日主壬戌生於未月，干上丁壬相合，支上子辰會水局，未月土重用甲木疏土。以戌中辛金做用神。

用神：辛金。金水運。
吉方：西方。
財方：西方。
忌方：南方。

七月生，日主壬水用神取法

七月為申月，申宮有庚壬戊同宮。七月壬水長生於申，故稱母旺子相。庚金與壬水是勢力並行的。壬水有急沖奔騰、一洩千里的性質，因此要用戊土做堤防。庚金在申宮為祿旺，為了防止它會洩土生水，因此要用丁火制庚，使其不會把土損害了而失去堤防。在這種狀況之下，是不可有丁壬相合的，因為丁壬相合會化木又成為病了，故而丁壬須隔位不合才好。命局中如果沒有丁，就用丙火來相輔制庚。

◎七月生壬水之人，如果命局中有戊土透干，又在年干上有丁火出干，是由國家考試而出仕的高官顯職之命格。

命局中若戊土出干，丁火藏於支上午、戌之中，有小貴。此命格不可有癸水出干，怕戊癸相合化火，不吉。

命局中若支上有寅戌，年干丁火沒有損傷的人，主為有高學歷的人，也會貴顯。命局中若丙戊皆藏於支中的人，是富中取貴的人。

※七月壬水選取用神是以戊丁並出干為正用條件的。丁在年干上，必生於戊

申月，支上有午戌會火局，戊土即坐實，貴顯可期。丙戊若藏於寅巳之中，即富中取貴。

※七月壬水若戊土不出干，就用戊宮之土做用神。申宮的土，因與壬庚同宮為受病的土，是沒有能力制住旺水的。

◎七月生壬水之人，若四柱有多個壬水，有一個戊土又出干，稱做『假煞為權』。是權位非常高的人。須有丙丁來生土為用神。害怕有甲木來破土。倘若命局中是甲木藏於支中，力量較小，則不怕。月令中庚金得祿而旺，亦能破甲。

倘若命局中是甲木在干上出現的多的，剋制七煞（戊土）太超過，則是平庸者之命格了，此因支上申中之庚，無法剋制天干上的甲木。因此這個命格的人，只是衣食無缺，能溫飽而已。

倘若命格中戊土太多的，又必須有甲制戊。有一個甲木出干，便是有一點富貴的人。沒有甲木在命局中的人，是一生困苦的人。

◎七月生壬水之人，若命局中甲木多，又是火又多的命局，必須用庚金出干為救神。申中之庚不能制天干之甲。凡是此種命局中沒有庚金出干的人，便是離鄉背井，隨緣而有食祿之人。此為『食神生財』格。甲木多就是食神多，會洩弱日主壬水之氣，因此必須佩印。庚金即是印，有庚出干制甲，才有富貴。

◎七月生壬水之人，專以戊土為用神，以丁火為輔助。

舉例說明：

1. 日主『壬子』類

例(一)

辛酉
丙申
壬子（日主）
庚戌

日主壬子生於申月，丁戊藏於戌中，支上子申會水局，以戊宮戊土為用神。

用神：戊土。
吉方：南方。
財方：南方。
忌方：北方。

例(二)

壬辰
戊申
壬子（日主）
壬寅

日主壬子生於申月，有三壬出干，支上申子辰會水會。有一個戊出干，通根寅宮。『假煞為權』，為權位高之人。

用神：戊土。
吉方：南方。
財方：南方。
忌方：北方。

2. 日主『壬寅』類

例㈠

	戊寅
	庚申
日主	壬寅
	壬寅

日主壬寅生於申月，『財滋弱煞格』，取年上戊寅，寅中有丙戊，財藏煞透，引歸時上長生，主貴。以丙戊為用神。

用神：戊土。
吉方：南方。
財方：南方。
忌方：北方。

例㈡

	壬午
	戊申
日主	壬寅
	壬寅

日主壬寅生於申月，支上寅午會火局，有一個戊土出干，干上有三個壬水，『假煞為權』。權位高。

用神：戊土。
吉方：南方。
財方：南方。
忌方：北方。

3. 日主『壬辰』類

例㈠

	癸酉
	庚申
日主	壬辰
	辛亥

日主壬辰生於申月，干上無戊。支上申辰會水局。為『潤下格』失時，本應行金水運吉，但此命格行火運，以貿易從商主富。用辰中戊土做用神。依人而富。

用神：戊土。
吉方：南方。
財方：南方。
忌方：北方。

例㈡

	庚辰
	甲申
日主	壬辰
	甲辰

日主壬辰生於申月，干上有二甲，支上申辰會水局。用庚金制甲，食神生財佩印為用神。主富貴。

用神：庚金。
吉方：西方。
財方：西方。
忌方：東方。

4. 日主「壬午」類

例(一)

辛丑
丙申
日主 壬午
辛亥

日主壬午生於申月，無戊土止水，故用丙做用神，干上有兩辛相合，羈絆用神。主文貴。行南方運。

用神：丙火。
吉方：南方。
財方：南方。
忌方：北方。

例(二)

丁亥
戊申
日主 壬午
壬寅

日主壬午生於申月，有丁火透干得祿於午。戊土透干，通根至寅。支上寅午會火局。戊土坐實，主貴顯。以戊土做用神。

用神：戊土。
吉方：南方。
財方：南方。
忌方：北方。

5. 日主「壬申」類

例(一)

丁亥
戊申
日主 壬申
庚戌

日主壬申生於申月，丁壬相隔不合，戊土通根於戌，身旺任財，丁戊俱透，專以戊土做用神。

用神：戊土。
吉方：南方。
財方：南方。
忌方：北方。

例(二)

乙亥
甲申
日主 壬申
壬寅

日主壬申生於申月，有甲乙出干，寅亥中又有甲木，木多而無庚金出干，以申中庚金做用神。衣食隨緣，為孤獨之人。

用神：庚金。
吉方：西方。
財方：西方。
忌方：東方。

6. 日主『壬戌』類

例(一)

辛酉
丙申
日主　壬戌
庚戌

日主壬戌生於申月，支上申酉戌支類西方。壬水在申長生，因此用戌中戊土制壬。

用神：戊土。
吉方：南方。
財方：南方。
忌方：北方。

例(二)

丙戌
丙申
日主　壬戌
戊申

日主壬戌生於申月，干上有丙戌，戊通戌宮，丙火無根。壬通月時支在申中長生。以戊土為用神。

用神：戊土。
吉方：南方。
財方：南方。
忌方：北方。

八月生，日主壬水用神取法

八月為酉月，酉中有辛祿，是辛金司令之時，八月壬水，月令正印秉令，金水相生，故稱『金白水清』。八月壬水害怕戊土來阻塞，也怕己土來混濁。因此以取甲木而主貴。

◎八月生壬水之人，命局中有甲木透出在干上的命格，為壬水『徹底澄清』主富貴高官之命格。

倘若命局中有戊土出干，又有多個甲木出干，去濁留清，有沙水交融之象。金自白而水自清，也有富貴。有甲木透干在時干上的命格，稱做『文星』。主其人為文人學士，有清貴的命格。此命局害怕有庚出現在干上剋甲，即使庚金在支上也是不好的。

倘若命局中，甲木藏於支中，沒有庚來破甲，也主其人為文學儒秀之士。

◎八月生壬水之人，若在命局中壬水多出干，支上有申亥，就不能當做『金白水清』來看待了。此種命局不以甲木為用神，而以戊為用神，以丙丁為輔助。這一點和七月生壬水之人選取用神，是相同之法的。此人富足多才。倘若命局中壬多而無戊土的人，是人長得清秀，而無才華，並且是終生窮困的人。

◎八月生壬水之人，若命局中全是金，而無甲，可用金來發水源。稱為『獨水三犯庚辛』。也稱做『體全之象』。以金為體，以水為用神。

※書云：『水淺金多，號日體全之象。』這是一種破格。以全局為主，母旺子孤，當助其子。而以日元為用神。

◎八月生壬水之人選取用神，以甲木為正用。『體全之象』為變格。若用戊土為治病之藥做用神，則為平庸格局。

舉例說明：

1. 日主『壬子』類

例(一)

庚午
乙酉
日主 壬子
甲辰

日主壬子生於酉月，有庚甲兩透干，支上子辰會水局，干上乙庚相合，故不剋甲，以甲木文星做用神。主文貴，有文章之美。

用神：甲木。
吉方：東方。
財方：東方。
忌方：西方。

例(二)

壬子
己酉
日主 壬子
庚戌

日主壬子生於酉月，有壬水出干，專用戊宮戊土做用神。有己土出干混濁壬水，難以取貴。支上子戌夾亥貴，壬水得祿，時上財星歸庫，身旺可用財。主富。

用神：戊土。
吉方：南方。
財方：南方。
忌方：北方。

2. 日主『壬寅』類

例(一)

己亥
癸酉
日主 壬寅
甲辰

日主壬寅生於酉月，有己土出干混壬，用甲木去濁留清。主文貴。用甲木做用神。有文章之美。

用神：甲木。
吉方：東方。
財方：東方。
忌方：西方。

例(二)

癸亥
辛酉
日主 壬寅
甲辰

日主壬寅生於酉月，有癸辛甲出干，金白水清，又有甲木文星，主文貴。用甲木的用神。

用神：甲木。
吉方：東方。
財方：東方。
忌方：西方。

3. 日主『壬辰』類

例(一)

辛丑
丁酉
壬辰（日主）
壬寅

日主壬辰生於酉月，辰為龍、寅為虎。寅辰夾卯，丙酉暗 卯，卯為天門，故為『龍虎拱天門』格。以寅中甲木為用神。

用神：甲木。行甲運。

吉方：東方。

財方：東方。

忌方：西方。

※『龍虎拱天門』格：解釋請看《上冊》第303頁。

例(二)

庚午
乙酉
壬辰（日主）
壬寅

日主壬辰生於酉月，有庚壬出干，乙庚相合，支上寅午會火局，以寅中戊土做用神。

用神：戊土。

吉方：南方。

財方：南方。

忌方：北方。

4. 日主『壬午』類

例(一)

庚辰
乙酉
壬午（日主）
庚子

日主壬午生於酉月，有雙庚出干，干上乙庚相合，支上子辰會水局。無甲，用辰中戊土為用神。

用神：戊土。

吉方：南方。

財方：南方。

忌方：北方。

例(二)

戊辰
辛酉
壬午（日主）
甲辰

日主壬午生於酉月，有戊土出干，皆通根辰庫，又有甲木出干可制煞。為『食神制煞格』。以甲木為用神。

用神：甲木。

吉方：東方。

財方：東方。

忌方：西方。

5. 日主「壬申」類

例(一)

癸未	辛酉	壬申（日主）	戊申

日主壬申生於酉月，有癸辛出干，又有戊土出干，無甲木，以戊土為用神，行南方運，用神得地主貴。

用神：戊土。
吉方：南方。
財方：南方。
忌方：北方。

例(二)

己亥	癸酉	壬申（日主）	戊申

日主壬申生於酉月，戊己官殺並透無根，金水太旺。用戊土做用神。行南方運。主富貴。

用神：戊土。
吉方：南方。
財方：南方。
忌方：北方。

6. 日主「壬戌」類

例(一)

丙子	丁酉	壬戌（日主）	己酉

日主壬戌生於酉月，丙火通根至墓庫。丙火支坐劫刃，己土不足以制水，而混壬，干上丁壬相合不化，身旺無依，用戊中戊土做用神。

用神：戊土。
吉方：南方。
財方：南方。
忌方：北方。

例(二)

甲午	癸酉	壬戌（日主）	壬寅

日主壬戌生於酉月，有壬癸及甲木出干，支上寅午戌會火局，金白水清，專用比印。甲木為文星。主文貴。以壬水為用神。

用神：壬水。
吉方：北方。
財方：北方。
忌方：南方。

九月生，日主壬水用神取法

九月為戌月，壬水至九月為冠帶之位。水氣即將進氣，但戌宮戊土司權，壬水將旺未旺，尚無泛濫之下。先以甲木制煞為用神。倘若月令為戊戌，則定要甲木出干才可制。因此九月生壬水之人選取用神，專用甲木。

倘若命局中壬水多，支臨陽刃（支上有子），有一個戊土出干，煞刃相制，稱做『煞刃格』。用戊土制刃為用。主武貴。但仍必須有辛金蓄水，而丙火藏於寅巳之中，才為貴格。

倘若命局中壬水多，戊土也多，為身強煞旺的命格，要取甲木來制煞（戊土）。此為『食神制煞格』。又例如壬水有印劫（金水）生助。月令上有戊土出干，時干上透出一個甲木來制土，也是『食神制煞格』。所謂『一將當關，群邪自伏』。但仍需有丙火，並通根寅巳才最好。因為秋水氣寒，寅中有甲丙戊，丙火通根，全局靈活。命局中有丙火溫暖的人（有寅在支上），就有富貴，並且是品德清雅的人。

◎九月生壬水之人，命局中都是戊土（戊土多），時干上透出一個甲木，稱做『

煞重有制』，為『玉堂清貴』的格局，主文貴。在這種土多的格局中，又忌怕甲己相合，使甲木無用。倘若有庚金破甲的命格，又要有丁火來救助。有甲透干，又有丁火透干的命格，是略有富貴的命格，無丁，就屬貧賤了。

命局中若是戊土多，有甲木透出在月干，也會主貴顯。也就是生於甲戌月，煞藏食透，制煞得力。

倘若命局中是己土藏支的，例如丑、未、年、時，有甲木出干，也足能破土。倘若命局中是庚透干而無丁火的命局，其用神在食神（甲木），有梟神奪食（庚金剋甲），不能不以丁火來救助。因此丁火透干略有富貴。沒有丁火的人，主貧賤了。

◎九月生壬水之人，選取用神，專用甲木，次用丙火。戊土必是壬水汪洋取一戊制群水時才用。倘若無丙用戊做用神的人，是平庸命格。

舉例說明：

1. 日主『壬子』類

例(一)

戊午
壬戌
壬子（日主）
乙巳

日主壬子生於戌月，水進氣，日主壬水得坐下子為陽刃幫身。年干戊土出干，有壬擋之，為身殺兩停。子午相，支上午戌會火局，有子水隔巳，使財不生殺，以戌中辛金為用神。

用神：辛金。
吉方：西方。
財方：西方。
忌方：東方。

例(二)

戊寅
壬戌
壬子（日主）
甲辰

日主壬子生於戌月，有甲木出干，支上寅戌會火局，子辰會水局。戊土出干在前，甲木在後，為煞前食後，格局定備，『食神制煞格』。甲透丙藏，主中等富貴。

用神：甲木。
吉方：東方。
財方：東方。
忌方：西方。

2. 日主『壬寅』類

例(一)

癸巳
壬戌
壬寅（日主）
壬寅

日主壬寅生於戌月，支上寅戌會火局。年支坐巳，天干皆坎。地支皆離，必須行金運才可解。以巳中庚金做用神。火土運不吉。

用神：庚金。金水運。
吉方：西方。
財方：西方。
忌方：南方。火土運。

例(二)

癸卯
壬戌
壬寅（日主）
丙午

日主壬寅生於戌月，支上寅午戌會火局，壬水雖有比劫幫身但衰弱，以金運解之。用虛神庚金做用神。

用神：庚金。金運。
吉方：西方。
財方：西方。
忌方：東方。南方。木火運。

3. 日主『壬辰』類

例(一)

日主

己巳
甲戌
壬辰
庚子

日主壬辰生於戌月，干上甲己相合化土，又有庚金遙剋，月令煞旺，逢子水陽刃，為『煞刃格』。主武貴。以甲木為用神。

用神：甲木。
吉方：東方。
財方：東方。
忌方：西方。

例(二)

日主

壬子
庚戌
壬辰
庚子

日主壬辰生於戌月，有壬庚出干，支逢二刃，秋水汪洋，專以戊土為用神。煞刃相制成格。四柱無丙，故不顯。

用神：戊土。
吉方：南方。
財方：南方。
忌方：北方。

4. 日主『壬午』類

例(一)

日主

丙寅
戊戌
壬午
辛丑

日主壬午生於戌月，支上寅午戌會火局。有丙火透干，丙辛遙隔而不合。有辛金滋壬，用寅宮甲木破戊土。以甲木為用神，行東北運主吉。

用神：甲木。東北運。
吉方：東方。
財方：東方。
忌方：西方。

例(二)

日主

辛卯
戊戌
壬午
庚子

日主壬午生於戌月，戊土七煞出干，時逢子刃，為『煞刃格』。主武貴。運行南方主貴。以戊土制刃為用神。

用神：戊土。
吉方：南方。
財方：南方。
忌方：北方。

5. 日主『壬申』類

例㈠

戊子
壬戌
壬申（日主）
庚子

日主壬申生於戌月，壬逢子為刃，支上二刃，有戊土出干為煞，因此為『煞刃格』。以戊土制刃為用神。主武貴。

用神：戊土。
吉方：南方。
財方：南方。
忌方：北方。

例㈡

壬寅
庚戌
壬申（日主）
戊申

日主壬申生於戌月，日主壬水自坐長生，有戊土出干制水，支上寅戌會火局可生戊。用寅中甲木做用神。

用神：甲木。
吉方：東方。
財方：東方。
忌方：西方。

6. 日主『壬戌』類

例㈠

辛丑
戊戌
壬戌（日主）
甲辰

日主壬戌生於戌月，支上午戌會火局。壬水無根，天干坎衰，地支離旺，用庚金做用神。行西北運，主富貴。

用神：庚金。
吉方：西方。
財方：西方。
忌方：南方。東方。

例㈡

辛丑
戊戌
壬戌（日主）
甲辰

日主壬戌生於戌月，支聚四庫，用甲木破土，用辛滋壬，戌月有壬水進氣，主文貴。

用神：甲木。
吉方：東方。
財方：東方。
忌方：西方。

十月生，日主壬水用神取法

十月為亥月，亥自水當令。十月壬水在亥為臨官，有沖奔之勢。因此要用戊土做堤防制水為主要取用神之法。並且要以丙火相助取暖。

書云：『建祿生提月，財官喜透天。』就是說，生月的月份建祿，喜財官透出在天干上。

壬水生亥月，壬祿在亥，即是建祿生提月。須要丙戊兩透干，且運行南方火土的運程，一定會有名利雙全的人生。

倘若命局中是有丙無戊在干上的命格，是經商的人才。

倘若命局中是有戊無丙的命格，命局氣象太寒冷，會不能聚財，做事常失敗。

倘若命局中沒有丙戊，可以用丁己，這種命格是富而不貴的命格。

◎十月生壬水之人，倘若生於壬辰日，又是辰時，壬水浩瀚，必須有戊土透干制水，並用庚制甲，使甲木不傷戊土。倘若庚戊兩透干的人主富貴。

倘若命局中有甲木出干制戊，不見庚救，會是貧困之人。若是戊土藏於支中，無法制干上甲木的命局，主稍具學歷。

倘若壬辰日，辰時生的人，有戊庚出干而無甲，主富貴福壽。

※十月生，壬水之人，專用『財滋弱煞』格，而不用『食神制煞』。如果有食神（甲木），就必須以梟印（己土）來救助了。

◎十月生壬水之人，倘若支成木局，又有甲木透干，有庚制甲的命格主富貴。無庚的人，主平庸。

※十月壬水，最怕支上有亥卯未會木局，木氣會洩元神。故以梟印為用，（庚金），來制傷扶身，有雙方兼顧之利。

◎十月生壬水之人，倘若命局支成水局，而沒有戊己出干的命格，為『潤下格』。以行西北運，主大富貴。行東南運主貧賤蕭條。潤下格以水為用神。忌土剋。

◎十月生，壬水之人選取用神，專以戊丙為正用。若以庚金為用神，則是有病需用藥，庚金為藥。

舉例說明：

1. 日主『壬子』類

例(一)

	庚子
	丁亥
日主	壬子
	庚戌

日主壬子生於亥月，壬水得祿於亥，亥中有甲木，用庚金制甲，以戊中戊土制水做用神。

用神：戊土。

吉方：南方。

財方：南方。

忌方：北方。

例(二)

	壬子
	辛亥
日主	壬子
	庚戌

日主壬子生於亥月，干上無丙戊，支上亥子夾丑，支類北方。此為『潤下格』。以壬水做用神。

用神：壬水。

吉方：北方。

財方：北方。

忌方：南方。

2. 日主『壬寅』類

例(一)

	戊子
	癸亥
日主	壬寅
	甲辰

日主壬寅生於亥月，四柱無金，甲木食神獨透干，且通根至寅，在寅中得祿。主富貴。以甲木做用神。寅中有丙火。

用神：甲木。

吉方：東方。

財方：東方。

忌方：西方。

例(二)

	癸酉
	癸亥
日主	壬寅
	壬寅

日主壬寅生於亥月，天干全是水，支上不成格局。壬祿在亥，用寅中丙戊做用神。

用神：戊土。

吉方：南方。

財方：南方。

忌方：北方。

3. 日主「壬辰」類

例(一)

己亥
乙亥
日主 壬辰
辛亥

日主壬辰生於亥月，有己土出干，亥中有甲木可制土。支上有三亥，辰又是溼土，氣勢大寒，用胎元丙寅中之丙火為用神。

用神：丙火。
吉方：南方。
財方：南方。
忌方：北方。

例(二)

庚午
丁亥
日主 壬辰
戊申

日主壬辰生於亥月，有戊庚出干，支上申辰會水局，用戊土制水做用神。

用神：戊土。
吉方：南方。
財方：南方。
忌方：北方。

4. 日主「壬午」類

例(一)

庚午
丁亥
日主 壬午
甲申

日主壬午生於亥月，有甲木出干，有庚金制之，甲在亥中長生，丁祿在午，庚祿在申，壬祿在亥，天干全在地支得祿旺長生，氣旺。專以庚金做用神。

用神：庚金。
吉方：西方。
財方：西方。
忌方：東方。

例(二)

丁卯
辛亥
日主 壬午
甲申

日主壬午生於亥月，有甲木出干，通根至亥。壬水長生在申。支上卯亥會木局。專以申中庚金做用神。

用神：庚金。
吉方：西方。
財方：西方。
忌方：東方。

5. 日主『壬申』類

例(一)

辛未
己亥
日主 壬申
戊申

日主壬申生於亥月，戊土出干，無丙。幸胎元為庚寅，寅中有丙火暗藏。主富而不貴。以戊土做用神。

用神：戊土。
吉方：南方。
財方：南方。
忌方：北方。

例(二)

癸未
癸亥
日主 壬申
庚戌

日主壬申生於亥月，有雙癸一庚出干，支上未申戌亥夾酉聯珠，且支類西方。金水旺，無火。以戌中戊土做用神。主富貴，但起伏無常。

用神：戊土。
吉方：南方。
財方：南方。
忌方：北方。

6. 日主『壬戌』類

例(一)

辛巳
己亥
日主 壬戌
甲辰

日主壬戌生於亥月，甲被己合去，因此不破土，為奇格。以巳宮丙戊為用神。

用神：丙火。
吉方：南方。
財方：南方。
忌方：北方。

例(二)

丙寅
己亥
日主 壬戌
丁未

日主壬戌生於亥月，支上亥未會木局，寅戌會火局。又有丙丁出干。用庚金做用神。（胎元庚寅）

用神：庚金。金水運。
吉方：西方。
財方：西方。
忌方：東方。

十一月生，日主壬水用神取法

十一月為子月，子月是壬水的陽刃之地（壬刃在子），是旺逾其度了。因此必須用戊土制水。子月氣候嚴寒，水土皆凍，一定要用丙火才能解凍。

◎十一月生壬水之人，命局中有丙戊兩透干的命格主富貴，並具有才華與品德俱佳的人品。

命局中若是有戊無丙在干上的命格，是名利難全，但處世有道之人。

命局中若是有丙出干，而無戊土的人，是汲汲營取，而不實在的人。

※十一月壬水之人選取用神，調節氣候需要丙火。止住水需要戊土，二者一起兼用，不可缺一。因月令中無木氣，因此不必用庚金。

◎十一月生壬水之人，命局中若支成水局，而沒有丙火的命格，即使有戊土出干，而不得所（戊必須通根辰、戌、寅中），也只是一個平庸的命格。

命局中倘若是丙戊藏於支中，可解凍止住水流，是事業顯達的人，但必須行運順暢。若行運相逆便無法顯達了。

※命局支成水局，戊土必須得所。得祿逢旺，支見巳戌，都可說是『得所

』。

◎十一月生壬水之人，命局中若支成水局，四柱沒有丙戊的命格，為『飛天祿馬格』。要行東方運。忌行南方運。

◎十一月生壬水之人，命局中若支成火局，身旺可任財，為大富的命格。

◎十一月生壬水之人，命局中有兩壬爭合一丁的格局，或者是兩丁爭合一壬的格局，皆為平庸命格。

◎十一月生壬水之人，倘若支見四庫，而止水流，財星又相合，便主富貴。以戊為財庫也最佳。

命局中若是兩丁爭合一壬，沒有土制水，不能從化，就是無名利的平庸命格。

◎十一月生壬水之人，若生於壬午日、丁未時的人，會有位高權重的地位。因為用神用的是子中癸水，子又是陽刃。可稱為『用神得地』。這是一種變格。並不是取之丁壬化合的意思。此命格具有富貴俱全之命。

※壬午日、丁未時，支上有午未相合，午宮有己祿而丁火出干，雖是丁己，實則與丙戊來做用神，有相同的意思。子月月令陽刃秉令，官刃或煞刃成格。為『官刃格』或『煞刃格』，這必是主貴的格局。

舉例說明：

1. 日主「壬子」類

例(一)

壬辰
壬子
日主 壬子
乙巳

日主壬子生於子月，干上有三壬，支上有雙刃，子辰會水局，專以巳宮丙戊解凍止流。主武貴。

用神：丙戊皆是。

吉方：南方。

財方：南方。

忌方：北方。

例(二)

庚辰
戊子
日主 壬子
甲辰

日主壬子生於子月，支上子辰會水局，有戊土出干制水，又有甲木制土。四柱無丙，太寒。名利難全。用甲木做用神，行木火運為吉。

用神：甲木。東南運。

吉方：東方。東南方。

財方：東南方。

忌方：北方。西方。

2. 日主「壬寅」類

例(一)

壬辰
壬子
日主 壬寅
壬寅

日主壬寅生於子月，干上有四壬，支上子辰會水局，專用寅宮丙戊做用神。

用神：丙戊皆需。

吉方：南方。

財方：南方。

忌方：北方。

例(二)

乙丑
戊子
日主 壬寅
甲辰

日主壬寅生於子月，有戊土出干，有甲木制土。支上子辰會水局。用寅中丙火做用神。

用神：丙火。

吉方：南方。

財方：南方。

忌方：北方。

3. 日主『壬辰』類

例(一)

壬子
壬子
壬辰（日主）
甲辰

日主壬辰生於子月，支成水局，為『飛天祿馬格』。以甲木為用神，運行東方，主貴。

用神：甲木。
吉方：東方。
財方：東方。
忌方：西方。

例(二)

壬辰
壬子
壬辰（日主）
乙巳

日主壬辰生於子月，專用巳宮丙戊為用神。主武貴。

用神：丙戊皆是。
吉方：南方。
財方：南方。
忌方：北方。

4. 日主『壬午』類

例(一)

壬寅
壬子
壬午（日主）
壬寅

日主壬午生於子月，干上全是壬水，支上寅午會火局，天坎地離，必須行金運方可解之。

用神：庚金。
吉方：西方。
財方：西方。
忌方：東方。

例(二)

癸丑
甲子
壬午（日主）
甲辰

日主壬午生於子月，有兩甲出干，丑午中己土被制，木火通明，主文貴。以午中丁己為用神。

用神：丁火。
吉方：南方。
財方：南方。
忌方：北方。

5. 日主『壬申』類

例(一)

壬子
壬子
日主 壬申
甲辰

日主壬申生於子月，支上申子辰會水局，為『飛天祿馬格』。以甲木為用神。運行東方運，主貴。

用神：甲木。
吉方：東方。
財方：東方。
忌方：西方。

※『飛天祿馬格』是『水木傷官格』之變格。解釋請看《上冊》第298頁。

例(二)

己未
丙子
日主 壬申
甲辰

日主壬申生於子月，有己土出干，甲己相隔不合，用甲木制土，支上申子辰會水局。專用丙火為用神。

用神：丙火。
吉方：南方。
財方：南方。
忌方：北方。

6. 日主『壬戌』類

例(一)

戊寅
甲子
日主 壬戌
壬寅

日主壬戌生於子月，支上寅戌會火局。幸甲木得祿於寅，財星有氣。戊土制水，護財，但被甲木制住，財來便劫，故財旺而留不住。專用甲木為用神。

用神：甲木。
吉方：東方。
財方：東方。
忌方：西方。

例(二)

甲申
丙子
日主 壬戌
甲辰

日主壬戌生於子月，支上申子辰會水局，有兩甲出干，丙火也出干，土被制，木火通明，以丙火做用神。

用神：丙火。
吉方：南方。
財方：南方。
忌方：北方。

十二月生，日主壬水用神取法

十二月為丑月，壬水到丑月旺極而又將衰。生於上半個月的人，是由癸辛秉令主事的（丑中有己辛癸），壬水會比較旺一點，專用丙火為用神，以解凍。倘若有比劫出干，（四柱天干上有多個壬水），就要用戊土止水。但主要是以丙火解凍為先的，再用辛金助壬。

◎十二月生，日主壬水生於上半個月的人，命局中有丙辛皆透干，而丙辛不合（丙辛本會相合化水），則主富貴。是由考試制度的途徑而貴顯。

命局中若是有丙甲透出干的，四柱無壬，也會由考試的途徑而主貴。

命局中若是四柱有壬水出干，而丙藏於支中，是平庸人的命格。若有戊土出干制水，就會有小貴及衣食之祿和福壽了。

命局中若是無丙，就一定是孤單貧寒的人。

◎十二月生，日主壬水生於下半個月的人，因下半個月是己土當旺，木火進氣，壬水不作旺論。選取用神的方法就是：先用丙火解凍，同時要用甲木來輔助，但要防止己土濁壬。

因此生於丑月下半個月的人，命局中有丙甲皆透干的人，並且要丙辛、甲己不相合，又要無壬傷丙的命格，才可講是富貴命格。

此類命局中若是四柱有壬，丙火被壬所逼，壬水雖在支上，也是平庸命格。必須要有戊土來救助。因命局屬於利用輾轉生化相制的方式來救護用神，因此不算好的格局，只有算是有食祿、有壽的平庸者之命中略好的罷了。

◎十二月生壬水之人，命局中若支成金局，而沒有丙丁的命格，稱做『金水沈寒寒到底』的命格。是一世孤貧的人。必須要有火解寒，就會有衣食之祿了，因此需要火運來相助。

※丑月為臘月，臘月壬水，用丙火做用神，就要以甲木為輔助。用戊做用神也不可無丙。

※書云：『水冷金寒愛丙丁。』可見冬月中選取用神，是離不開丙火的。但命局中金旺時，會有丙透遇辛的狀況，丙火會破辛金相合而去，因此有丁火，也是蠻好的。

◎十二月生壬水之人，命局中若丁在時干上，和日主壬水，丁壬相合化木，月柱上又是丁火，沒有癸來破丁，就主富貴。有丁火破癸的為破格。

※生於冬天的壬水，是當旺的壬水，必須水要清澈主智慧。有己土來混雜的主愚笨頑固。生於冬天的日主壬水之人，行巳午未南方運時，且要日主身強，而主富。

消息賦云：『北人運在南方，貿易獲其厚利是也。』

凡是冬水皆以丙戊做主要的用神。丙戊就是財官。

舉例說明：

1. 日主『壬子』類

例(一)

壬子
癸丑
日主 壬子
辛亥

日主壬子生於丑月，干上有比劫，支上亥子丑支類北方。為『潤下格』，以壬水為用神。

用神：壬水。
吉方：北方。
財方：北方。
忌方：南方。

例(二)

辛亥
辛丑
日主 壬子
辛亥

日主壬子生於丑月，干有三辛，支上亥子丑支類北方。為『潤下格』。以壬水做用神。

用神：壬水。
吉方：北方。
財方：北方。
忌方：南方。

2. 日主『壬寅』類

例(一)

庚子
己丑
日主 壬寅
辛亥

日主壬寅生於丑月，支上亥子丑支類北方，以寅中丙火為用神。

用神：丙火。
吉方：南方。
財方：南方。
忌方：北方。

例(二)

辛亥
辛丑
日主 壬寅
壬寅

日主壬寅生於丑月，支上亥丑夾子，支類北方。為『潤下格』不全。以寅中丙戊做用神。

用神：丙戊皆是。
吉方：南方。
財方：南方。
忌方：北方。

3. 日主『壬辰』類

例(一)

庚寅
己丑
日主 壬辰
辛亥

曾任考試院長戴季陶先生命格。以寅中丙戊為用神。

用神：丙火。
吉方：南方。
財方：南方。
忌方：北方。

例(二)

庚申
己丑
日主 壬辰
乙巳

日主壬辰生於丑月，支上申辰會水局，巳丑會金局，專用巳宮中丙火為用神。

用神：丙火。
吉方：南方。
財方：南方。
忌方：北方。

4. 日主「壬午」類

例(一)

己丑
丁丑
壬午（日主）
辛亥

日主壬午生於丑月，丑宮己丁辛同宮並透干，以丁火為用神。此為『雪夜燈光格』。夜生者為貴命。

用神：丁火。
吉方：南方。
財方：南方。
忌方：北方。

※『雪夜燈光格』：解釋見《上冊》第306頁。

例(二)

庚辰
己丑
壬午（日主）
辛丑

日主壬午生於丑月，有辛己出干，同宮聚氣。專以午中丁火為用神。

用神：丁火。
吉方：南方。
財方：南方。
忌方：北方。

5. 日主「壬申」類

例(一)

戊午
乙丑
壬申（日主）
乙巳

日主壬申生於丑月，支上巳丑會金局，巳宮丙戊得祿。專用巳宮丙火為用神。運行南方主貴。

用神：丙火。
吉方：南方。
財方：南方。
忌方：北方。

例(二)

甲寅
丁丑
壬申（日主）
壬寅

日主壬申生於丑月，有丁甲出干，以寅申丙火為用神。

用神：丙火。
吉方：南方。
財方：南方。
忌方：北方。

6. 日主『壬戌』類

例(一)

癸未
乙丑
日主 壬戌
庚子

日主壬戌生於丑月，支聚四庫，而無甲丙，時上庚子逢陽刃，須用戊土七煞來制，支上丑戌未為三刑。三刑得用，主武貴。

用神：戊土。
吉方：南方。
財方：南方。
忌方：北方。

例(二)

辛亥
辛丑
日主 壬戌
庚子

日主壬戌生於丑月，支上亥子丑支類北方。壬水太旺，用戊土止水。

用神：戊土。
吉方：南方。
財方：南方。
忌方：北方。

紫微vs.土象星座(第一集)
(處女・金牛・摩羯)

紫微vs.火象星座(第二集)
(獅子・牡羊・射手)

紫微vs.風象星座(第三集)
(雙子・寶瓶・天平)

紫微vs.水象星座(第四集)
(雙魚・天蠍・巨蟹)

這是四本讓你等了很久的星座書
西洋星座終於和紫微斗數相遇了
法雲居士在這本書中讓你嚐到學貫中西的準確度，
帶給你每一星座與紫微命理更有趣的相合點，
星座探秘單元更揭露個性與運勢的精彩演出，
不僅帶給你無限驚奇與趣味，
也提供給你指引和啟發，
讓你更能把握人生！

第二十一章

日主癸水喜用神之選法及舉例

癸水為氣衰性柔之水。如雨露、霜雪。有潤澤之功。須有庚辛金生之，靠壬水助旺，火多則會熬乾。遇戊土會相合化火，失去本性。木多會洩水之氣。以水火即濟為美格。

第二十一章　日主癸水喜用神之選法及舉例

癸水性質

癸水是性柔氣衰的水。癸水可以比喻成雨露，或是霜雪。其功用在於潤澤。

癸水是弱水。水長生於申，不論陰陽，都可通根於申亥。是看起來弱，而實際並不太弱，只不過是一種退氣之水罷了。

癸水要靠庚辛生之，也要靠壬水劫才來生助，否則是不能做為剋洩財官（丙戊）之用的。在命局中，若天干上有壬水來相助，則日主癸水就會和壬水同樣強壯。

弱質的癸水，與高燥的戊土相遇，會被戊剋而失去本性而從化，戊癸相合化火。但是必須有辰在支上，才會化合。化氣格必見『辰』字，化氣方真。戊癸相合化火。有火土則助其化合，因此不怕火土了。

『化氣格』若見印，都是有根而不化。只有戊癸相合，雖見庚辛仍是會化合的。可是見支上有申酉而不化。

癸水是弱水，戊土是燥土，在春夏時，干上無壬水，支上沒有申亥子的命局，滴水消散熬乾，一定是會和戊土一起合化成火的。倘若是生在秋冬金水旺的時候，則相合而不易化。

春水

水是冬天嚴寒氣候所形成的，其本性是冷酷的。春令，陽和日暖，化為潮濕、潤澤，氣勢散漫。水至春令為病死墓地，旺氣剛退，再逢比劫相助，會汪洋無度，干透比劫，要用戊土制水。無劫刃不需用戊。若戊土太多，更要用甲木疏土，才不致堵塞水流。

春天是木旺火相的時候，水之氣易洩而乾涸，要用金來生扶，則可源遠流長，且可制木，故春水是不能缺少金來生扶的。

在命局中，是以水火既濟為美格。無火則水性寒，金多則水濁，水生在春天為『水木真傷官』，要以土培根，火暖調候，才有水木清華之象。這就是『水木傷官喜財官』。※在古命理書中，才官亦做財官，才與財是通用的。

夏水

水在夏季，氣衰絕。本性靜止，也是容易乾涸的時候。因火土燥烈，要有金來生之，更要比劫生助（壬癸水生助）。以水保衛金，以金相生水，相濟為用。

夏季是火旺土旺的時候，命局若四柱火多，水又無源，必然會被熇乾。倘若命局中木太盛，則會盜氣，且助火旺。土旺則會止水流，使水乾涸。因此夏水只能生助，不能剋洩損害。

秋水

秋水以澄清主貴。有金來生水，格局又澄清，就是金白水清。透發秀氣。土太重會使水混濁，也不能止水。癸水日主的人，有壬水同在干上，其性質就和日主壬水的命格相同。命局中重重都是水，就會泛濫必須有戊土築堤，使水入正軌之途。

秋水命格的人，命局中火多則財多。命局中水旺，則要洩其秀氣。命局木多的人，是子孫多的人。

冬水

冬天是水當旺的時候。水的性質是向下流的，稱之『潤下』。癸水是弱水，是雨露霜雪。冬季的水，遇土，則被土吸收，形藏於土，也歸化於土了。冬天的癸水，遇到火，可以增暖除寒。倘若命局中多金，反而不妙，稱為無義，因為水冷金寒。不是命局所喜愛需要的條件。旺水見木來洩其氣，稱之有情。冬水以財生官為上等格局。主要是調節氣候的原因而因此重要了。

日主癸水，所臨支位不同，而有旺衰，其用神宜忌如下：

日主『癸丑』：癸丑是溝渠中含有泥漿的水。氣息鬱悶。一定要用干支乙卯去疏通氣，才能有益處。用甲寅也可乘風破浪而順遂。最喜歡有丑未相沖。怕見子丑相合化土。有戊土透出干的也不好。戊癸若合而不化的命格，是智慧昏愚，以利為重的人。

日主『癸卯』：癸卯是山林中的澗水清泉。日主是癸卯的人，多半是清高，心地慈祥，胸懷瀟灑磊落，不似流俗的人。這種命格，只怕在年月或時上有土來混雜。

日主『癸巳』：癸巳為流過高阜小山的河流之水。源流清澈，就是財官雙美的人。這種命格，喜歡山林茂盛（甲乙木多），雲雨得宜（癸水多）。害怕支柱中有亥未與巳相沖。也怕戊土被剋制，堤岸損害而水枯。倘若是水多，再有多個亥未相沖的命格，反而是最好的。

日主『癸未』：癸未是彎曲河流中流過之水。癸坐未庫，流有彎曲。日主是癸未的人，有才智，多權謀。最好是有金木透出在干上，並有卯亥在支上形成會木局，這樣才會發達貴顯。倘若命局中是火土多的命局，是遇而不遇的命格，一生總會失去好機會。

日主『癸酉』：癸酉是從石中流出的泉水。其水源清澈，且可遠源流長。有日主是癸酉的命格的人，多半是出生於皇親國戚或是高官厚祿的人家。一生也必然是做清貴文人。倘若命局中年月，時上有木和金做干支的人，是以武貴貴顯的人。若命格中有庚無木，或有木無庚，成就都會打折減半。若命局中無木無金，是無用之人，必愧祖先。

日主『癸亥』：癸亥是一種稱為『還元之水』的水。它源自崑崙（意指西北方）

流出，水氣通於乾亥。聲勢浩大，水天一色。若命局中再加上乙木，就像有清風徐來，自然品德高貴，就像羲皇以上的神仙之人了。但是就怕命局年月、時支上有巳亥相刑沖。也怕有壬申相雜，會有不平靜的人生了。

正月生，日主癸水用神取法

正月的癸水，在寅月是病位。癸水性弱，在陽和初發之時，就是雨露。這種精華之物，用辛金發水源，再用丙火取暖，稱為『陰陽和合』。萬物因此孕育生長。

◎正月生癸水之人，命局中有辛丙皆透出干的命格，主富貴。但辛與丙須隔位不合為美格。

※癸水是雨露，有辛金發源，自然可成亥子江河。

命局中有丙火出干，辛藏於酉丑之中。或是辛金透干，丙藏於支中，都是異途顯達之人。

命局中，若是丙辛皆藏於支中的人，是富中取貴的人。命局中，若是全無辛金、丙火的人，是主貧賤的命格。

※以上這些命格，主要是以印（辛金）做用神的命格。

◎正月生癸水之人，若命局中支成火局，辛金會受困。只要柱上有壬水，用以制火護辛，也可以主富貴。沒有壬水的人，是貧賤之人。這些是以劫星（壬水）做用神的格局。

※若命局中月透戊土，時上是丙辰，年干為丙丁，命局中不透比劫（壬癸）的命局，為『真從化格』，主富貴。有申、亥刑沖時，為平庸命格。這種『真化氣格』是一種變格。

◎正月生，癸水之人，若命局中支成水局，癸水轉弱為旺。命局中有丙火透干，而沒有壬水劫星出干爭財的，為主富的格局，但為平庸之人。

命局中如果支成水局，又有壬水出干的命局，就必須用戊土來制水。寅宮有甲木臨官（甲祿），以及丙戊長生，會木旺土崩，寅宮的戊土是不能用的。倘若丙火多，可化傷生官，會有異途之貴。

※癸水無壬，不能用戊，支成水局，癸水轉強，寅宮戊土有甲木所制，必須

丙火重，化木生土，以火制木之意。

※日主癸水本來是不可用戊的，但命局中支見亥子又有壬水透干的格局，就必須用戊土制水。並且要同時用丙火化傷（甲）生官（戊）這就是以財為用神，或以財官為用的方法。

◎正月生癸水之人選取用神，以辛金為主要選取，其次可選庚金。丙火也是必要條件。命局中沒有辛金，就用庚金。命局中若無庚辛，雖有丙丁在干上，亦是無用的平庸命格。命局中倘若火土多，會熬乾癸水，就會是殘疾夭折之命了。

舉例說明：

1. 日主『癸丑』類

例(一)

丁亥
壬寅
日主 癸丑
壬子

日主癸丑生於寅月，支上有亥子丑支類北方，癸水轉強，用寅宮戊土為用神。

用神：戊土。
吉方：南方。
財方：南方。
忌方：北方。

例(二)

乙酉
戊寅
日主 癸丑
乙卯

日主癸丑生於寅月，支上酉丑會金局，癸水暗旺，但有戊土出干制水，有雙乙在干上洩水。乙木無疏土之力，仍用寅宮甲木來疏土。

用神：甲木。
吉方：東方。
財方：東方。
忌方：西方。

2. 日主「癸卯」類

例(一)

辛丑
庚寅
日主 癸卯
丙辰

日主癸卯生於寅月，支上寅卯辰支類東方，食傷重，洩水之氣，用辛金生癸做用神。

用神：辛金。
吉方：西方。
財方：西方。
忌方：東方。

例(二)

壬子
壬寅
日主 癸卯
丙辰

日主癸卯生於寅月，支上寅卯辰支類東方。食傷太旺，一定要用庚辛。丙火出干，兩比爭財，兄弟相殘。四柱無金，時歸墓庫，有妻無子。

用神：庚金。金運。
吉方：西方。
財方：西方。
忌方：東方。

3. 日主「癸巳」類

例(一)

壬寅
壬寅
日主 癸巳
丁巳

日主癸巳生於寅月，有兩壬出干，但木旺火多，癸水氣洩被熱乾，為孤貧殘疾之人。

用神：壬水。
吉方：北方。
財方：北方。
忌方：南方。

例(二)

癸卯
甲寅
日主 癸巳
戊午

日主癸巳生於寅月，戊癸相合不化，有甲木出干。支上卯巳午有三台之貴。支上寅巳午中都有火，火旺。用比肩癸水做用神。

用神：癸水。
吉方：北方。
財方：北方。
忌方：南方。

4. 日主『癸未』類

例(一)

庚寅
戊寅
日主 癸未
辛酉

日主癸未生於寅月，正月木旺，癸水洩弱，不能不用印來生身。戊癸一合，日元向官，火旺土重，用寅中甲木疏土。用辛金生癸。

用神：辛金。
吉方：西方。
財方：西方。
忌方：東方。

例(二)

癸卯
甲寅
日主 癸未
丙辰

日主癸未生於寅月，支上寅卯辰支類東方，又有甲木出干，木太旺，要以庚金制之。四柱無金，用虛神庚金做用神。行金運較吉。

用神：庚金。
吉方：西方。
財方：西方。
忌方：東方。

5. 日主『癸酉』類

例(一)

壬申
壬寅
日主 癸酉
壬戌

日主癸酉生於寅月，天干上都是水，支上申酉戌支類西方，一片金水格局，太寒，專用寅中丙戊為用神。

用神：戊土。
吉方：南方。
財方：南方。
忌方：北方。

例(二)

乙亥
戊寅
日主 癸酉
甲寅

日主癸酉生於寅月，戊癸相合不化，甲乙出干，木旺，用酉中辛金做用神。

用神：辛金。
吉方：西方。
財方：西方。
忌方：東方。

6. 日主『癸亥』類

例(一)

己卯
丙寅
日主　癸亥
己未

日主癸亥生於寅月，有雙己出干，支上卯亥未會木局，可剋土。以亥中壬水生身做用神。

用神：壬水。
吉方：北方。
財方：北方。
忌方：南方。東方。

例(二)

癸酉
甲寅
日主　癸亥
癸亥

日主癸水生於寅月，有三癸在干上，支上又有二亥，酉中辛金更會生水。專用寅中丙戊為用神。

用神：戊土。
吉方：南方。
財方：南方。
忌方：北方。

二月生，日主癸水用神取法

二月為卯月，癸水至卯為死地，休囚已極。卯月乙木司令，會洩弱癸水元神，木神當旺，專以庚金做用神，以辛金為輔助之用。庚辛並用，主要是怕乙庚會相合，故用辛金。

◎二月生癸水之人，命局中有庚辛並透在干上，沒有丁火出干剋制的人，主富貴。沒有庚辛金，就用申或酉丑會金局之金。

命局中若庚辛金，一個透干，一個藏支的命格，為異途顯達有富貴，富中取貴之命格。命局中完全沒有庚辛的人，是貧賤之人。

※二月生癸水，是『水木傷官』的格局。木神當旺，必須佩印。沒有庚就用辛。卯中自有丙丁，因此就是沒有丙丁在干上，也可取貴。

◎二月生癸水之人，若是命局中庚辛金太多，癸水就會轉旺。有丁己兩透干的人，主大貴。這是用丁火破庚辛，再生己土，而化乙木的方法。是以『財官相生』為用。

※命局中若無壬水劫星出干，則不能用戊土，要用己土偏官。

◎二月生癸水之人，若命局中支成木局，時干、月干又都有木。會洩水氣太超過。其人會窮困多災。即使運行西方運，也不能舒服過日子，而為無用之人。

※支會木局，沒有庚辛格局，為順局。是『從兒格』。為怯懦無能，貧困多災的命格。

舉例說明：

1. 日主『癸丑』類

例㈠

癸卯
乙卯
日主 癸丑
乙卯

日主癸丑生於卯月，干上雙乙出干，支上三卯，木重用印。以丑中辛金為用神。

用神：辛金。
吉方：西方。
財方：西方。
忌方：東方。

例㈡

庚戌
己卯
日主 癸丑
甲寅

日主癸丑生於卯月，支上寅戌會火局，有甲木剋己土，助火旺。用庚金剋甲，用丑中癸水做用神。

用神：癸水。
吉方：北方。
財方：北方。
忌方：南方。

2. 日主『癸卯』類

例㈠

丁亥
癸卯
日主 癸卯
癸丑

日主癸卯生於卯月，支上亥卯會金局，必以佩印為用，以丑中辛金做用神。

用神：辛金。
吉方：西方。
財方：西方。
忌方：東方。

例㈡

庚子
己卯
日主 癸卯
辛酉

日主癸卯生於卯月，有庚辛出干，無丙丁，支上丑卯酉，加上胎元為庚午，子午卯酉四極俱備。為陰柔奸險之命格。午宮己土得祿，財官相生為用。格局大貴，但不足取。此為明代奸相嚴嵩之命格。

用神：己土。
吉方：南方。
財方：南方。
忌方：北方。

3. 日主「癸巳」類

例(一)

庚子
己卯
癸巳（日主）
戊午

日主癸巳生於卯月，有戊己出干，土重，支上卯巳午為三奇。午宮己土得祿，卯中乙木難剋戊土。行木運較吉，用甲木做用神。

用神：甲木。
吉方：東方。
財方：東方。
忌方：西方。

例(二)

丁未
癸卯
癸巳（日主）
癸丑

日主癸巳生於卯月，有丁火出干，支上卯未會木局，巳丑會金局，丁火會制金。仍以巳中庚金為用神。

用神：庚金。
吉方：西方。
財方：西方。
忌方：東方。

4. 日主「癸未」類

例(一)

丁未
癸卯
癸未（日主）
庚申

日主癸未生於卯月，支上卯未會木局，用庚金做用神。

用神：庚金。
吉方：西方。
財方：西方。
忌方：東方。

例(二)

戊子
乙卯
癸未（日主）
庚申

日主癸未生於卯月，時上有庚申，日主癸水轉旺。月柱乙卯，乙庚相合，用未中丁火做用神，以破庚，而生己土。戊土虛弱又被旺木所傷，用煞不用官。為武貴。

用神：丁火。
吉方：南方。
財方：南方。
忌方：北方。

5. 日主「癸酉」類

例(一)

壬子
癸卯
癸酉（日主）
戊午

日主癸酉生於卯月，有戊土出干制水，支聚子午卯酉四極，主大貴。以戊土做用神。

用神：戊土。
吉方：南方。
財方：南方。
忌方：北方。

例(二)

乙丑
己卯
癸酉（日主）
癸丑

日主癸酉生於卯月，支上丑酉會金局，乙木得祿於卯，用己土做用神。

用神：己土。
吉方：南方。
財方：南方。
忌方：北方。

6. 日主「癸亥」類

例(一)

庚寅
己卯
癸亥（日主）
庚申

日主癸亥生於卯月，支上卯亥會木局，有又庚出干，寅中有丙火，用庚金，有陰陽和諧之妙。以庚金為用神。

用神：庚金。
吉方：西方。
財方：西方。
忌方：東方。

例(二)

癸丑
乙卯
癸亥（日主）
壬子

日主癸亥生於卯月，有壬癸出干，支上亥子丑支類北方，為『潤下格』失時。以壬水做用神。

用神：壬水。
吉方：北方。
財方：北方。
忌方：南方。

三月生，日主癸水用神取法

三月為辰月，辰宮為水之墓地，又逢土旺。因此要以上半個月和下半個之分來選用神。清明以後才算三月，而在穀雨前是上半個月。穀雨以後至巳月前是下個月。

生於辰月上半個月的人選取用神要注意的是：清明以後，火氣還未特別熾熱，癸水呈現迴光返照的現象。還有餘氣，如果有金水生助，有辛生之，可以用丙火做用神。這種格局稱為『陰陽承靄』。可以取為貴命。

生於辰月下半個月，也就是在穀雨以後出生的人，則因土旺秉令，用神一定要用庚辛，再以丙火配合。這是因為戊土很厚重，若沒有金的引化，癸水則不靈。因此生於上半個月的人，有庚辛蓄水源的話，就可以用財星（丙火）。而生於下半個月的人，必須專門選用庚辛，且不能有丙丁來相合傷害。如此的命格才可以有富貴人生。

◎三月生癸水之人，若命局中支聚四庫。土重就是病。雖然以庚辛做用神，但還要有甲木出干來破土。甲透干為藥，用神取用辛金。才會有富貴。命局土重無甲的人，主孤貧，或為僧道之人。

※凡土坐於生旺之地，雖用甲乙木來制土，但仍然以金水為用神。

◎三月生癸水之人，若命局中有戊土出干，則要注意，癸水無壬，不能用戊土，癸水始終是弱水，因此見戊最容易從化。（乙見庚也是同樣的道理）生於三月，癸逢龍（辰）而化合。又有丙火進氣，更容易化合了。倘若化氣不成，便是平庸的格局，此命格就不能主富貴。戊土官星，不能無財星以生之（土需火生）。有丙火財星，就成為『化氣格』了。倘若戊癸相合不化的命格，仍是用庚辛金來洩土氣而生水。也就是金旺，財官印彼此相生，也會主富貴。倘若土重金少的格局，就是平庸命格。

◎三月生癸水之人，倘若命局中支成水局，有一個己土出干，命局中有丙無甲的命局，就是『假煞為權』的命格，主貴。如果有甲來破己就是平庸命格。有丙無甲，有己土出干是『財滋弱煞格』，此處無丙火財星，則己土無力。有甲木傷官，則己土弱煞被制，因此必須有丙無甲，才能『假煞為權』。

※癸水不能用戊土，水旺只能用己土，亦是財官格。

◎三月生癸水之人，若命局中支成木局，或成方局（支類東方），沒有金氣就是『傷官生財』格。主其人有智慧才學、財祿，主小貴。但此命格的人，早年較困頓，而沒有家財。

生在下半個月的日主癸水之人，命局中支成木局，因有丙火進氣，食傷旺，暗生財（方局同論），但癸水元神被木洩弱，而無力任財，有金制木則主貴。無金制木，只是聰慧而沒有實際家財的人。有金制木生水就是上等格局。

◎三月生癸水之人，選用神，主要用丙、辛做用神之正用。己和甲是格局中需要時才用的。用己土做用神，一定是『假煞為權』時所用的。用甲木做用神，一定是用『食傷制煞』（戊土多用甲木疏土）才用的。

三月癸水遇戊土很容易從化。命局中相合從化成功的命格，主貴顯、榮祿有富貴。相合不化的為平庸命格。

舉例說明：

1. 日主「癸丑」類

例(一)

丙寅
壬辰
癸丑（日主）
丙辰

日主癸丑生於辰月，辰丑為溼土，丑宮有土金，煞印相生，以丙火財星做用神。夫以妻貴之命。

用神：丙火。
吉方：南方。
財方：南方。
忌方：北方。

例(二)

戊午
丙辰
癸丑（日主）
辛酉

日主癸丑生於辰月，生於下半個月，巳月火土進氣，故專用辛金做用神，主富貴。

用神：辛金。
吉方：西方。
財方：西方。
忌方：東方。

2. 日主「癸卯」類

例(一)

戊申
丙辰
癸卯（日主）
癸丑

日主癸卯生於辰月，有丙戊出干，支上申辰會水局，生於上半個月，故可用丙火做用神。

用神：丙火。
吉方：南方。
財方：南方。
忌方：北方。

例(二)

丙辰
壬辰
癸卯（日主）
甲寅

日主癸卯生於辰月，有甲木出干，支上寅卯辰支類東方。木旺，四柱無金，生於下半個月，用胎元癸丑，丑中之辛金做用神。

用神：辛金。
吉方：西方。
財方：西方。
忌方：東方。

3. 日主「癸巳」類

例(一)

丙寅
壬辰
日主 癸巳
甲寅

日主癸巳生於辰月，壬癸並透，與壬水同論，生於上半個月，水有餘氣，巳宮丙戊得祿逢貴。以丙火做用神，主大貴。此命格若生於下半個月者不吉。

用神：丙火。
吉方：南方。
財方：南方。
忌方：北方。

例(二)

壬子
甲辰
日主 癸巳
己未

日主癸巳生於辰月，有甲己出干，支上子辰會水局，甲木破己，為平庸命格，用巳宮丙火做用神。

用神：丙火。
吉方：南方。
財方：南方。
忌方：北方。

4. 日主「癸未」類

例(一)

丁卯
甲辰
日主 癸未
辛酉

日主癸未生於辰月，支上卯未會木局，無丙，有甲丁出干，不能不用印，故用辛金做用神。

用神：辛金。
吉方：西方。
財方：西方。
忌方：東方。

例(二)

癸丑
丙辰
日主 癸未
辛酉

日主癸未生於辰月，支上丑酉會金局，生於上半個月，故用丙火做用神。

用神：丙火。
吉方：南方。
財方：南方。
忌方：北方。

5. 日主『癸酉』類

例(一)

己酉
戊辰
日主 癸酉
丙辰

日主癸酉生於辰月，干上戊癸相合，時上有丙辰，必然化火。支上辰酉相合化金，為化氣之財故主富。

化神喜行旺地，但此命行運北方，而不是南方。故只富不貴。

用神：丙火。
吉方：南方。
財方：南方。
忌方：北方。

例(二)

癸丑
丙辰
日主 癸酉
辛酉

日主癸酉生於辰月，支上丑酉會金局，用丙火做用神。

用神：丙火。
吉方：南方。
財方：南方。
忌方：北方。

6. 日主『癸亥』類

例(一)

戊午
丙辰
日主 癸亥
辛酉

日主癸亥生於辰月，生於下半個月，支上辰酉相合化金，有火土進氣。專用辛金為用神。

用神：辛金。
吉方：西方。
財方：西方。
忌方：東方。

例(二)

辛亥
壬辰
日主 癸亥
癸丑

日主癸亥生於辰月，辛丑夾子，支類北方，此命格為『潤下格』失時。全局無丙戊，用壬水做用神。

用神：壬水。
吉方：北方。
財方：北方。
忌方：南方。

四月生，日主癸水用神取法

四月是巳月，巳宮是水之絕地。癸水十分微弱，一定要有辛金相生，否則不足以生存。若沒有辛金，庚金也是可以用的。但會十分的不自然，因為此種用庚金做用神的命格是異途主貴的命格。

巳月火土當旺之時，命局中單見庚辛金，其力量仍不足，還要有壬癸水比劫，一同制火存金為輔助才好。命局中有壬水交互相生的，才是上等命格。

◎四月生癸水之人，命局中有辛金出干，又有壬水透干，四柱沒有『丁午』等字的命格，是極品富貴的命格。

命局中若有丁火藏支，則為破格，是貧苦平庸的命格。

命局中若是有壬水出干的，還不太窮。

命局中若是辛金藏於支中，沒有丁火，就有小貴格局。

命局中若是有癸水制丁火的命格，是衣食充足，但會剋妻，必須找命硬的人來婚配。

命局中若是辛金藏支，無丁火來相剋，行金水運時，有大富貴。運行南方運，只不過是俊秀的知識份子罷了。

◎四月生癸水之人，命局中倘若無辛金，就用庚金做用神，巳宮雖然是庚金的長生之地，但為火土所逼（巳中為丙戊祿地），也無法生水，必須另外有庚金才能用。

命局中有庚壬並透出干的人，主異途取貴。倘若有丁火剋制住庚金，或是丁壬相合，合住了壬水，這種命格有缺陷的人，便是無用的廢人。

命局中倘若沒有壬水，只有庚金，也會是讀過書的儒秀之人，但是此人迂儒而不顯達。

◎四月生癸水之人，命局中若都是火土，沒有比劫壬癸水，又沒有庚辛金的命格，稱為『火土熬乾癸水』。主殘疾、眼瞎及夭折。

命局中若是都是火土而無辛，即使有己土生庚，也不能無水，倘若又無比肩陽刃，也就是『火土熬癸』。

※巳宮庚金被火土所逼，無法生水，故為無用。如果沒有庚辛金在干上，必須支上有申酉丑，才可用。沒有金，也沒有亥子劫刃的命格，稱做『土火熬乾癸水』。癸為目，主損目。水為腎，主損精腎病。

※巳中庚金不可用，但巳見丑會金局，庚金轉旺，能生癸水，稱為溫土生金。丑宮有土金水，煞印相生，癸水為絕處逢生，主大富貴。

◎四月生癸水之人，若命局中庚壬皆透干，來制火潤土，而有根源，稱為『劫印化晉』格。主大富大貴。但此命局中有丁剋庚，或是丁壬相合的命格，則會喪母，而為無用廢人。

※『劫印化晉格』劫印是指庚壬。晉，是卦名。稱為『火地晉』。在易卦中是離上坤下之卦。用以比喻火土。命局中必須全都是劫印（庚壬）才算成為此格。

※四月火土當旺之時，癸水特別弱，有庚壬兩透干，為絕處逢生，轉強，以巳宮丙戊為用神，化忌為喜。這就是『劫印化晉』格取用神之法。這是一種奇特的格局。

舉例說明：

1. 日主『癸丑』類

例(一)

庚寅
辛巳
日主 癸丑
壬子

日主癸丑生於巳月，庚辛壬並透干，支上有子丑，可惜年支為寅，『劫印化晉格』不純。以巳宮丙戊為用神。

用神：丙火。
吉方：南方。
財方：南方。
忌方：北方。

例(二)

丁巳
乙巳
日主 癸丑
丙辰

日主癸丑生於巳月，支上巳酉會金局，丑土濕土潤金，庚金有氣，可為癸水之源，丑中有辛癸，癸水絕處逢生，行金水運。用巳中庚金做用。

用神：庚金。
吉方：西方。
財方：西方。
忌方：北方。

2. 日主『癸卯』類

例(一)

癸卯
丁巳
日主 癸卯
辛酉

日主癸卯生於巳月，干上有癸水制丁，又有辛金出干，不被丁傷，支上巳酉會金局，辛金亦得祿於酉。用辛金做用神。滋助日主。

用神：辛金。
吉方：西方。
財方：西方。
忌方：東方。

例(二)

丙午
癸巳
日主 癸卯
壬子

日主癸卯生於巳月，有壬癸出干，可制丙火，支上卯巳午為三台之貴。以巳中庚金做用神。

用神：庚金。
吉方：西方。
財方：西方。
忌方：東方。

3. 日主「癸巳」類

例(一)

辛亥
癸巳
日主 癸巳
癸丑

日主癸巳生於巳月，有辛金出干，支上丑巳會金局。用巳宮丙戊做用神。

用神：丙火。
吉方：南方。
財方：南方。
忌方：北方。

例(二)

丙午
癸巳
日主 癸巳
乙卯

日主癸巳生於巳月，有丙火出干，支上卯巳午為三奇之貴。為木火旺之局。專用巳宮庚金為用神。

用神：庚金。
吉方：西方。
財方：西方。
忌方：東方。

4. 日主「癸未」類

例(一)

癸卯
丁巳
日主 癸未
辛酉

日主癸未生於巳月，干上有癸水制丁，不傷辛金，支上卯未會木局，巳酉會金局，用辛金做用神，制木生水。

用神：辛金。
吉方：西方。
財方：西方。
忌方：東方。

例(二)

丙午
癸巳
日主 癸未
辛酉

日主癸未生於巳月，支上巳午未支類南方。干上有辛癸出干，專用辛金生癸水為用神。

用神：辛金。
吉方：西方。
財方：西方。
忌方：東方。

5. 日主『癸酉』類

例(一)

甲辰
己巳
日主 癸酉
辛酉

日主癸酉生於巳月，支上巳酉會金局，辛坐酉祿，癸水通根至辰。專以辛金為用神。

用神：辛金。
吉方：西方。
財方：西方。
忌方：東方。

例(二)

庚子
辛巳
日主 癸酉
辛酉

此為明朝永樂皇帝命格。日主癸酉生於巳月，有庚辛出干，支上巳酉會金局，為『劫印化晉格』。用巳宮丙戊做用神，行火土運。

用神：丙火。
吉方：南方。
財方：南方。
忌方：北方。

6. 日主『癸亥』類

例(一)

甲申
己巳
日主 癸亥
癸亥

日主癸亥生於巳月，甲己相合，庚藏於申巳之中，壬藏於申亥之中，用申中庚金做用神。

用神：庚金。
吉方：西方。
財方：西方。
忌方：東方。

例(二)

辛丑
癸巳
日主 癸亥
辛酉

日主癸亥生於巳月，有雙辛出干，支上巳酉會金局，以辛金做用神。

用神：辛金。
吉方：西方。
財方：西方。
忌方：東方。

五月生，日主癸水用神取法

五月為午月，癸水至五月氣弱無根。須要有庚辛來生身。但是午中丁火司權，庚辛被丁火所制，不能滋癸，因此必須要有壬癸比劫之助，才能用庚辛做用神。

五月是火土並旺的時候，癸水弱，因此要印劫並見，壬癸水都要有，才能用水制火護金，再用金化土生水。相互救援，用神才可用。在四月裡，因金水需求迫切，庚辛是不分先後的，但是辛壬出干，一定要緊防丙丁會與辛壬化合（丙辛相合化水，丁壬相合化木），化合則是命局之病了。

◎五月生癸水之人，若命局中庚辛並透干，又有壬癸出干的格局，以及金透干，支上有申子會水局的命格，主富貴，且是顯宦高官。

倘若命局中只有支上有一個水，雖然有庚辛在天干上，則主富。

※書云：『金水會夏天，富貴自天來，運行火土地，名利總無邊』。

又云：『水源會夏天，貴輕富自然。』

五月丁火旺，以庚辛為用神，必須有壬癸水相護，沒有壬癸水，庚辛金就會受傷，故不貴。水源指的是『申』。再有子辰會水局，身旺可任財，而財星就會乘旺。因此貴輕而富重。夏天癸水有金水會局，反弱為旺，而以財官真神得用，這就是『劫印化晉格』。

在支會水局，印劫透干的命局中，倘若財官太旺，（火土重）就要以印劫（金水）做用神。會主富貴雙全。但金水並須都在干上，交相運用才可。

倘若是劫透無印（壬透無庚辛金），而胎元在酉，酉中有辛金，也有滋癸的作用，有不失貴氣。

倘若是印透無劫（庚辛透干，沒有壬水），雖然支中有一水，為鉅富命格。

◎五月生癸水之人，支成火局的命局，不能稱做『炎上格』，命局中沒有壬水的人，一定是孤獨窮困的人或僧道之流。

倘若命局中有二壬一庚一同出干在天干上，有劫印，貴由上蔭而來，主富，享蔭庇之福。

◎五月生癸水之人，命局及支成火局的命格，最好是有戊土透干。戊癸相合化火，而成『從化格』。倘若沒有戊土出干，就不能當做『從財格』。

支成火局的命局，不可以丁火為用神，必須用壬水來救助，不然，火土熬癸，一定會殘疾夭折的。

命局中財成方局的，必大富。

◎五月生癸水之人，若命局中都是己土，沒有印劫（庚辛壬），又沒有甲木制土，可以做『從殺格』論。有大富。但命格為『從殺格』，又有刑沖破害在局中出現的，就屬貧賤之命了。

※午宮為丁己並旺，丁火之氣洩於己土，故不能從財。命格中多是己土，但午破胎元之酉，己土制住癸水，故可『從殺』。但是必須命局中沒有金水、甲木才能成為『從殺格』。

※凡是從格有刑沖破害的，都是日主有根，例如說：子沖午，丑害午，午破酉，都會使癸水有根而破格。

◎五月生癸水之人，主要是以庚辛壬，相互參考並用做用神。

舉例說明：

1. 日主『癸丑』類

例(一)

庚辰
壬午
日主 癸丑
乙卯

日主癸丑生於午月，丑中有辛巳，熬印相生，胎元又在癸酉，命局中又有庚壬出干，用丑中辛金做用神。

用神：辛金。
吉方：西方。
財方：西方。
忌方：東方。

例(二)

癸卯
戊午
日主 癸丑
甲寅

日主癸丑生於午月，干上戊癸相合化火，支上寅午會火局，為『從財格』。運行南方財地，主富。以午中丁火為用神。

用神：丁火。
吉方：南方。
財方：南方。
忌方：北方。

2. 日主『癸卯』類

例(一)

癸巳
戊午
日主 癸卯
壬子

日主癸卯生於午月，干上戊癸相合化火，無庚辛出干，支上卯巳午為三台之貴。午宮有丁己祿、巳宮為丙戊祿，財祿太旺，只能用壬水做用神。主貴。

用神：壬水。
吉方：北方。
財方：北方。
忌方：南方。

例(二)

壬辰
丙午
日主 癸卯
甲寅

日主癸卯生於午月，支上寅卯辰支類東方，午中又有丁己祿，支上寅午會火局。木火旺，須以壬水來救。以壬水為用神。

用神：壬水。
吉方：北方。西方。
財方：北方。
忌方：南方。

3. 日主『癸巳』類

例(一)

	庚辰
	壬午
日主	癸巳
	癸亥

日主癸巳生於午月，有庚金壬癸出干，金水旺，用午宮丁己做用神，可惜支上巳午並見，官煞混雜。此命格主富貴。

用神：丁火。
吉方：南方。
財方：南方。
忌方：北方。

例(二)

	癸巳
	戊午
日主	癸巳
	壬子

日主癸巳生於午月，干上戊癸相合化火為財，午宮有丁己祿，巳宮有丙戊祿，官煞混雜。財煞太旺，無印，只能取劫做用神。以壬水做用神。

用神：壬水。
吉方：北方。
財方：北方。
忌方：南方。

4. 日主『癸未』類

例(一)

	庚寅
	壬午
日主	癸未
	戊午

日主癸未生於午月，支上寅午會火局，干上戊癸相合化火，為『從財格』，以午中丁火為用神。

用神：丁火。
吉方：南方。
財方：南方。
忌方：北方。

例(二)

	辛丑
	甲午
日主	癸未
	癸亥

日主癸未生於午月，支上亥未會木局。有甲辛癸出干，專用辛金做用神。

用神：辛金。
吉方：西方。
財方：西方。
忌方：東方。

5. 日主『癸酉』類

例(一)

庚子
壬午
癸酉（日主）
辛酉

日主癸酉生於午月，有庚辛壬透干，支上子有一水。主鉅富。以午中丁己為用。以丁火為用神。

用神：丁火。
吉方：南方。
財方：南方。
忌方：北方。

例(二)

戊戌
戊午
癸酉（日主）
庚申

日主癸酉生於午月，無壬水出干，干上雙戊，支上午戌會火局，干上戊癸相合化火，為『從財格』。行西方運，財旺破印，主富，北方運凶。以午中丁火為用神。

用神：丁火。
吉方：南方。
財方：南方。
忌方：北方。

6. 日主『癸亥』類

例(一)

癸巳
戊午
癸亥（日主）
丁巳

日主癸亥生於午月，胎元為己酉，專用印劫，以辛金為用神。主富貴。

用神：辛金。
吉方：西方。
財方：西方。
忌方：東方。

例(二)

庚子
壬午
癸亥（日主）
壬子

日主癸亥生於午月，干上有二壬一庚，有劫印，貴由上蔭而來，財不成方。胎元癸酉。專用酉中辛金做用神。

用神：辛金。
吉方：西方。
財方：西方。
忌方：東方。

六月生，日主癸水用神取法

六月為未月，未月為金氣將進未進的時候，上半個月，是庚辛無氣。下半個月則庚辛有氣。

◎六月生癸水之人，月令未中有乙己同宮，乙木欲破土，而無力破之。癸水不能從煞，因此專門以庚辛為用神。上半個月是在大暑之前，雖然干上有庚，但是金怕火炎，必須有比劫（壬癸）助金，才會有富貴人生。沒有壬癸水的命格是平庸之命。

◎六月生癸水之人，下半個月在大暑之後，庚辛有氣（金水即將進氣），即使命局中沒有壬癸水也無妨，此時庚辛也不怕丁火來傷剋了。有丁火在支上及庚辛金透干的，便有富貴了。但是丁火不可透出干，支上也不可有『午火』。此兩種問題都是不秀氣的格局。（因丁在干上會傷剋庚辛金）。

◎凡是生於四季月（辰未戌丑月）的人看命局選用神，都是要分上半個月和下半個月之分的。日主癸水生於大暑之前的人。選用神的方法與五月差不多。生於大暑之後的癸水之人，金水進氣，若命局四柱中有金水（庚辛壬癸），癸水轉旺，以未宮當旺的己土做用神，假煞為權，會有小富貴。此因未中己土被乙木所剋制，欲振無力之故。生於上半個月的人，金水再多，仍以庚辛壬做用神，是不可以用火土做用神的。

舉例說明：

1. 日主「癸丑」類

例㈠

乙亥
癸未
癸丑（日主）
辛酉

日主癸丑生於未月，支上亥未會木局。丑酉會金局，有辛癸出干，生在大暑前，故用辛金做用神，辛坐酉祿。

用神：辛金。
吉方：西方。
財方：西方。
忌方：東方。

例㈡

辛巳
乙未
癸丑（日主）
壬戌

日主癸丑生於未月，有壬辛出干，支上巳丑會金局，生於下半個月，金水進氣，用未宮己土做用神，假煞為權，有小富貴。

用神：己土。
吉方：南方。
財方：南方。
忌方：北方。

2. 日主『癸卯』類

例(一)

乙未
癸未
癸卯（日主）
癸丑

日主癸卯生於未月，支上卯未會木局，生於上半個月，時上癸丑金水相生，以丑中辛金做用神。

用神：辛金。
吉方：西方。
財方：西方。
忌方：東方。

例(二)

乙亥
癸未
癸卯（日主）
辛酉

日主癸卯生於未月，支上卯亥未會木局，生於上半個月，時上辛金坐祿，專以辛金做用神。

用神：辛金。
吉方：西方。
財方：西方。
忌方：東方。

3. 日主『癸巳』類

例(一)

己卯
辛未
癸巳（日主）
癸亥

日主癸巳生於未月，干上己辛煞印相生，支上卯亥未會木局，生於下半個月，以辛金做用神。

用神：辛金。
吉方：西方。
財方：西方。
忌方：東方。

例(二)

辛巳
乙未
癸巳（日主）
庚申

日主癸巳生於未月，有庚辛出干，生於上半個月，必須有比劫，用申中壬水為用神。

用神：壬水。
吉方：北方。
財方：北方。
忌方：南方。

4. 日主『癸未』類

例(一)

乙酉
癸未
癸未（日主）
庚申

日主癸未生於未月，生於上半個月，庚金得所，庚金坐祿在申，用庚金做用神。主富貴。

用神：庚金。
吉方：西方。
財方：西方。
忌方：東方。

例(二)

己未
辛未
癸未（日主）
丙辰

日主癸未生於未月，支上有三未，年月己辛，煞印相生，可惜不通根，丙辛隔位不合，生於下半個月，用辛金做用神。主中貴。

用神：辛金。
吉方：西方。
財方：西方。
忌方：東方。

5. 日主『癸酉』類

例(一)

乙卯
癸未
癸酉（日主）
庚申

日主癸酉生於未月，支上卯未會木局，有庚癸出干，用庚金做用神。

用神：庚金。
吉方：西方。
財方：西方。
忌方：東方。

例(二)

辛亥
乙未
癸酉（日主）
辛酉

日主癸酉生於未月，支上亥未會木局，有雙辛出干，得祿於酉。專用辛金做用神。

用神：辛金。
吉方：西方。
財方：西方。
忌方：東方。

6. 日主「癸亥」類

例(一)

	丙子
	乙未
日主	癸亥
	丁巳

日主癸亥生於未月，癸水弱，有年支子水為救。恃祖蔭。亥未會木局，有乙透干，主聰明有文采。生於上半個月，以亥中壬水做用神。

用神：壬水。
吉方：北方。
財方：北方。
忌方：南方。

例(二)

	己未
	辛未
日主	癸亥
	庚申

日主癸亥生於未月，支上亥未會木局。干上己辛煞印相生，生於上半個月，以申中庚金為用神。

用神：庚金。
吉方：西方。
財方：西方。
忌方：東方。

七月生，日主癸水用神取法

七月為申月，水長生於申，申宮又是庚金祿地，母旺子相，是不旺自旺。癸水是弱水，倘若命局中壬水不出干的話，是用不著戊土的。申中戊土氣洩於庚，庚金旺是不需要官煞相生的。若不是配合得好，戊己都是不可做用神的。

月令申中有庚金，具有剛銳之氣，必須用丁火才能制金。用丁火制金，又不能沒有甲木為引。

◎七月生癸水之人，命局中有丁甲並透干，稱做『有燄之火』。主富貴。並且其人有才華，光輝難掩。

倘若命局中有丁火透干而無甲，又沒有壬癸出制丁火的命格，即使有一、二個庚金在四柱之中，主小貴。為有能力的學士之人。倘若有二丁來制金的命格，更好。更主貴。可是命局中金太多而無丁火制金的命格。就是貧賤命格了。

※七月生癸水，以偏財破印（丁火破庚）為選用神之正用。丁火不離甲木。木火相生，就是『有燄之火』，印旺會成無用之人，因此要用丁破印。

◎七月生癸水之人，命局中若有一個丁火藏於午中，丁祿在午，稱為『獨財得位』。這是一種富中取貴的格局。倘若丁火藏於未戌之中，便是無力。這只不過是平庸命格中稍具能幹典型的人。歲運逢沖時會運發。

倘若命局中四柱有未戌，或者是二未、二戌，又有甲木出干，而沒有水的命局，是不作富貴命格來看的。

倘若命局中有一個丁火藏於戌庫中，干支中有甲木多，又無水的命格，是平庸者的命格。

※獨財，是指丁火財星，而無甲木相生的稱之。得位，是指丁祿在午。

※未戌中的丁火，被壓在土下，無法用。但是逢沖，財庫沖開，就會發達、發財。例如命局中有一個戌，或一個未，逢有辰丑則相沖。

倘若四柱中有多個未、戌，只有一個辰丑來沖，沖之無力，便不能稱其會發達了。

舉例說明：

1. 日主「癸丑」類

例(一)

癸未
庚申
癸丑（日主）
丁巳

日主癸丑生於申月，有丁火出干制庚，且通根未庫。專以丁火為用神。

用神：丁火。
吉方：南方。
財方：南方。
忌方：北方。

例(二)

丙午
丙申
癸丑（日主）
庚申

日主癸丑生於申月，丙火無根，丁火在午中不能制干上之庚，身旺無依，用丁火做用神。

用神：丁火。
吉方：南方。
財方：南方。
忌方：北方。

2. 日主「癸卯」類

例(一)

丁酉
戊申
癸卯（日主）
甲寅

日主癸卯生於申月，有丁甲出干，用甲木制土，官星被傷，故用傷官生財格。以丁火為用神。

用神：丁火。
吉方：南方。
財方：南方。
忌方：北方。

例(二)

丁未
戊申
癸卯（日主）
甲寅

日主癸卯生於申月，有甲丁出干，支上卯未會木局，用甲制土，丁被癸傷。乃用丁火為用神，辰年丑年逢沖而大發。

用神：丁火。
吉方：南方。
財方：南方。
忌方：北方。

3. 日主『癸巳』類

例(一)

乙巳
甲申
癸巳（日主）
壬子

日主癸巳生於申月，支上子申會水局，有甲乙出干，專用巳宮丙火為用神。

用神：丙火。
吉方：南方。
財方：南方。
忌方：北方。

例(二)

甲午
壬申
癸巳（日主）
丁巳

日主癸巳生於申月，有甲丁出干，丁祿在午，為『有燄之火』。專用丁火做用神。

用神：丁火。
吉方：南方。
財方：南方。
忌方：北方。

4. 日主『癸未』類

例(一)

辛卯
丙申
癸未（日主）
庚申

日主癸未生於申月，支上卯未會木局，午上無丁甲，有庚辛出干，用未中丁火為用神。

用神：丁火。
吉方：南方。
財方：南方。
忌方：北方。

例(二)

乙酉
甲申
癸丑（日主）
戊午

日主癸丑生於申月，午中有丁火，為『獨財得位』。專以丁火為用神。主富。

用神：丁火。
吉方：南方。
財方：南方。
忌方：北方。

5. 日主「癸酉」類

例(一)

辛酉
丙申
日主 癸酉
癸亥

日主癸酉生於申月，干上丙火無根，丙辛相合化水，屬「潤下格」失時，四柱無可取用，為身旺無依。為孤貧之命。仍用丙火為用神，火土運較佳，有衣食。

用神：丙火。
吉方：南方。
財方：南方。
忌方：北方。

例(二)

癸酉
庚申
日主 癸酉
庚申

日主癸酉生於申月，此為「獨水三犯庚辛，號曰體全之象」。用庚金生水做用神，大富之命。

用神：庚金。
吉方：西方。
財方：西方。
忌方：東方。

6. 日主「癸亥」類

例(一)

戊午
庚申
日主 癸亥
乙卯

日主癸亥生於申月，支上卯亥會木局。有乙出干，洩弱之神，又有戊土出干，必須用印劫，丁火得位在午中，主富。以庚金為用神。

用神：庚金。
吉方：西方。
財方：西方。
忌方：東方。

例(二)

壬申
戊申
日主 癸亥
癸亥

日主癸亥生於申月，有戊土出干，不作「潤下格」，為身旺無依，但長壽，卻孤貧，用戊土作用神。

用神：戊土。
吉方：南方。
財方：南方。
忌方：北方。

八月生，日主癸水用神取法

八月為酉月，酉中有辛金。八月是辛金秉令之時。辛金是虛弱靈巧的體質。不似庚金像頑金一樣。因此不須要丁火來煅制。

癸水到酉宮，正是金白水清的時候。有丙火，則會金溫水暖，因此專用辛金為用神。用丙火只是調候的意思，但是就怕丙辛會相合。丙辛相合，丙和辛都會失去作用。

◎八月生癸水之人，若命局中丙辛隔位不合。而一同出干在干上的命格，主富貴，即使是一個透干，一個藏在支中，都是會有中等貴格的命格。這是財印並用。

◎八月生癸水之人，倘若命局中戊己土太多，會堵塞水，而埋金，這是一般從商作貿易之人的命格。

◎八月生癸水之人，倘若命局中都是金，只有日主是癸水，稱為『獨水三犯庚辛』。號稱『體全之象』。這種命格是以金為體，以水為用神，具有此命格的人，是福澤深厚，百事皆成的人。

※滴天髓中云：『母慈滅子，須扶其子，子旺則母自安。』此是指『體全之象』的格局，必須用水做用神，水為子，金為母。

◎八月生癸水之人，命局四柱中若只有金水，而無丙火的命格，稱做『金水同心』，格局類似『從革格』。要行西北運，不能行東南運。倘若命局中有壬水出干，則用『壬水生於八月』的選用神之法。

舉例說明：

1. 日主『癸丑』類

例㈠

丁亥
己酉
日主 癸丑
辛酉

日主癸丑生於酉月，有丁火出干，干上己辛煞印相生，支上丑酉會金局。以丁火做用神。

用神：丁火。
吉方：南方。
財方：南方。
忌方：北方。

例㈡

戊子
辛酉
日主 癸丑
丙辰

日主癸丑生於酉月，支上丑酉會金局，日主癸祿在子，用丙火做用神。

用神：丙火。
吉方：南方。
財方：南方。
忌方：北方。

2. 日主「癸卯」類

例(一)

庚辰
乙酉
癸卯（日主）
庚申

此為孔祥熙之命格。日主癸卯生於酉月，水淺金多，號曰體全之象。干上有乙庚相合、卯申相合，全局皆金，金為體，水為用。以癸水做用神。主百事百成，福澤深厚。

用神：癸水。
吉方：北方。
財方：北方。
忌方：南方。

例(二)

甲申
癸酉
癸卯（日主）
丙辰

日主癸卯生於酉月，支上辰卯、申酉、東西對立，金水、木火各半。專以酉中辛金做用神。

用神：辛金。
吉方：西方。
財方：西方。
忌方：南方。

3. 日主「癸巳」類

例(一)

癸酉
辛酉
癸巳（日主）
丙辰

日主癸巳生於酉月，支上巳酉會金局，有辛癸出干，專用丙火為用神。

用神：丙火。
吉方：南方。
財方：南方。
忌方：北方。

例(二)

辛酉
丁酉
癸巳（日主）
癸亥

日主癸巳生於酉月，四柱金水多，有丁火透干，巳中藏丙。主福壽綿長。專用巳中丙火為用神。

用神：丙火。
吉方：南方。
財方：南方。
忌方：北方。

4. 日主『癸未』類

例(一)

庚辰
乙酉
癸未（日主）
乙卯

日主癸未生於酉月，乙庚相合助酉，卯未會木局，乙木透干為文星，主文貴。用酉中辛金做用神。

用神：辛金。
吉方：西方。
財方：西方。
忌方：東方。

例(二)

辛巳
丁酉
癸未（日主）
癸丑

日主癸未生於酉月，支上巳酉丑會金局，專用丁火制金為用神。

用神：丁火。
吉方：南方。
財方：南方。
忌方：北方。

5. 日主『癸酉』類

例(一)

辛巳
丁酉
癸酉（日主）
辛酉

日主癸酉生於酉月，支上有三酉，又有巳酉會金局，專用丁火制金為用神。

用神：丁火。
吉方：南方。
財方：南方。
忌方：北方。

例(二)

癸未
辛酉
癸酉（日主）
丁巳

日主癸酉生於酉月，支上巳酉會金局，專用丁火為用神。

用神：丁火。
吉方：南方。
財方：南方。
忌方：北方。

6. 日主『癸亥』類

例(一)

		日主	
庚	乙	癸	癸
辰	酉	亥	丑

日主癸亥生於酉月，金多水旺，支上辰酉相合化金。丑酉會金局。為二人同心，以癸水做用神，運行北方。主富貴。

用神：癸水。
吉方：北方。
財方：北方。
忌方：南方。

例(二)

		日主	
庚	乙	癸	丙
寅	酉	亥	辰

日主癸亥生於酉月，干上乙庚相合化金，支上辰酉相合化金。專用酉中辛金做用神。

用神：辛金。
吉方：西方。
財方：西方。
忌方：東方。

九月生，日主癸水用神取法

九月為戌月，戌中有戊丁辛。九月戊土司權，癸水失令無根。專用辛金做用神。以辛金發水源。土旺水會堵塞，再用甲木破土。用癸水滋甲制戊。這一連串的關係，就是要讓癸水命格的人，金水之氣得以流通，而有佳命。

◎九月生癸水之人，命局中有辛甲兩透干，支上子中藏癸水的命格，是主富貴，具有高官厚祿的人。

命局中有甲癸皆出干的命格，也主富貴。

命局中有辛甲而無癸水，是具有學歷的知識份子。有小貴。

命局中有甲癸而無辛金，是富大貴小的人。

命局中有甲但無辛癸的人，是平庸者的命格。

命局中甲癸辛全沒有的人，是貧賤命格。

命局中甲木透干，而無癸水，有壬水在干上，亦主是有學歷的知識份子，有小貴。

命局中有甲癸，而無火土的命格，主其人有才學並且長壽。

◎九月生癸水之人，生於霜降之前的人，要以辛丙為用神。以金溫水暖而為貴格。次以甲木疏土生財為輔助。和癸水生在八月的人選取用神相類似。生於霜降之後的人，因土旺用事，水又進氣，有壬水出干，支又臨生旺的，癸水轉強，若有戊土單獨透干，就是『獨煞為權』或是『身煞兩旺』的格局。要用甲木為用神，格取『食神制煞』格。這兩種格局，都是主貴的。但是仍不可少了辛丙的輔助。

◎九月生癸水之人選取用神，以辛甲癸為正用。沒有辛癸就用庚壬，也是有小貴，九月癸水以火土為病，以甲木為藥，甲木是不可缺少的。辛癸二者缺一個，仍可有小富貴。無論如何甲辛癸三者缺一，便要以行運來助命，行運順用神之勢，則定有富貴。甲辛癸三者皆沒有的人，必是貧賤之人了。

舉例說明：

1. 日主「癸丑」類

例(一)

壬辰
庚戌
日主 癸丑
癸亥

日主癸丑生於戌月，戊土之氣洩於。有壬水出干，身旺無依，戌為財庫。辰戌相沖，財庫沖開，但壬癸雜出，財亦被劫。為奴僕之命。以戌中丁火為用神。

用神：丁火。
吉方：南方。
財方：南方。
忌方：北方。

例(二)

乙酉
丙戌
日主 癸丑
辛酉

日主癸丑生於戌月，支上丑酉會金局，有辛金出干，金重，用丙火做用神。

用神：丙火。
吉方：南方。
財方：南方。
忌方：北方。

2. 日主「癸卯」類

例(一)

癸未
壬戌
日主 癸卯
甲寅

日主癸卯生於戌月，有甲癸壬出干，支上卯未會木局，寅戌會火局，以戌中辛金做用神。

用神：辛金。
吉方：西方。
財方：西方。
忌方：東方。

例(二)

辛巳
戊戌
日主 癸卯
甲寅

日主癸卯生於戌月，有戊土出干用甲木疏土，支上寅戌會火局，財旺用印，金做用神。

用神：辛金。
吉方：西方。
財方：西方。
忌方：東方。

3. 日主「癸巳」類

例(一)

戊申
壬戌
日主 癸巳
甲寅

日主癸巳生於戌月，有壬水出干，日主癸水以壬水論，壬長生於申，有甲戊並透，戊土七煞有制。喜行木火運。主富貴顯職。以甲木做用神。行東南運主貴。

用神：甲木。東南運。
吉方：東方。
財方：東方。
忌方：北方。

例(二)

己巳
甲戌
日主 癸巳
甲寅

日主癸巳生於戌月，干上年時甲己相合化土，支上寅戌會火局，財旺用印，以巳中庚金為用神。

用神：庚金。
吉方：西方。
財方：西方。
忌方：東方。

4. 日主「癸未」類

例(一)

庚辰
丙戌
日主 癸未
辛酉

日主癸未生於戌月，支上辰戌未土重，無甲，有庚辛出干，以戌中丁火為用神。

用神：丁火。
吉方：南方。
財方：南方。
忌方：北方。

例(二)

庚午
丙戌
日主 癸未
丁巳

日主癸未生於戌月，支上巳午未支類南方，為財旺成方。專用庚金做用神。

用神：庚金。
吉方：西方。
財方：西方。
忌方：東方。

5. 日主「癸酉」類

例(一)

丁卯
庚戌
癸酉（日主）
癸丑

此為長榮海運老闆張榮發之命格。日主癸酉生於戌月，干上庚癸丁出干，支上丑酉會金局。金水相生，年支卯木會剋土，生丁火，丁火又制庚，專以庚金為用神，行金水運大發。

用神：庚金。
吉方：西方。
財方：西方。
忌方：東方。火土運。

例(二)

甲申
甲戌
癸酉（日主）
庚申

日主癸酉生於戌月，有庚金出干剋甲，支上申酉戌支類西方。金旺，用戌中丁火做用神。

用神：丁火。
吉方：南方。
財方：南方。
忌方：北方。

6. 日主「癸亥」類

例(一)

戊子
壬戌
癸亥（日主）
癸丑

日主癸亥生於戌月，支上亥子丑支類北方，干上有壬癸，有戊土七煞出干。專用戊土做用神。

用神：戊土。
吉方：南方。
財方：南方。
忌方：北方。

例(二)

乙酉
丙戌
癸亥（日主）
甲寅

日主癸亥生於戌月，有甲木出干，支上寅戌會火局，又有丙火出干，財旺用印，以酉中辛金做用神。

用神：辛金。
吉方：西方。
財方：西方。
忌方：東方。

十月生，日主癸水用神取法

十月為亥月，癸水至亥宮，不旺自旺。亥中有壬水之故。但亥中還有甲木長生，會暗洩癸水的元神，旺中有弱。

◎十月生癸水之人，若命局中支見亥卯未會木局時，木旺，癸水洩弱，要用庚金制木，並發水源。

命局中若有庚辛兩透干，並且無丁火來剋金的命格，主富貴顯達。

命局中若是丁火透干，支成木局，制住庚辛金，而不能生水的命格，是單寒已極的命格。主異途得到職位。必須用癸水制住丁火以為救助。此時丁為病，癸為藥。有癸水得救的命格，格局無傷，主異途發達。無癸水救助的單寒之命。但是這兩種命格都是可用得西方運來補救的。

◎十月生癸水之人，若命局中都是金。不必須用丁火煅制。有丁火出干來破金的命格，是名利雙收的命格。命局中無丁的是孤貧的命格。

※庚金以不見丁火傷剋為貴。若是命局中都是金，印多為病，要以用財損印的方法選用神。因此以丁火制金。主其人名利兩全。命局中多金無火制之的命

格稱為『身旺無依』。主貧薄。

◎十月生癸水之人，命局四柱中若是火多，稱為『財多身弱』一生貧窮的命格。命局四柱火多，但是有印劫（庚壬）生助癸水的命格，為大富的命格。沒有庚壬助癸的命格，就是財多身弱了，會形成雖有財而無法享受的人生。

◎十月生癸水之人，若命局柱中有壬子，無戊土，為『冬水汪洋』。是奔波到老的命格，此命格是一定要用『戊土』做用神的。命局中若是有戊土出干制水，或是有己透干，戊藏支中的命局。這是清貴而主富的格局。只要有丙來輔助生戊，便是富貴兩全。

◎十月生癸水之人，命局中支上有丑酉，癸水就會生旺。要用丙火做用神。倘若丙火出干或是丙火藏於巳中得祿，就是富貴兩全的人，此種格局中，無丙就是寒苦之人了。

舉例說明：

1. 日主「癸丑」類

例(一)

庚子
丁亥
日主 癸丑
戊午

日主癸丑生於亥月，干上有丁剋制庚，戊癸相合不化，支上亥子丑支類北方。用午中丁火做用神。

用神：丁火。
吉方：南方。
財方：南方。
忌方：北方。

例(二)

乙巳
丁亥
日主 癸丑
壬子

日主癸丑生於亥月，支上亥子丑支類北方，並有壬水出干，水多，應用戊制，用巳宮戊土為用神。

用神：戊土。
吉方：南方。
財方：南方。
忌方：北方。

2. 日主「癸卯」類

例(一)

庚戌
丁亥
日主 癸卯
癸亥

日主癸卯生於亥月，干上有丁制庚，用癸傷丁救庚。支上卯亥會木局。用癸水做用神，須行西方運方吉。

用神：癸水。金運。
吉方：北方。西方。
財方：西北方。
忌方：東方。

例(二)

壬寅
辛亥
日主 癸卯
丙辰

日主癸卯生於亥月，支上寅卯辰支類東方，要用庚金制木發水源，無庚用辛。

用神：辛金。
吉方：西方。
財方：西方。
忌方：東方。

3. 日主「癸巳」類

例(一)

甲子
乙亥
日主 癸巳
甲寅

此為台灣首富蔡萬霖之命格。日主癸巳生於亥月，癸水自旺。干上甲乙木會洩弱癸水。幸癸水得祿於子。支上寅巳中有丙火，由甲乙木生之，食神生財。以亥中壬水為用神。

用神：壬水。
吉方：北方。
財方：北方。
忌方：南方。

例(二)

庚戌
丁亥
日主 癸巳
乙卯

日主癸巳生於亥月，支上卯亥會木局。干上丁剋庚，用癸水制丁行西方運可救助。此為單寒之命。

用神：癸水。西方運。
吉方：北方。西方。
財方：西方。
忌方：東方。

4. 日主「癸未」類

例(一)

壬申
辛亥
日主 癸未
丙辰

日主癸未生於亥月，支上亥未會木局，食傷生財，用申中庚金做用神。

用神：庚金。
吉方：西方。
財方：西方。
忌方：東方。

例(二)

己丑
乙亥
日主 癸未
庚申

日主癸未生於亥月，支上亥未會木局，用庚金做用神。

用神：庚金。
吉方：西方。
財方：西方。
忌方：東方。

5. 日主『癸酉』類

例(一)

	丁未
	辛亥
日主	癸酉
	辛酉

日主癸酉生於亥月，支上亥未會木局，有雙辛出干得祿於酉。年月干上丁火剋辛金。用癸水救金制木。

用神：癸水。
吉方：北方。
財方：北方。
忌方：南方。

例(二)

	乙卯
	丁亥
日主	癸酉
	庚申

日主癸酉生於亥月，支上卯亥會木局，干上丁火傷庚，用癸火為藥制住丁火，庚金才能剋木。

用神：癸水。
吉方：北方。
財方：北方。
忌方：南方。

6. 日主『癸亥』類

例(一)

	壬戌
	辛亥
日主	癸亥
	壬子

日主癸亥生於亥月，干上有二壬一辛出干，支上亥子水多。時干為壬子，為『冬水汪洋』，無戊土出干，專用戊中戊土做用神。

用神：戊土。
吉方：南方。
財方：南方。
忌方：北方。

例(二)

	癸亥
	癸亥
日主	癸亥
	癸亥

日主癸亥生於亥月，為『潤下格』，專以癸水做用神。

用神：癸水。
吉方：北方。
財方：北方。
忌方：南方。

十一月生，日主癸水用神取法

十一月為子月，子中有癸祿。但是十一月為仲冬，天氣嚴寒冰凍，使雨露都變成霜雪了。因此專用丙火解凍。

十一月癸水雖旺，但癸水始終是弱水，沒有沖奔的性質。因此若沒有壬水出干在命格中時，是不必用戊土制水的。

倘若命局中火土太多，才用辛金來滋扶日主癸水，若命局中無丙火雖有辛金也是不好的格局。因為太寒之故。

◎十一月生癸水之人，若命局中有丙辛皆出干而不合（中間有隔位），兩兩相生，使金溫水暖，則主富貴。

倘若丙辛緊貼相合，則會合去丙火，羈絆用神而不吉了。

◎十一月生癸水之人，若命局中壬癸多，則要用丙戊做用神。

命局中若無丙，則為貧賤之士。倘若運行火地（行南方運）主吉利。

命局中若水多，干上無火，支上多壬，是孤貧下賤的命格，有火運也不吉。

命局中如果有二個丙火在干上，富多貴少。

※命局中多壬癸，無丙火照暖，過於寒凍。運行東南火旺之地而主吉。倘若支中多壬，必是支上有亥子丑支類北方，或是有申子辰會水局，再遇巳、午、寅、戌年之運，行運逢此，多沖激須有丙火出干才好。

◎十一月生癸水之人，若命局中戊土多，無壬，是『煞重身輕』的人，主貧夭。

※日主癸水，無壬出干，是不可用戊土的。並且月令建祿，無法『從煞』。是為『煞重身輕』。

◎十一月生癸水之人，若是辛年、癸日所生的人，命局中再有火的人，主富貴壽考（地支為巳午）。沒有再多一個丙火的人，是異途顯達而官位高的人。

◎十一月生癸水之人選取用神，大都用丙火。若丙火太旺，則用辛金。

舉例說明：

1. 日主『癸丑』類

例(一)

甲申
丙子
日主　癸丑
乙卯

日主癸丑生於子月，支上子申會水局，專用丙火解凍做用神。

用神：丙火。
吉方：南方。
財方：南方。
忌方：北方。

例(二)

戊寅
甲子
日主　癸丑
丁巳

日主癸丑生於子月，支上巳丑會金局，干上甲制戊土，專用巳中丙火為用神。

用神：丙火。
吉方：南方。
財方：南方。
忌方：北方。

2. 日主『癸卯』類

例(一)

庚子
戊子
日主　癸卯
丁巳

日主癸卯生於子月，有庚金印綬生身，專用財官為用神。用巳宮丙火為用神。

用神：丙火。
吉方：南方。
財方：南方。
忌方：北方。

例(二)

甲戌
丙子
日主　癸酉
癸亥

日主癸酉生於子月，專用丙火調候為用神，以甲木輔助。

用神：丙火。
吉方：南方。
財方：南方。
忌方：北方。

3. 日主「癸巳」類

例(一)

庚辰
戊子
癸巳（日主）
戊午

日主癸巳生於子月，支聚巳午，兩透戊土，子辰會水局。但癸水由旺變弱，仍要用庚金生水做用神。

用神：庚金。
吉方：西方。
財方：西方。
忌方：東方。

例(二)

庚子
戊子
癸巳（日主）
癸亥

日主癸巳生於子月，有戊土制水，專用巳中丙火為用神解凍。

用神：丙火。
吉方：南方。
財方：南方。
忌方：北方。

4. 日主「癸未」類

例(一)

丙寅
庚子
癸未（日主）
癸丑

日主癸未生於子月，干上丙火通根寅支，以丙火做用神，調候為先。

用神：丙火。
吉方：南方。
財方：南方。
忌方：北方。

例(二)

己巳
戊子
癸未（日主）
辛酉

日主癸未生於子月，支上巳酉會金局，干上戊癸相合不化，專用巳宮丙火為用神。

用神：丙火。
吉方：南方。
財方：南方。
忌方：北方。

5. 日主『癸酉』類

例(一)

丙午
庚子
癸酉（日主）
丁巳

日主癸酉生於子月，干上有丙丁，支上巳酉又會金局干上有癸制丁，丁火不傷庚金。用庚金做用神。

用神：庚金。
吉方：西方。
財方：西方。
忌方：東方。

例(二)

戊申
甲子
癸酉（日主）
丁巳

日主癸酉生於子月，用甲制戊，用巳宮丙火做用神。

用神：丙火。
吉方：南方。
財方：南方。
忌方：北方。

6. 日主『癸亥』類

例(一)

甲申
丙子
癸亥（日主）
壬戌

日主癸亥生於子月，局中金水相生，專用丙火為用神，以甲木輔助。主貴。

用神：丙火。
吉方：南方。
財方：南方。
忌方：北方。

例(二)

甲戌
丙子
癸亥（日主）
壬戌

日主癸亥生於子月，專用丙火為用神，以甲木為輔助，主武貴。

用神：丙火。
吉方：南方。
財方：南方。
忌方：北方。

十二月生，日主癸水用神取法

十二月為丑月，丑月時值嚴冬冰雪之天，癸水本來就是屬性濕寒，又逢到丑宮中濕泥寒凍，使萬物都無法生長。因此調候為要，專以丙火解凍做用神。

◎十二月生癸水之人，若命局中有二丙在干上，又有多個壬水藏於支中，或者是丙壬俱出干，丙火通根寅巳，而壬水通根申亥的命格，稱做『水輔陽光』。有極品的富貴。此命格不可有丁火合壬，或是丙透干而見辛相合的狀況，否則不吉。

命局中若是有一個丙火，一個壬水，一同在干上的命格，主小貴。

命局中若是有丙無壬，只不過是一個聰明靈巧的小職員。

命局中若是有壬無丙，又有戊土出干的命格，是奔波勞碌之人。

◎十二月生癸水之人，命局中若是有丙癸透干，而支上有子丑相合（化土）稱為『凍雲蔽日』。也稱『雲霧有根』。陽火（丙火）被遮蔽了。即使有丙透干，仍不能解凍，故為平庸命格。倘若丙火遭辛合，用丁制辛才行。

◎十二月生癸水之人，若命局中支成水局（命局中多壬癸亦是），必須用丙火解凍做用神。縱然有戊土出干制水，而沒有丙火，也是平庸且勞碌奔波的人。

◎十二月生癸水之人，若命局中支成金局，（命局中多庚金亦是），必須有丙火透干得地（支上必須有寅巳），才是金溫水暖，主其人出類拔粹，並不貴。命局中沒有丙火，就是才學高，但無法成名的人。

◎十二月生癸水之人，若命局中支成木局（命局中多木亦算），必須有金來救助，但仍以丙火為用神。有金來破木的命格，可成家立業。無金破木的命格，為殘疾之人。

◎十二月生癸水之人，若命局中支成火局（命局中多火亦算），再有一個金，一個水出現在干上，就會有衣食之祿。倘若無庚壬透干的人，為無妻孤貧之人，火多要用金水為用神。

◎十二月生癸水之人，命局中若有己辛出干，稱為『癸己會黨』。只要有己土制癸水，便可用丁火做用神。有丁火出干的命格稱為『雪夜燈光格』，以夜裡出生的人主貴。是大富貴的人。

舉例說明：

1. 日主『癸丑』類

例(一)

		日主	
乙丑	己丑	癸丑	丙辰

日主癸丑生於丑月，丑為溼泥寒凍，專以時上丙火為用神。

用神：丙火。

吉方：南方。

財方：南方。

忌方：北方。

例(二)

		日主	
丙子	辛丑	癸丑	癸丑

日主癸丑生於丑月，有丙癸出干支上有子丑相合化土，為『凍雲蔽日』。丙辛相合，需有丁制辛才行。但無丁，故平庸。用虛神丁火做用神。

用神：丁火。

吉方：南方。

財方：南方。

忌方：北方。

2. 日主『癸卯』類

例(一)

		日主	
丁丑	癸丑	癸卯	壬戌

日主癸卯生於丑月，干上有癸傷丁，支上卯戌六合，用戌中丁火為用神，稍有暖氣。

用神：丁火。

吉方：南方。

財方：南方。

忌方：北方。

例(二)

		日主	
乙巳	己丑	癸卯	壬子

日主癸卯生於丑月，支上巳丑會金局，用巳中丙火做用神。

用神：丙火。

吉方：南方。

財方：南方。

忌方：北方。

3. 日主『癸巳』類

例(一)

乙酉
己酉
癸巳（日主）
庚申

日主癸巳生於丑月，支上巳酉會金局，丙火藏巳得地。用神在財，又坐妻宮，有申宮壬水劫財，故刑妻。

用神：丙火。
吉方：南方。
財方：南方。
忌方：北方。

例(二)

壬辰
癸丑
癸巳（日主）
癸丑

此為清恭親王奕訢之命格。日主癸巳生於丑月，壬癸並透干，日主坐下巳宮財官印皆備。以巳宮丙戊為用神。

用神：丙火。
吉方：南方。
財方：南方。
忌方：北方。

4. 日主『癸未』類

例(一)

戊寅
乙丑
癸未（日主）
乙卯

日主癸未生於丑月，支上卯未會木局。無金破木，以寅中丙火為用神。孤貧。

用神：丙火。
吉方：南方。
財方：南方。
忌方：北方。

例(二)

癸未
乙丑
癸未（日主）
癸丑

日主癸未生於丑月，干上癸水多，支上丑未相沖，未中之丁火盡滅。胎元為丙辰，時上有癸水，為『凍雲蔽日』，故為殘疾之人。

用神：丙火。
吉方：南方。
財方：南方。
忌方：北方。

5. 日主「癸酉」類

例(一)

		日主	
丙	辛	癸	丁
戌	丑	酉	巳

日主癸酉生於丑月，干上丙辛相合化水，支上巳酉丑會金局，用丁制亥做用神。

用神：丁火。
吉方：南方。
財方：南方。
忌方：北方。

例(二)

		日主	
己	丁	癸	甲
丑	丑	酉	寅

日主癸酉生於丑月，用甲木制土，支上丑酉會金局，專用寅中丙火做用神。

用神：丙火。
吉方：南方。
財方：南方。
忌方：北方。

6. 日主「癸亥」類

例(一)

		日主	
丁	癸	癸	丙
亥	丑	亥	辰

日主癸亥生於丑月，干上癸水傷丁，專用時上丙火做用神。

用神：丙火。
吉方：南方。
財方：南方。
忌方：北方。

例(二)

		日主	
辛	辛	癸	甲
卯	丑	亥	寅

日主癸亥生於丑月，支上亥卯會木局，又有甲木出干木旺，因辛金破木，力不足。仍用寅中丙火為用神。

用神：丙火。
吉方：南方。
財方：南方。
忌方：北方。

總論

『如何選取喜用神』是一套包括上、中、下三冊的書。而上、中二冊先出版，下冊晚了兩個月。在這其中，我收到一些讀者寄來或是傳真來的信件。有的朋友給我鼓勵、有的朋友則是提出一些問題，我想剛好在『總論』裡可以做一個解說。

每一個人自出生到這個世界上來，都是以一個時間的坐標，做為一個根基，而開始步上人生旅程的。而這個根基就是每個人的生辰八字。很多人常常在奇怪，為什麼自己的命局和名人的命局差不多，可能差了一個字，或者是根本八個字都相同，卻沒有和名人一樣得到同等的富貴和貴顯？也因此懷疑到八字命理的準確性。

這個問題非常龐大。也就是說，因素很多。我們先從根基上說起。

每一個人的出生時間是一個人生命開始的根基。命理學上以及記載天道（太陽、星辰運轉的方式）、曆法（時間的計算方法）的方式都是以十天干和十二地支做為時間的經緯十字標，這也就是我們俗稱的八字。

每一個人命格的好壞，都是從這個出生時的時間坐標上來探訊出這個人的天生稟賦有多少？有多大？再探查其能延伸、持續的奮鬥力量有多少？有沒有受到剋制損害？或是另外又受到外力增加進來增助的力量，而這個增助的力量是吉？是凶？增助的力量就是喜用神的運和所主方位的因素。因此縱然是兩個相同八字的命格，出生成長的環境地處不同（出生在北方或南方等），行運方式的不同，出生家庭的不同，以及時代背景的不同，全都會影響到整個『根基』上的問題。更別說在命局中又差了一、兩個不同了。往往一、兩個字就改變了整個命局的格局，甚或改變了喜用神的方向，也會改變了行運的方向。這整個根基上的問題就是相差得太遠了。

日元（日主）是八字中的根基，亦可說是根基中的根基。在看命局與尋找喜用神時，都是先看日元干支是否生旺，其次再看到日元是否秉令得時。日主有生氣，日坐財官，就可有妻財，主富。例如日元是甲申、乙丑、丙申、丁丑、戊辰、己亥、庚寅、辛未、壬寅、癸未的人，可享有妻子所帶來的財富，本身也可主富。只要命局中其他的年柱、月柱、時柱上沒有太多的刑沖傷剋，就會是個好命格。

日元坐刃的人，刃是旺逾其度，過旺了，必須有煞來制停，煞刃相停，才會是好格局。命局中其他柱中有刃，也是一樣。就像是日主丙午、戊午、壬子的人，性格都是份外堅強的。這也是日主極旺的結果。

另外日元坐祿和日坐長生的人，本身日元就生旺，多半出身於殷實之家，有的人也會是富貴之家，因此出生時及成長的環境，都是較富裕的環境。例如日元坐祿的有：日元是甲寅、乙卯、庚申、辛酉。而日坐長生的有日主是乙亥、丙寅、戊寅、辛巳、壬申等。

其次看命局。就要看月令是否秉令了，秉令就稱做『得時』，生在了好的時令。月令是出生時，當時的氣候型態。日主為屬木的，木旺於春，就要生於春天才能得時秉令。火旺於夏，日主丙火的人就要生於夏日，才能得時秉令。其他如金旺於秋。日主是庚辛金的就要生在秋月，才能生旺。水旺於冬，日主壬癸水的，就要生於冬月，才能得時。

月為門戶、提綱。日主自身。日月皆是看自身事業吉凶的重要所在。亦主人精壯的年歲，各主各後十五年，共計三十年的禍福吉凶。年為祖上根基，主人年幼成長時的十五年。時柱為歸宿，主人晚年的十五年。因此用神得自年柱，便是承享祖蔭，有蔭庇的人。用神在時上，則享子福。

再其次要看時柱上干支的五行屬相。時柱上兩個字，會對整個命局好壞，有加減的作用。例如有日祿歸時，勾陳得位，專食合祿，都會是很好的格局。

古人云：『年如秤鈎，綰起其物。』年柱上干支兩個字的作用就是總結起命局中所有的條件因素，而將其歸統合一，成為一個有最後結論的命格。這其中當然還包括了四柱中，年、月、日、時所形成的氣局、方局、煞刃、祿馬等格局總總。

在命局中縱然完備了上述的條件，此外還有行運的條件，以及在許多古文命書中所提及的『風土之薄』、『風土不及』等的條件。行運的條件，在上冊中都有說到，就是陽男陰女順向行運，陰男陽女逆向行運的問題。但『風土之薄』、『風土不及』究竟是什麼意思呢？

『風土之薄』、『風土不及』

『風土之薄』、『風土不及』，談的是風土人情。風土代表所生長、生活的地帶。例如命局喜用神是金水的人。必須生長、旺發在金水之地。也就是北方和西方。而命局喜用神是木火的人，須生長和旺發在木火之地，也就是東方和南方，喜忌與命局相背的人，就會對一生的成就，不是打了折扣，命運不濟，不然就會貧賤早夭。

人情這個部份，談的就是祖蔭、祖德的多寡了。很多人覺這實在太八股了！做官、做皇帝的人，要靠祖德，難到我們一般平民老百姓也還需要這個嗎？

當然需要！你要瞭解祖蔭、祖德不僅是包含著祖先對你的蔭庇，傳承給你的財產、地位、名聲，其實還包括著教養以及遺留給後人子孫的操守與德行。普通人只看到蔭庇中名利的部份，卻沒有看到實質的內在涵養。而這個內在的涵養，卻真正是當人在向上奮進時的關鍵時刻，可做出最重要的推手的工作。很多成功的人並不明白自己怎麼這麼好運？一下子升官或是發了財，當然這有時是運程的運行，但絕大多數的人，還是要靠祖蔭庇佑，擁有及傳承良好的德行，才能向上竄升。

有一個朋友很好吃，無論何時何地見了他，總是狼吞虎嚥，吃個不停，妙的是他還吃素，口中還常勸人行善。當然他也喜歡名利、愛賺錢、升官。但這一切看來真不容易了。好吃的人主貪，貪心的人還能注意到仁義、正直、正派的問題嗎？給了人這種印象、上司、朋友、客戶，誰心中不會沒有疑問呢？這是教養的問題，而教養來自家庭、來自父母。祖蔭指的就是父母輩以上的長輩、傳承給晚輩的品德。這是一種無形的資產，無法用金錢價值實際估算，但卻是人最重要的資產之一。任何主貴、主富的人，少了這個資產，富貴都是不長久的。

人的修養品德常常在外貌及行為中表現出來，有些人在人生中的關鍵時刻缺少臨門一腳的好運，功敗垂成，而自怨自艾。實際人是在關鍵時刻，本來要給你機會的人，可能發覺了你在某處有不妥，而無法產生信心，因此收回原來要給你的好運機會。這就是『風土之薄』、『風土不及』的真正含義了。

四柱全陰，四柱全陽

命局中四柱全陰，指的就是陰年、陰月、陰日、陰時生的人。一般人認為這種全陰命格的人，容易招鬼、通陰，看得見陰間的鬼神。在命理學上命局全陰的人主奸詐、多陰謀鬼計，為人不正派。從很多例證中都得以證明。

其實命局中有六個字是陰的時候，其人就非常有謀略了，而命局八字中有四個字是陰，另四個字屬陽時就具有正直、陽剛的性格了。

至於四柱全陽，也就是陽年、陽月、陽日、陽時生的人，性格剛強，幾近霸道。

命局中全陰的時候，多狡詐、多慮，常常運氣也不好，做事衝力不足，容易功敗垂成。且成功的機會不大。而較多的成功者是八字中有六字為陰，兩字為陽（四柱中只有一柱為陽柱）的命局。在這個型式中的成功者非常多。例如古代有慈禧太后、曾國藩等人。近代有國父孫中山、蔣公中正、張作霖、江澤民、宋美齡、胡適、星雲法師、賭王何鴻燊等等。這些人思慮有餘，再加以命局中其他條件的配合，就可創造成功的事業出來。反觀全陰的命局中較多的是亡國之主之類的命格，享蔭庇而無法繼承。

命局貴在中和，最好是一半是陰，一半是陽，陰陽平均，富貴才能長久。命局全陽的時候，人性格剛強霸道，例如軍閥時期的大帥張宗昌命局全陽。壬午、壬寅、壬寅、庚戌。太陽剛的人容易衝動，再加上霸道，命理格局不佳時，容易成為盜匪。命局全陰的人，也是一樣，格局不佳時，陰謀鬼詐，也易走險路。

天干陰陽生剋及財官印檢查表（以日干為主、橫列來看）

比肩	劫財	偏印（梟神）	正印	偏財	正財	偏官（七殺）	正官	食神	傷官	日干
甲	乙	壬	癸	戊	己	庚	辛	丙	丁	甲
乙	甲	癸	壬	己	戊	辛	庚	丁	丙	乙
丙	丁	甲	乙	庚	辛	壬	癸	戊	己	丙
丁	丙	乙	甲	辛	庚	癸	壬	己	戊	丁
戊	己	丙	丁	壬	癸	甲	乙	庚	辛	戊
己	戊	丁	丙	癸	壬	乙	甲	辛	庚	己
庚	辛	戊	己	甲	乙	丙	丁	壬	癸	庚
辛	庚	己	戊	乙	甲	丁	丙	癸	壬	辛
壬	癸	庚	辛	丙	壬	戊	己	甲	乙	壬
癸	壬	辛	庚	丁	丙	己	戊	乙	甲	癸

地支陰陽生剋及財官印檢查表（以日干為主、橫列來看）

比肩	劫財	偏印（梟神）	正印	偏財	正財	偏官（七殺）	正官	食神	傷官	日干
寅	卯	亥	子	辰戌	丑未	申	酉	巳	午	甲
卯	寅	子	亥	丑未	辰戌	酉	申	午	巳	乙
巳	午	寅	卯	申	酉	亥	子	辰戌	丑未	丙
午	巳	卯	寅	酉	申	子	亥	丑未	辰戌	丁
辰戌	丑未	巳	午	亥	子	寅	卯	申	酉	戊
丑未	辰戌	午	巳	子	亥	卯	寅	酉	申	己
申	酉	辰戌	丑未	丑未	卯	巳	午	亥	子	庚
酉	申	丑未	辰戌	辰戌	寅	午	巳	子	亥	辛
亥	子	申	酉	酉	午	辰戌	丑未	寅	卯	壬
子	亥	酉	申	午	巳	丑未	辰戌	卯	寅	癸

如何觀命・解命
如何審命・改命
如何轉命・立命

法雲居士⊙著

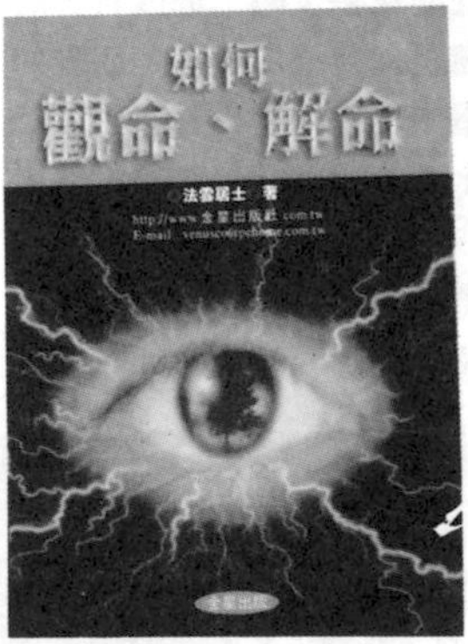

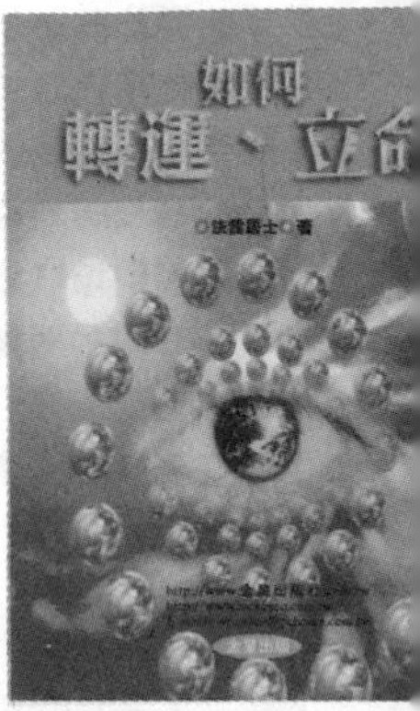

古時候的人用『批命』，是決斷、批判一個人一生的成就、功過和悔吝
現代人用『觀命』、『解命』，是要從一個人的命理格局中找出可發揮
潛能，來幫助他走更長遠的路及更順利的路。
從觀命到解命的過程中需要運用很多的人生智慧，但是我們可以用不斷
學習，就能豁然開朗的瞭解命運。

一般人從觀命開始，把命看懂了之後，就想改命了。
命要怎麼改？很多人看法不一。
改命最重要的，便是要知道命格中受刑傷的是那個部份的命運？
再針對刑剋的問題來改。
觀命、解命是人生瞭解命運的第一步。
知命、改命、達命，才是人生最至妙的結果。

這是三冊一套的書，由觀命、審命，繼而立命。由解命、改命，繼而轉運
這其間的過程像連環鎖鍊一般，是缺一個環節而不能連貫的。
常常我們對人生懷疑，常想：要是那一年我所做的決定不是那樣，人生
否會改觀了呢？
你為什麼不會做那樣的決定呢？這當然有原因囉！原因就在此書中！

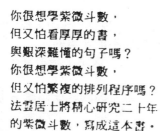

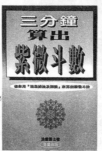

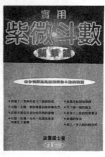

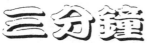

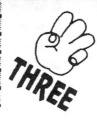